Ein fast autobiografischer Roman

Warrum nicht!
Oder: Als mein Leben wieder schön wurde.

Teil 1

von
Elisabeth Katz

Verlag Olga Behrends

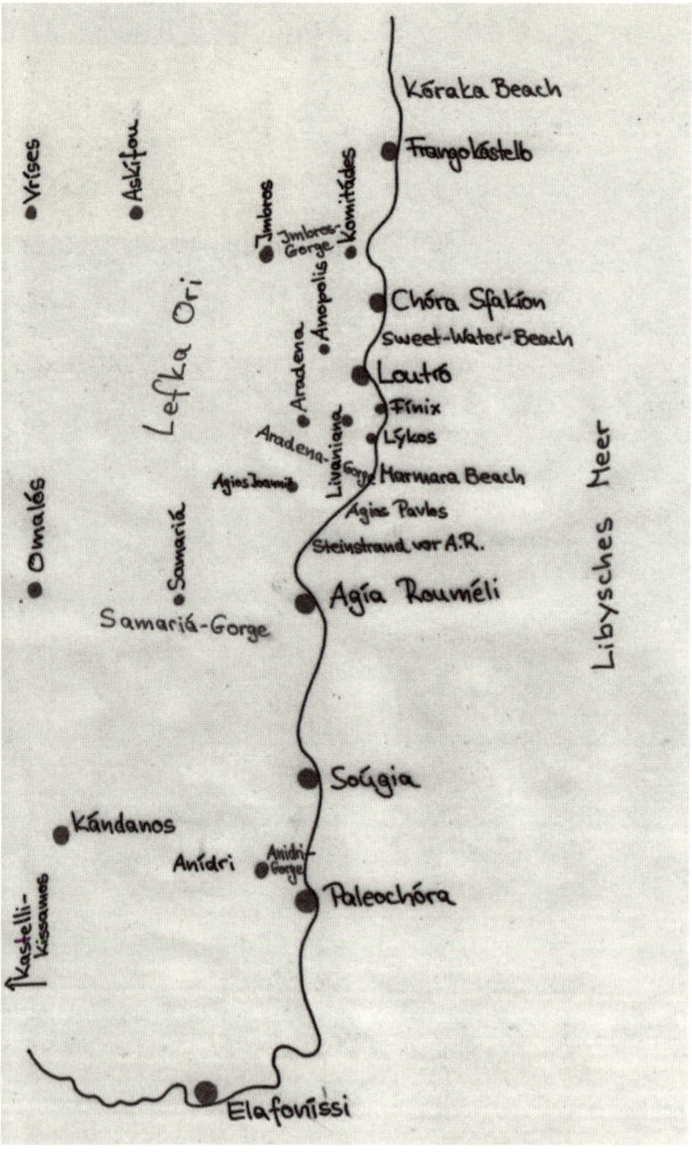
Kóraka Beach
Frangokástello
Vríses
Askifou
Jmbros
Jmbros-Gorge
Komitádes
Lefka Ori
Anopolis
Chóra Sfakíon
Sweet-Water-Beach
Aradena
Loutró
Fínix
Lýkos
Livaniana
Aradena-Gorge
Marmara Beach
Agios Ioannis
Omalós
Ágios Pavlos
Samariá
Steinstrand vor A.R.
Agía Rouméli
Samariá-Gorge
Libysches Meer
Soúgia
Kándanos
Anídri
Anídri-Gorge
Paleochóra
Kastelli-Kissamos
Elafonissi

Kreta-Karte Süd-West, Chóra Sfakíon und umzu.
←

★

★

★

★

★

★

Verlag Olga Behrends
Alle Rechte vorbehalten.
Taschenbuchausgabe
1. Auflage 7. Oktober 2013
Überarbeitete 2. Auflage - 3. Juni 2019
Das Werk darf - auch auszugsweise - nur mit Genehmigung
des Verlages und der Autorin wiedergegeben werden.
Titelfoto: Katharina Behrends
Karten: Katharina Behrends
Fotos im Innern: Elisabeth Katz
Umschlaggestaltung: Elisabeth Katz
Satz: Print Media, Wiesmoor
Druck und Bindung: CPI - Clausen & Bosse, Leck
Printed in Germany

★

ISBN 978-3-00-063196-2

Vom Siegeszug der eigenen Mitte.

Kreta-Liebende

Ich lebe und arbeite in Ostfriesland
in meinem Haus mit Laden, Garten und allem.
Seit Herbst 2011 verbringe ich zwei Monate im Jahr
auf Kreta. Als ich 1989 das erste Mal einen Fuß auf kretischen Boden setzte, füllte sich meine Lunge wie automatisch
bis in die Spitzen. Gleichzeitig dachte es in mir: „Zu Hause!"
Gefühle und Gedanken, die ich bis dato so nicht kannte.
Wo komme ich her? Wer bin ich? Wo gehöre ich hin?
Bin ich nun eine kretische Ostfriesin oder eine
ostfriesische Kreterin? Ich bin ein norddeutsches Kind, durch und durch,
zumindest denken das alle,
aber innen drin muss da
etwas anderes sein.
Griechenland?
Kreta!

*

Warrum nicht!
Oder: Als mein Leben wieder schön wurde.

Vorwort

Glücksgefühle!

Die Geschichte ist fertig geschrieben.
29. Februar 2012 - Punkt Mitternacht.

Ich brauche diese besonderen Daten und Zahlen, und da ich sie ständig bemerke, sind sie auch dementsprechend häufig in meinem Leben vorhanden.

Es war wirklich so. Nach genau 144 Tagen schrieb ich das Wort „Ende" unter mein Manuskript. Ich verließ mein muckeliges Erkerzimmer, ging in die Küche und schaute auf die Uhr. Beide Zeiger lagen auf der Zwölf, übereinander.

„He", dachte ich „Punkt zwölf - Mitternacht - und das an einem 29. Februar!" Was sollte das wohl anderes bedeuten wollen als Glück - Glück, für was auch immer!

Elisabeth Katz

Ein Dutzend mal ein Dutzend ergeben ein Gros, oder 12 mal 12 sind 144. Das war eine der Zahlenwichtigkeiten, die ich als Tochter einer Schreibwarenhändlerin frühzeitig mitbekam. Im Dutzend billiger und im Gros erst recht - „Also Elisabeth, was meinst du, wie viele Bleistifte brauchen wir übers Jahr?"

Alles, alles kann warten,

die Waschmaschine, die schon zweimal ihren Dienst hätte erledigen können, das Bad, das heute eigentlich geputzt werden wollte und die Katze, die bestimmt das fünfte Mal durch die Balkontür geschaut hat, ob ich wohl da bin, um sie für den Tagesschlaf ins Haus zu lassen - ich muss weiterlesen!

Elisabeth, ich bin bei dir in deinem Buch und begleite dich.

Spontan fühle ich eine innere Ruhe und Zufriedenheit voller Neugierde, wie viele grüne Bänke du wohl noch finden wirst. Oh, es kommen tatsächlich weitere! Ich bin so gespannt, was noch alles passieren wird.

Du tust mir gut!
Dein Selbstbewusstsein überträgt sich auf mich.

Danke dafür - Elfriede.

Udo Lindenberg sagte einmal, er liebe Menschen,
die im Kopf und äußerlich wie die Indianer bunt bleiben.
Schätze, er würde dich lieben!

Liebe Leserin, lieber Leser, *12. Januar 2012*

mein Name ist Wilma Krause. Seit zehn Jahren arbeite ich mit einer eher unkonventionellen Frau zusammen, deren Gedanken vor lauter Fantasie oft überlaufen. Ihre Fantasie ist und war allgegenwärtig, auch wenn sie, ob der Trauer über den Verlust ihrer Familie, immer mal wieder handlungsunfähig war.

Da war niemand gestorben, nur hatte der Familienvater sie nach 22 Ehejahren verlassen. Das kostete sie genau 11 Jahre, die Hälfte ihrer gelebten Ehezeit. Diese Traurigkeit, genau wie ihr Familienleben, wird nur am Rande des nun folgenden Romans erwähnt werden. Es ist gut, ein wenig um diese Tatsache zu wissen, auch wenn sie in ihrem ganzen Ausmaß für diese Geschichte nicht von allzu großer Bedeutung ist.

Jeden Tag, wenn wir zum Kaffee in unserem kleinen Café am Fenster unserer Buchhandlung zusammensitzen, liest Elisabeth mir ihre am Abend und in der Nacht neu geschriebenen Sätze vor. Und jeden Morgen freue ich mich schon auf dem Weg zur Arbeit auf das, was ihre Worte an diesem Tag weiter erzählen werden. In der Zeit der Entstehung ihres „Warrum nicht!" war das schon extrem.

Als Elisabeth nach elf Jahren Trauer über den Verlust ihrer Familie durch wundersame Weise von einem Tag zum anderen wieder im Leben zurück ist, bucht sie einen Flug nach Kreta. Mit Rucksack, ein paar Klamotten, ausreichend Geld und sonst nichts fliegt sie nach etlichen Jahren wieder alleine auf die Insel ihres Heimatgefühls.

Kreta, ihre ewige Sehnsucht, wird wieder lebendig, genau wie sie selbst auch.

Ob es noch so sein wird?
Ob sie das alles noch so kann?
Ob ihr Traum, ihr Wunsch,
zeitweise auf Kreta leben zu wollen,
nach dieser Reise noch vorhanden sein wird?

Sie kommt zurück und sagt:

„Wilma, der Himmel oder wer auch immer hat mir ein Buch geschickt, einen Bestseller, und wenn ich ihn jetzt nicht zu Papier bringe, müsst' ich Haue kriegen."

Sie will keine Haue haben, und darum schreibt sie die Geschichte dieser drei Wochen Auszeit, wann immer Zeit und Lust zusammenfallen.

Es entsteht eine Mischung aus mehreren Komponenten:

Frau im gehobenen Mittelalter, also 55, erlebt nach Jahren der Traurigkeit ihren Phönix aus der Asche. Sie tut, was sie sich lange nicht getraut hat, und erlebt das volle Leben. Es geht nicht alles glatt. Sie macht ihre Erfahrungen und lernt, sich und ihrem Fühlen wieder zu vertrauen. Zwischen all den Begebenheiten, die Elisabeth auf dieser Reise erlebt, führt sie sich und den Leser an ihre Lieblingsplätze Kretas aus vergangenen Reisen.

Sie lässt sich das erste Mal in ihrem Leben mit einem Mann südländischer Herkunft ein, dem Griechen Micháli, der so gut in ihr Raster passt.

Sie begegnet dem Österreicher Ludwig, mit dem sie nach einer wunderbaren Wanderung innerhalb ihrer Reise eine fünftägige Fahrt unternimmt zu neuen und alten Lieblingsplätzen ihrer beider Insel.

Dazu sagt Ludwig noch, wie sehr er sich darüber freue, dass Micháli sich so gut um ihren Körper kümmere, sodass er sich voll und ganz auf ihre Seele einlassen könne; dass sie aber bitte wegen dieses griechischen Gigolos nicht wieder ihre Mitte verlassen möge und dass man im Leben nicht zu früh nach Kreta reisen dürfe, da sonst die Gefahr bestünde, nichts anderes mehr von der Welt zu sehen.

*Hat uns der Kreta-Virus gepackt,
ist der Rest der Welt eher zweitrangig.*

So ging es ihm, so ging es meiner Elisabeth, und so ging es manch anderer Person, der sie auf ihren Streifzügen hier begegnete.

Elisabeth versteht es, mich zu fesseln, mit dem, was sie erzählt und wie sie es schreibt, mit guten Worten, einem Quäntchen Humor, besonders um ihre eigenen Unzulänglichkeiten und diesen so bildlich dargestellten Beschreibungen von dem, was sie erlebt, was ihr ins Auge fällt und was sie fühlt.

*Ich sehe und fühle es mit.
Ich laufe mit ihr durch die Berge, höre das Meckern der Ziegen, den Wind und die Brandung des Meeres. Ich fühle die Schwingungen in ihrem Zusammentreffen mit all den Menschen, denen sie in diesen drei Wochen begegnet ist.*

Diesen Brief hat natürlich sie geschrieben, auch wenn ich ihr vordem erzählt habe, wie sehr sie mich mit ihrer Geschichte jeden Tag immer wieder in den Bann zieht und mich noch lustvoller in unseren Laden kommen lässt, als es unser gemeinsames Tun all die Jahre sowieso schon tut.

Wir streiten übrigens nur ein einziges Mal im Jahr, wobei wir das im letzten noch nicht einmal geschafft haben. Sie sagt dann, ich sei der ewige Ludwig ihres Alltages, mit dem sie so wunderbar entspannt alle Tage immer wieder neu zusammensein könne.

Elisabeth fährt übrigens in diesem Frühjahr wieder für einen Monat nach Kreta. Dann bin ich hier allein die Ladenfee. Bis dahin muss sie ihren Roman fertig geschrieben haben, sagt sie. Ist es doch möglich, dass sie dort ihr zweites Buch erlebt, das dann allen Raum für sich alleine beanspruchen wird.

Wer Kreta bisher nicht kennt, wird es nach dem Lesen dieser Geschichte vielleicht bereisen wollen. Die, die Kreta anders kennengelernt haben, möchten vielleicht einen zweiten Blick riskieren, und die, die schon einige Male dort gewesen sind, werden sich wahrscheinlich wunderbar erinnert fühlen und sich erneut auf Reisen begeben.

Ich nenne Elisabeths „Warrum nicht!"
gerne mal einen kretischen „Wirtschaftsförderroman".

Selbst ich habe inzwischen meine Flüge gebucht, mein Zimmer in ihrer Lieblingsherberge reserviert und die umliegenden Wandertouren ausreichend mit ihr besprochen.

Mit Sicherheit war dies nicht die Absicht oder der Auslöser ihres Schreibens. Warum schrieb sie denn dann?

Es war Lust, reine Lust, und ich denke, dass sich manch ein Mensch des gehobenen Mittelalters, der seine Schicksalsschläge im Leben erlitten und ertragen hat, nach diesem Buch sagen wird: „He, he, da geht noch was!"

Elisabeths Geschichte macht Mut.

Ihre wiedergefundene Mitte gibt Ansporn, auch unsere wieder zu suchen und zu pflegen. Ihre positive Lebenseinstellung, die neue Anwesenheit von Glück in ihrem Leben nach all der traurigen Zeit gibt Hoffnung, dass das Glück immer und überall und für jeden von uns neu gefunden werden kann.

In diesem Sinne plädiert Elisabeth für ein aufregendes, lebendiges und glückliches Leben jenseits der Elternschaft und jenseits aller Wunden, Schrammen und Kratzer, die uns enttäuschte Lieben und Leben eingebracht haben.

*Nun wünschen wir, Elisabeth und ich,
viel Freude beim Lesen und Mitreisen.*

*Herzlichst
Wilma Krause und Elisabeth Katz.*

★

★

★

★

★

7. Oktober 2011   11:12

Glückwunsch Geburtstagskind!
Kommst du überhaupt wieder?
Oder hast du einen Inselladen,
einen Inselwanderclub oder
einen Inselmann gefunden?
Gruß Neli.

★

7. Oktober 2011   11:27

Alles!
Ich habe alles!
Elisabeth.

★

1.

Wenn einer glaubt, es gäbe auf Reisen nichts zu räumen, der irrt. Wohl drei Mal hatte ich meinen kleinen schwarzen Handgepäckrucksack durchsortiert. Wirklich um der Ordnung halber? Möglich, mehr aber sicher, um meinem vielleicht noch etwas unruhigen Inneren eine bessere Klarheit zu verschaffen. Es braucht eine gewisse Ordnung, im Innen wie im Außen, um gut reisen zu können.

Mein Name ist Elisabeth. Ich lebe in diesem Leben seit fünfundfünfzig Jahren. Habe gute und schlechte Zeiten gehabt und befinde mich derzeit auf aufsteigendem Aste. Zehn Jahre Kindheit, acht Jahre verantwortliche Jugendliche in meiner Ursprungsfamilie, fünf Jahre als freie junge Frau in Hannover gelebt, zweiundzwanzig Jahre Ehe-, Laden- und Familienfrau und seit elf Jahren mehr oder weniger unglücklich verlassen. Zählen wir jetzt all die Jahre zusammen, kommen wir auf sechsundfünfzig, was in ca. drei Wochen dann mit meinem sechsundfünfzigsten Geburtstag auch wieder stimmt.

Vor vier Monaten war mein Haus plötzlich bezahlt. Siebenundzwanzig Jahre war dieser Tag mein Ziel, und dann saß ich nur da und fragte mich: „Was nun?" Freude wäre doch normal gewesen, doch bei mir war nur: „Was nun?" Nach ein paar Tagen hatte ich mich besonnen, hatte geprüft, was ich wohl sonst noch im Leben gewollt hatte. Ich hatte immer nur mein Haus fertig bauen wollen, perfektionieren, doch davon spürte ich jetzt gerade nichts. Jetzt spürte ich Kreta, reisen wollen, schauen wollen, ob mein zweiter Traum noch passte, noch stimmig und lebbar war. Wollte ich gut für mich sorgen, für mich!, dann müssten mich mein Mut und mein jetzt frei werdendes Geld nach Kreta führen. Leichter gedacht als getan, klebte doch immer noch ein Rest meines verloren gegangenen Familientraumes an mir, der mich einfach nicht recht locker, frei und mutig werden lassen wollte.

Ein neues Familienereignis öffnete wieder den Eingang zu meinem Schmerzbereich und ließ mich unverhofft bis tief auf den Grund meiner Traurigkeit fallen. Als ich dort saß, am Boden meiner Trauer, verfluchte ich dieses Ereignis. Heute bin ich für diesen letzten Herzstich dankbar. Ich fand Hilfe bei einer Himmelsbotin, die, wie es jetzt seit Wochen scheint, mir die letzten Knotenpunkte meiner verletzten Seele öffnen konnte.

Bevor meine letzte Blockade behoben war, versuchte ich mich im Internet an Pauschalreisen. Doch jedes Mal, wenn ich fast buchen wollte, hielt mein eigentliches Ich mich davon ab. Nie hatte ich an solchen Reisen Gefallen finden können. Ich war immer mehr die Frau für Selbstgemachtes, und das bezog sich auch auf meine Art, unterwegs zu sein. Rucksack, Flug und los, der Rest würde sich dann finden.

Ich schaute nach Flügen, doch auch hier hielt mich etwas von der wirklichen Buchung ab. Ich hatte Schiss. Wusste nicht, ob ich das alles noch so könne. Schob es zum Teil auf meine Jahre, zum Teil auf mein Ungeübtsein und zum Teil auf: „Ich kann das nicht alleine." So ein Quatsch, aber glaub das mal, wenn du nicht recht beisammen bist. Nachdem ich mich gänzlich repariert fühlte, meine Mitarbeiterin Wilma mir das Okay für drei Wochen Ladenabwesenheit gegeben hatte, meine Schwester mit ihrer Kreditkarte aus Namibia zurück war und unser gemeinsamer Freund Klaus-Ferdinand mir die Flugbuchung abgenommen hatte, waren die Flüge schnell gebucht. Nun war noch genau eine Woche Zeit zum Sachenzusammensuchen.

Wer mit dem Rucksack reist, braucht ein straffes Programm. Da muss nichts mit, was man nicht wirklich braucht. Kein unnützer zweiter warmer Pulli. Kein fünftes Paar Socken. Kein Buch zu viel. Überhaupt nichts, was die fehlende Kälte am Urlaubsort sonst noch einfordern könnte. Ich packte gut überlegt vor. Zur Endkontrolle kam mein Schwesterherz zur Reisemodenschau. Zwei Tage vor Abreise war alles gepackt. Knapp zehn Kilogramm plus kleinem Handgepäck und Bauchtasche - mehr nicht!

Für mich selbst konnte ich immer nur schwer Geld ausgeben. Für die Kinder und fürs Haus ging das leichter, und so wollte ich, da keine funktionierende Kamera vorhanden war, ohne Fotografiermöglichkeit nach Kreta fliegen. Sollte ja auch nur ein Test sein, ein Zu-mir-Finden, eine Ob-ich-das-wohl-noch-kann-Reise. Die Befreiungshilfe meiner Himmelsbotin zeigte bereits ihre Wirkung, als ich mir am Tag vor meiner Abreise den Luxus einer eigenen Kamera gönnte.

Als die kleine Familie meines Sohnes mich zur Fahrt zum Flughafen abholte, waren mein Laden und meine Wohnung gut geordnet, der letzte Arbeitstag beendet und ich und meine Seele reisebereit.

„Kreta, meine Güte, muss ich mir das wirklich antun?"

Diesen Satz dachte ich in meinen feigen Minuten. In meinen mutigen dachte ich: „Klasse Lisbeth, das machst du richtig, gönn' dir das, beweise dir, dass du das kannst, noch kannst, wieder kannst, besser kannst als je zuvor."

Ich war Fünfundfünfzig. Eine Fünfundfünfzigjährige aus dem Jahre neunzehnhundertfünfundfünfzig. So viele Fünfer, die konnten doch nicht einfach unbeachtet bleiben.

In drei Wochen, am Tag meines Rückfluges, würde eine Fünf durch eine Sechs ersetzt werden. An diesem Tage hätte ich das Alter erreicht, das mein Vater und meine Mutter nicht überschritten hatten. Leben oder Tod? Am Tag meiner inneren Befreiung hatte ich mich eindeutig fürs Leben entschieden.

Am Airport Hannover gab es von meinem Sohn eine liebevolle Umarmung und einen Satz, der mir von Herzen guttat. Er meinte, dass ich ihm eine gute, liebevolle Mutti sei, dass ich ihm nur gesund wiederkommen möge und dass er stolz auf mich ist.

Nun saß ich im Flieger nach Heráklion. Mein erstes Einchecken ohne papierbedruckten Flugschein hatte geklappt. Ausweis vorgezeigt, Flugnummer genannt, und schon war's erledigt. An der Flugsicherung mussten mal wieder meine Wanderschuhe von den Füßen, und damit fühlte ich mich wunderbar an frühere Reisen erinnert. Es war wie immer, es ging wie immer, alle Unsicherheit war dahin.

Mein kleiner Rucksack war also das dritte Mal geordnet. Ein rotes Handtuch am Boden, zwei Äpfel zur Linken, Kaugummi und Brillenetui zur Rechten. Den kleinen Beutel mit den nötigsten Reiseutensilien in der Mitte und obendrauf das nicht gegessene Frühstücksbrötchen dieses Nachtfluges. Den Kaffee und das Wasser hatte ich getrunken. Mein Sohn hatte immer schon gesagt: „Mama, trink Wasser!", egal welche Beschwerden ich anführte: Kopfschmerzen, trockene Lippen, aufkommende Falten oder gestörtes Denkvermögen.

In der Vordertasche befanden sich mein Reisespiegel, meine Tagebücher und all meine wichtigen Papiere. Ausweis, Krankenversicherungskarte, Flugnummernnotiz und 1.200 Euro in bar, die für meine Zeit auf Kreta reichen sollten. Meine Bauchtasche trug meinen neuen Fotoapparat, meinen Lippenstift, den Kajal, drei Paar Ohrclips, die von verschiedenen Kreta-Reisen stammten, mein Süßstoffdöschen und mein kleines Portemonnaie mit der Scheckkarte und weiteren 300 Euro Reisegeld.

Um mich herum schliefen die meisten Passagiere. Unser Flugzeug war um 3:20 Uhr in Hannover gestartet. Gegen halb acht durchströmte ein breiter, leuchtend orangefarbener Sonnenstrahl die Flugkabine. Auf den Monitoren wurde bereits der Flughafen „Nikos Kazantzakis" angezeigt. Wir überflogen gerade Piräus. Noch 27 Minuten bis zur Landung. Flughöhe 11.285 m, Außentemperatur -45°, Fluggeschwindigkeit 819 km/h.

Kreta war in Sicht. Rascheln und Erwachen um mich herum. Freude in meinem Herzen!

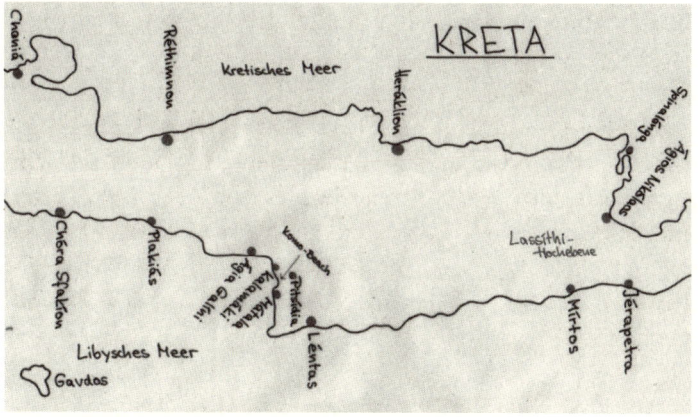

Kreta-Karte von Chóra Sfakíon bis Iérapetra,
                 oder von Chaniá bis Ágios Nikólaos.

Ich wollte den Bus nach Ágios Nikólaos nehmen, dort das alte Zimmer suchen, in dem meine Schwester und ich vor Jahren übernachtet hatten. Der nächste Tag sollte mich nach Spinalónga führen, der ehemaligen Leprakolonie vor Kretas Küste. Danach plante ich, über die Lassíthi-Hochebene nach Ierápetra zu reisen, um dann an der östlichen Südküste entlang über Mírtos und Léntas nach Mátala zu gelangen. Von Pitsídia aus konnte ich am Kómo-Beach entlang nach Kalamáki zum westlichen Teil dieser Küste laufen, um dann über Ágia Galíni und Plakiás nach Chóra Sfakíon zu kommen. Meine erste Woche wäre damit gut gefüllt. Ich fühlte mich gut, ich fühlte mich stark und schön, und ich traute mir das alles alleine zu.

2.

Gelandet. Es war Punkt acht am Morgen. Das Thermometer zeigte 20° und ich dachte: „Verdammt - haste doch wieder zu viel eingepackt!" Bei der Kühle zu Hause fehlt uns einfach die Vorstellung dieser andauernden Wärme. Sofort ging ich in Gedanken durch, was das nächste Mal zu Hause bleiben durfte. Was reiste ich in Hosen? Ich bin eine Kleiderfrau! Was reiste ich mit Jacke? Zog ich doch nie an! Was reiste ich mit doppelter Ausstattung von irgendetwas? Am Abend Gewaschenes war am nächsten Morgen wieder anziehbereit. Am liebsten wäre ich sofort zum nächsten Postamt gegangen und hätte all den überflüssigen Kram schnurstracks zurück nach Hause geschickt. So hätte mein Handgepäck jetzt wunderbar in meinem Reiserucksack Aufnahme finden können und ich beide Hände frei gehabt. Lisbeth, sei gnädig mit dir, du warst lang nicht allein auf Reisen, alles auf einmal geht nicht.

Am Flughafen warteten die Busse der Reiseveranstalter für die pauschal gebuchten Reisen. Dahinter befindet sich ein Mietwagenparkplatz, daneben der Taxistand. Ich erinnerte, dass die Stadtbusse direkt von der Straße gegenüber vom Flughafen abfahren. Mein Rucksack war nicht zu schwer, das ging schon, aber - genau, beim nächsten Mal würde es besser sein.

Ich war der einzige Passagier, der mit dem Stadtbus zum Busbahnhof in die Innenstadt fuhr. Und so konnte auch nur ich gemeint sein, als der Fahrer unvermutet „Busstation!" rief und daraufhin an einer stark befahrenen Straße Halt machte, an der von einem Busbahnhof so gar nichts zu sehen war. Etwas verdattert stieg ich aus. Kein Hinweisschild. Keine Idee. Nur vier Straßen in verschiedene Richtungen, die ich bitte nicht alle austesten wollte. „Síga, síga, óchi Stress", fiel mir dazu ein, der erste Satz, den ich vor Jahren bewusst auf Kreta aufgenommen hatte. Also: „Ruhig, ruhig, nein Stress", und so tat ich es dann auch. Rucksack von den Schultern, Reiseführer Ostkreta raus und in Ruhe nachgelesen. Während des Lesens kamen zwei Busse aus der rechten Seitenstraße in Fahrtrichtung meines ersten Busses gefahren, und so ging ich seelenruhig in diese Richtung.

Ist es wohl schön, wenn Erinnerungen zurückkommen, wenn du dem verspiegelten Haus an der Ecke, der alten Mauer an der nächsten und dem dann vor dir liegenden Busbahnhof sagen kannst: „He, euch kenn' ich alle!"? Zeit für ein Begrüßungsfoto. Die verspiegelte Front des an der Ecke stehenden Hochhauses bot mir die Gelegenheit. Von Kopf bis Fuß, mit all meinem Hab und Gut, schoss ich das erste Foto meines diesjährigen Aufenthaltes auf der Insel meines Heimatgefühls.

Auf bekanntem Terrain fühle ich mich sicher. Ich genoss den Anblick der grünen alten Holzbänke vor dem Busbahnhofsgebäude, erkannte die Gepäckaufbewahrkammer, den recht modern wirkenden Fahrkartenschalter und die Damentoilette der Busstation mit ihrer grauen Schwingtür am Eingang. Das war fast wie nach Hause kommen. Rucksack ab, Hände gewaschen, Lippen gemalt und froh.

Mein Bus nach Ágios Nikólaos fuhr in einer dreiviertel Stunde. Zeit für Eis und Sonne auf einer der grünen Holzbänke.

Busbahnhöfe haben etwas Wunderbares. Du sitzt einfach nur herum und guckst auf alles, was da ist und was sich bewegt. Du registrierst die unterschiedlichen Nationalitäten, die verschiedenen Verhaltensweisen, die Coolen und die Ängstlichen, die Jungen und die Alten, die Rucksacktouristen, die Rollen-

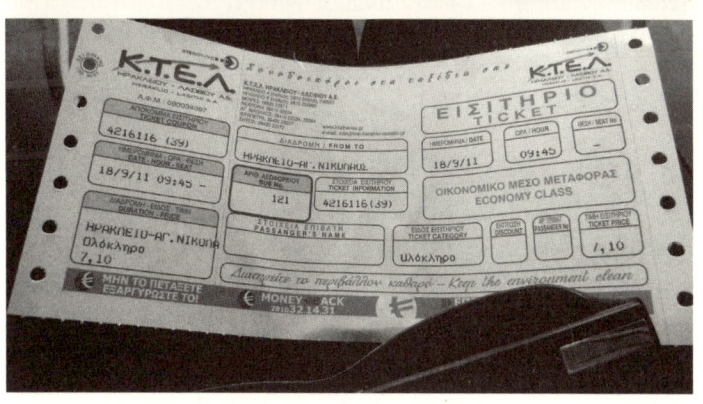

kofferzieher und die Einheimischen. Ein bewegtes Gemälde, eine Theatervorstellung, die du mit deiner eigenen Fantasie anreicherst.

Kenne ich mich aus, bin ich sicher - bin ich cool. Verliere ich die Übersicht, fühle ich mich unwohl - überkommt mich eine innere Panik.

Ich zeige das nicht nach außen, niemals, schon gar nicht die Panik. Ich schalte runter, suche meine Mitte und einen möglichen Ausweg. Jetzt gerade war das nicht nötig, war ja alles im grünen Bereich. Ich hier, mit vollem Durchblick, auf einer grünen Holzbank.

Der Bus Nummer 121 machte sich zum Start klar. Die meisten Mitreisenden hatten sich bereits aufgestellt oder den Bus bestiegen. Die großen Gepäckstücke werden von außen in die Bustauräume gelegt. Der Busbegleiter fragt: „Wohin?" und weist jedem für seine Gepäckstücke den entsprechenden Platz in den Kofferräumen zu. Obwohl ich fast als Letzte den Bus bestiegen hatte, war mein Lieblingsplatz in der hintersten Reihe noch frei. Ich sitze ja so gerne am Ende, niemanden hinter mir, genau wie ich Häuser lieber durch den Hintereingang betrete oder an großen Tafeln einen Eckplatz wähle, der zur Linken keinen Nachbarn hat.

Die Busfahrt von Heráklion nach Ágios Nikólaos dauerte genau 1 1/2 Stunden. An den verschiedenen Haltestellen füllte sich der Bus bis auf den letzten Platz. Genius, ein hochgewachsener, mir angenehm aufgefallener Mensch, näherte sich mit jeder Bushaltestelle meinem Nachbarplatz auf der letzten Bank. Obwohl er in Begleitung einer zauberhaften jungen Frau in den Bus gestiegen war, schien sein Sich-mir-Nähern nicht ohne Absicht gewesen zu sein. Wir kamen wunderbar ins Gespräch. Sein Deutsch hatte kaum Akzent, und dennoch fragte ich nach seinem Heimatland. England, so, so. Er übersetze wissenschaftliche Texte und unterrichte Englisch an einer Berliner Uni. Die vielen Studentinnen beschrieb er mir mit einem Lächeln als Bonus für diese „schwere Arbeit". Gleichzeitig wies er mit einer Hand auf eine junge blonde Frau ein paar Sitzreihen vor uns, die er mir als seine Frau vorstellte. Er spreche gerne Leute an, die ihm angenehm auffielen, und er käme gerne mit ihnen ins Gespräch, genau wie ich es tat und auf Reisen immer wieder gerne tue. Unser Bus endete in Ágios Nikólaos. Ich blieb. Genius und seine Frau fuhren mit dem nächsten Bus weiter bis zur kleinen Stadt Mírtos, die er mir als eine der schönsten Kretas beschrieben hatte.

Dieses Gespräch auf der letzten Bank war das Beste, was ich über meine Fahrt nach Ágios Nikólaos sagen kann. Vielleicht war der erste Orangensaft am kleinen Binnensee des Städtchens auch noch ganz in Ordnung, genau wie der zweite Weg vom Busbahnhof zurück zum kleinen Strand in der Nähe meines Quartiers. Vielleicht war das Sitzen und Schreiben dort in der Bar am Strand auch noch geradezu herrlich, mit dem Blick auf einen jungen Mann, der keinen Funken älter als dreißig Jahre alt gewesen sein konnte. Er entsprach meinem so typischen Männergeschmack à la dem Vater meiner Kinder.

Ágios Nikólaos war schrecklich für mich!

Ein schönes kleines Städtchen, aber für mich Alleinreisende - fürchterlich! Zu viele Menschen, zu viele schicke Menschen. Zu viele Paare und Familien, zu viele Animier-Lokale, also solche, bei denen die Kellner vor der Tür stehen und die Gäste durch direkte Ansprache in ihr Lokal locken wollen. Zu viel von allem, was ich nicht mag. Hätte ich vielleicht auf Anhieb mein gewolltes Zimmer gefunden, wäre die Sache wohl anders ausgegangen. Erfolgserlebnisse machen stolz und stark und gut zufrieden, und ich hätte meine noch vor der Landung geplante Route wahrscheinlich durchgezogen.

Ich fand das Zimmer nicht. Dafür fand ich eines am Ende der Bucht - fast am Ende. Das letzte Haus vermietete nicht, das vorletzte war ausgebucht, und so wählte ich mit einer kleinen Scheißegalstimmung ein Zimmer im drittletzten Haus, einem fast richtigen Hotel. Richtige Hotels mag ich auch nicht. Ich mag Häuser, in denen Zimmer vermietet werden, aber keine Hotels. Sind mir alle zu durchorganisiert. Haben Plastikkarten zum Türöffnen und ein Frühstück zu vorgegebenen Zeiten. Zu viel Gästeseife und anderes Getue. Reinigungskräfte reinigen jeden Tag zu ungewollten Zeiten die Zimmer und kommen nach kurzem Anklopfen herein, auch wenn man gerade „Jetzt nicht!" gesagt hat und vielleicht noch nackig im Bett liegt. Da fühle ich mich gestört. Egal, egal, alles nichts für mich.

Dieses Zimmer war zudem noch ein Innenhofzimmer. Balkon ja, doch wenn mein Blick keine drei Meter weit schweifen kann, krieg' ich die Krise. Seit diesem Tag, dieser Nacht, weiß ich, dass ich mir niemals etwas zu Schulden kommen lassen werde, nie! Knast ohne Aussicht wäre mein seelischer Ruin.

Ich stellte meine Sachen ab. Ich duschte. Ich legte mich aufs Bett. Ich schlief ein. Es klopfte, ich sagte: „Jetzt nicht." Die Tür ging trotzdem auf und wieder zu. Ich stellte einen Stuhl vor die Tür, dahinter ein kleines Schränkchen, weil sich diese verdammichte Tür nicht wieder schließen lassen wollte. Ich legte mich erneut hin und schlief wieder ein. Es klopfte ein zweites Mal, mit ebenso schnellem Türöffnen. Mein „Jetzt nicht!" war dieses Mal erheblich lauter. Ob mein Herz jetzt wohl raste? Ob ich jetzt wohl scheiße wach war? War ich! Schön wach wäre ja schön gewesen, aber so ein Wachsein war nicht nach meinem Gefallen. Sofort musste ein Notfallplan her, sofort! Am liebsten hätte ich dieses Haus auf der Stelle verlassen. Doch - ich sammelte mich kurz - hätte es mir etwas Gutes eingebracht? Nein.

Ich zog mich an, machte meine Haare, malte mir ein wenig das Gesicht, verließ das Haus und erledigte, was zu tun war. Es war zu tun! Dennoch genoss ich das wunderbare Wetter, den herrlichen Blick aufs leuchtend blaue Meer, die vielen Schiffe, die auf Gäste nach Spinalónga warteten, und die Erkundung des kürzesten Weges zurück zum Busbahnhof.

Auf dem Weg dorthin kaufte ich unvernünftigerweise einen wunderschönen Strohhut mit braun-weiß getupftem Stoffband und breiter Krempe. Also, ich sah schon teuer damit aus, sehr teuer, ladylike sozusagen. Doch war ich nicht mit dem Rucksack unterwegs? War ich nicht die, die all dies Getue nicht mochte? War ich, doch irgendwie schien mir die Erinnerung daran kurzfristig verloren gegangen zu sein. So suchte ich aufrechten Ganges und gut behütet nach dem schnellsten Fluchtweg für meine morgige Wiederwegreise. Als meine Stirn durch den Druck der Innenborte meines Strohhutes unangenehm zu schmerzen begann und dort dazu noch einen roten Rand aufwies, wusste ich plötzlich wieder, wer ich war. Lachend verschenkte ich das gute Stück an die erstbeste Frau, der ich diesen wirklich schönen Hut gönnte und zutraute.

Bis in die späten Nachmittagsstunden fuhren ab 6:30 Uhr stündlich Busse. Den Weg zum Busbahnhof hatte ich großzügig mit einer Stunde kalkuliert, 'ne halbe hätte auch gereicht, doch wusste ich heute schon um meine Kraft von morgen und die Verlangsamung meines Ganges durch die Anwesenheit meines Gepäcks? Ich wusste es nicht, und außerdem war ich noch nie eine Frau für die letzte Minute. Zeit nach vorne zu haben, war mir alle Zeit ein großer Luxus. Für den Rückweg wählte ich die Parallelstraße meines Hinweges. Sie war um einiges heimeliger, schmaler und abwechslungsreicher und endete oberhalb des Stadtsees an einem wunderschönen, von großen Bäumen beschatteten Platz. Wäre mein Start hier in Ágios Nikólaos angenehmer gewesen, wäre ich vielleicht zu zweit hier, hätte ich mir diesen Platz sicher zum Ausruhen, Schauen, Lesen und Verweilen gewählt.

Von hier oben führt eine Straße um den See herum, hinunter zu den beiden Einkaufsstraßen oder über eine lange abwärtsführende Treppe, hinunter zum See. Meine Neugierde ließ mich die Straße zur Stadt hinuntergehen. Die Treppe wollte ich morgen hinaufsteigen, wenn mich mein Weg zurück zum Busbahnhof führen würde.

Ágios Nikólaos ist eine richtige kleine Stadt. Die Geschäfte an den beiden Einkaufsstraßen scheinen mir nicht ausschließlich auf Touristen ausgerichtet zu sein, schon auch, aber nicht nur. Für mich war allerdings weder das eine noch das andere von Belang.

Ich - Frau mit Rucksack - und Rucksack voll!

Die späten Nachmittagsstunden, die letzten Sonnenstrahlen genoss ich in einer Strandbar an der kleinen Bucht, an deren Ende mein Hotel stand. Den Weg dorthin wählte ich oberhalb der Küstenstraße, und er führte mich, wer hätte das gedacht, direkt an dem Haus vorbei, in dem ich mir eigentlich

ein Zimmer hatte nehmen wollen. Zugebaut, es war einfach zugebaut. Zumindest schien es mir so, als ob die Baubehörde von Ágios Nikólaos die Erlaubnis für eine weitere Häuserreihe erteilt hatte. Armes kleines Haus, mit dem direkten Meerblick war's jetzt irgendwie verdorben. Zuerst mussten die Augen die unverputzten Dächer der hier hoch vorgesetzten Häuser überwinden, und dann kamen erst das Meer und der blaue Himmel.

Das Abendessen verkniff ich mir. Alleine stand mir danach nicht der Sinn, und so verschwand ich früh in meine Zelle. Ich packte meine Sachen zusammen, legte meine Reisekleidung zurecht und ging schnell zu Bett, um meinen Befreiungstag morgen zeitig beginnen zu können.

Es ist ein so gutes Gefühl, wenn du schlechte Situationen klären kannst. Wenn du dir sagst, dass du mehr wert bist, als irgendeinen Mist aushalten zu müssen. Wenn du sagen kannst, das war wohl nix, also nochmal und von vorne!

Ich gestand mir die falsche Entscheidung ein, fragte mich, warum ich immer erst den schwierigeren Weg nehmen musste, und versprach mir, ab jetzt die einfacheren Wege zu wählen. Ich musste mir doch nichts mehr beweisen. Ich war 55 Jahre, und es war an der Zeit, mein Leben in allen Bereichen zu genießen. Morgen würde ich mich auf den Weg zurück nach Heráklion machen, den Bus nach Chaniá wählen, um dann direkt nach Chóra Sfakíon zu fahren, dem Ort, an dem für mich mein wirkliches Kreta beginnt.

Ich war früh, das Frühstück mäßig, das Zimmer mit 35 Euro schnell bezahlt. So würde ich allemal rechtzeitig um halb zehn den Bus erreichen. Das Gehen mit dem Rucksack war wirklich keine große Sache, zumindest solange es nicht bergan ging oder die Treppen hinauf. Mein Herz klopfte schon wie blöde, als ich am Ende der 42 Stufen angelangt war, und ich kann es auch ohne Schande zugeben, dass ich bei dieser Stufenanzahl drei Pausen einlegen musste. Was hätte mir auch ein pausenloses Hinaufsteigen eingebracht, wenn ich am oberen Ende der Treppe zusammengeklappt wäre? Nischte nix!

Der Bus war pünktlich, ich war pünktlicher und saß alsbald wieder honig-kuchen-pferd-glücklich auf der hinteren Bank eines griechischen Überlandbusses.

3.

Eineinhalb Stunden mit mir alleine hier in diesem Bus, zwischen all den Leuten, zurück in mein Leben. Da musste ich nicht reden, da brauchte ich keine neuen Kontakte, da wollte ich mich nur mit mir alleine freuen. Am Busbahnhof von Heráklion zog es mich wieder hinter die graue Schwingtür, auch zum Hände waschen, hauptsächlich jedoch für die Aufnahme eines Freudenfotos meiner Selbst im Spiegel des Vorraumes der Damentoilette. Ich genoss noch einmal die Atmosphäre der ankommenden und abfahrenden Busse, bevor ich in den Bus Nummer 81 nach Chaniá stieg.

Bewusst wählte ich den Platz neben einer Frau, die mir schon am Morgen im Bus aus Ágios Nikólaos aufgefallen war. Sie sah aus wie eines der übrig gebliebenen Blumenkinder aus den 1968er Jahren, die ihre Sommer hier auf Kreta in den Sandsteinhöhlen von Mátala verbracht hatten. Sie trug in ihren langen grauen Haaren seitlich eine unverhältnismäßig große Haarspange, deren Nutzen mir absolut verborgen blieb. Die Menge ihres Gepäcks erstaunte mich ebenso. Ein ausgewachsener Rollenkoffer, ein großer Wanderrucksack und ein kleiner noch dazu. Ich fragte mich, wozu diese Frau so viel Gepäck brauchte, und sie, ob sie auch alleine reise wie ich. Sie teilte mir auf Englisch mit, dass sie mich nicht verstanden habe, und so wiederholte ich:

„Do you travel alone, like me?"

„No, I've been living near Ágios Nikólaos for ten years.
I'm going on holiday to Kalíves for seven days."

Sie erzählte, dass das Geldverdienen auf Kreta schwierig geworden sei, dass sie freiberuflich für Reisemagazine schreibe und dass sie zum Glück immer noch eine Grundversorgung aus ihrer ehemaligen Gartenbaufirma habe, die sie vor Jahren mit ihrem Ehemann aufgebaut hatte.

Beim kleinen Aufenthalt am Busbahnhof von Réthimnon überlegte ich kurz, ob ich nicht besser hier aussteigen sollte. Ich überlegte es erneut, als der Bus auf der New Road auf freier Strecke kurz hinter dem Wegweiser nach Vríses Stopp machte, um die Reisenden nach Kalíves aussteigen zu lassen. Beide Male verwarf ich den Gedanken. Meine Erinnerungen waren mir zu verschwommen, auch wenn ich die Ortsnamen eindeutig wiedererkannt hatte. Noch war ein kleiner Angsthase in mir, doch das sollte sich nach der nächsten Begebenheit gründlich ändern.

Chaniá, wie schön, auch wenn ich inzwischen begriffen hatte, dass ich einen ordentlichen Umweg gefahren war. Die Busse von Heráklion fahren über Réthimnon nach Chaniá, das war korrekt. Von Réthimnon und Chaniá gibt es Busse über Vríses direkt nach Chóra Sfakíon. An Vríses war ich vor ca. einer Stunde vorbeigefahren. Ich hätte also in Réthimnon aussteigen können, um den nächsten Bus direkt über Vríses nach Chóra Sfakíon zu nehmen. Ich hätte auch mit dem Bus aus Heráklion kommend, über Réthimnon fahrend, an der New Road am Wegweiser nach Vríses aussteigen können, um dann in Vríses auf den nächsten Bus aus Chaniá zu warten, der dann weiter nach Chóra Sfakíon gefahren wäre. Für den Weg vom Haltepunkt an der New Road bis zur Busstation in Vríses braucht es ungefähr 10 Minuten zu Fuß. Doch wenn man das alles nicht mehr recht auf dem Schirm hat, nicht recht erinnert, so wie ich zu diesem Zeitpunkt, nützen einem solche Tatsachen ausgesprochen wenig.

Ich war also einen ordentlichen Umweg gefahren. Was sollte es? War doch nun egal, ob ich etwas früher oder später in Chóra Sfakíon ankommen würde. Dort kannte ich mich aus. Dort würde ich ohne Probleme ein Zimmer bekommen. Ich freute mich jetzt schon auf den ersten Yaurti me meli kai frutas, dem griechischen Joghurt mit Honig und Obst, an der Uferpromenade Chóra Sfakíons am Wasser, oberhalb des kleinen Kieselstrandes, in der Taverna-Obrosgialos.

Chaniá - Busbahnhof - Fahrkartenschalter.

Busse satt! Menschen satt! Lisbeth klar bei Verstand! Hier kannte ich mich aus! Rucksack aus dem Laderaum gezogen, lässig aufgeschultert, die Bauchtasche verschlossen umgebunden und meinen schwarzen Handgepäckrucksack fest in der Hand.

„When does the next bus start to Chóra Sfakíon?"
„Tomorrow morning, eight o'clock."
„Excuse me, again please?"
„Tomorrow morning, eight o'clock."
„Today?"
„No bus today! The last one started at two o'clock."
„Oh, thank you. Do you have a plan for the busses, please?"
„Yes, over there."

Over there war ca. vier Meter weiter zur Rechten, auf einem Holzregal neben einem geschlossenen Schalter. Die Uhr zeigte 14:22 Uhr. Das Regal lag voller Zettel. Nach einer Weile war mir klar, dass sie allesamt gleich waren. Ich nahm einen, sah die Aussage des Schalterbeamten bestätigt und war darüber keineswegs erfreut - not amused!

Jetzt kam die Sache mit der Panik. Wie war das noch? Ruhe bewahren - Mitte finden - Lösung suchen? Erst einmal zum Klo!

Warum hatte ich nicht auf mein Gefühl gehört? Nicht in Réthimnon und nicht, als ich den Wegweiser nach Vríses gelesen hatte? Ist ja gut! Ich weiß es ja! Noch war der kleine Angsthase in mir stärker als die erwachsene Elisabeth.

Ist es nicht häufig so,
dass unsere Ängste uns von vielem abhalten?

„Das Schlimmste an allem ist immer die Angst", sagte mein Vater gerne mal, wenn wir uns etwas nicht so recht hatten zutrauen wollen.

Ich lief langsam zu den Toilettenräumen, wählte die letzte kleine Zelle, stellte meinen großen Rucksack auf die Fliesen, nahm meine Bauchtasche ab, öffnete meine Hose und wollte mich gerade setzen.

„Wo ist mein kleiner schwarzer Rucksack?" Panik ist steigerbar. Hose wieder hoch, Rucksack auf die Schulter, Bauchtasche in die Hand. „Meine Güte - wie kann man nur so schusselig sein?"

Zurück in der Schalterhalle scannten meine Augen alles. Die vielen Menschen und ihre Gesichter. Den Fahrkartenschalter, an dem ich nach dem nächsten Bus nach Chóra Sfakíon gefragt hatte. Den Schalterbeamten, den Platz daneben und dahinter und den Boden. Am Boden entlang, weiter zum Holzregal, hoch zur Ablage, bis hin zum geschlossenen Schalter.

Schwarz, klein, ganz einsam und verlassen stand er dort in dieser kleinen Ecke, zwischen Holzregal und verschlossenem

Schalter-Glas-Schiebefenster. Es war, als ob ich meinen kleinen verloren gegangenen Hund wiedergefunden hätte, den ich nie besessen hatte, oder irgendetwas anderes ganz schlimm Wertvolles. Huch - da fällt Ballast von der Seele. Da haste weiche Knie, kannst nur noch ganz tief durchatmen und zu dir selbst sagen: „Lisbeth, das machst du nie, nie wieder!"

Zum Klo musste ich dennoch - oder jetzt erst recht. Liebevoll nahm ich mein wiedergefundenes Hab und Gut an mein Herz, küsste meinen Ausweis, meine Krankenversicherungskarte, meine Flugticketnummer und meine „Millionen". Vor dem Verlassen der Toilettenräume malte ich mir die Lippen neu, zog mir mit meinem Kajal den unteren Lidrand nach und erfrischte meinen doch etwas trocken gewordenen Mund mit zwei kleinen Kaugummikissen.

Ganz bei mir war ich dennoch nicht wieder. So wollte ich das alles nicht. Ich wollte nach Chóra Sfakíon, und zwar auf der Stelle! Wollen ist nicht immer das, was gerade geht, und dennoch wollte ich es trotzdem.

4.

Ich überquerte den großen Platz am Busbahnhof. Es standen nur noch wenige Busse dort, für die Nacht oder für Fahrten in ganz andere Richtungen. Was interessierten sie mich? Ich verließ den Platz am südlichen Ausgang. Ein Taxi stand direkt vor meiner Nase. Fragen kostet ja nichts, doch die Antwort war nicht die, die ich hören wollte. Zwischen 85 und 110 Euro sollte die Fahrt kosten, was mir zu diesem Zeitpunkt eindeutig zu viel war. Ich war noch ein wenig geizig oder sparsam, falls das besser klingen sollte. Auf jeden Fall war ich mir meiner inneren Schieflage noch nicht recht bewusst. Ich lief einmal um den ganzen Busparkplatz herum. Ich bemerkte ein Hotel, in dem ich notfalls hätte übernachten können, auch ein zweites und ein drittes. Ich fragte nicht nach einem Zimmer, nicht einmal nach den Zimmerpreisen. In mir sträubte sich alles gegen den Gedanken, hier in Chaniá übernachten zu müssen.

Nichts gegen diese Stadt, auch sie ist wunderschön. In den Reiseführern ist sogar die Rede davon, dass sie die schönste Stadt Kretas sein soll. Ich kenne die Altstadt von meinen früheren Reisen mit meiner Schwester. Wir hatten uns hier immer sehr wohlgefühlt. Egal, ob es nun das Sitzen am venezianischen Hafen war, die Bummeleien durch die Einkaufsgassen oder das Speisen in der Umgebung alter Ruinen, die zu wunderschönen Lokalen umgestaltet waren. Kein Dach, angenehme Beleuchtung und zum Dahinschmelzen umwerfende griechische Klänge. Das Essen war auch gut.

Einmal um den Platz herum bedeutete, dass ich genau an der Stelle wieder ankam, von der aus ich gestartet war. Natürlich stand das Taxi nicht mehr dort. Hätte es auf mich warten sollen? Inzwischen war ich ja fast so weit, die vielen Euros bezahlen zu wollen. Das kann man immer gut mal denken, wenn eine Gelegenheit verpasst ist. Etwas ratlos setzte ich mich auf die kleine grüne Bank neben dem Hinweisschild für Taxen.

Eine SMS meiner Schwester riss mich aus meinem Mitleid für mich selbst und meine Situation. Wo ich denn gerade sei? Ob es mir denn auch gut ginge? Und ob alles so liefe, wie ich es mir erträumt hätte, war der Inhalt. Es sei okay, antwortete ich, und dass ich gerade an einem Taxistand am Busbahnhof von Chaniá säße und über mein weiteres Vorgehen nachdächte. Ich dachte nach. Ich fragte den nächsten Taxifahrer, die nächste Taxifahrerin auch, und war immer noch nicht recht in der Lage, eine Entscheidung zu treffen. Ich lief zum nächsten Hotel, drehte vor der Tür jedoch gleich wieder um und entschied, jetzt erst einmal in Richtung Altstadt zu laufen.

Ich lief los - zumindest tat ich so.

In Wahrheit wusste ich jedoch nicht, in welche Richtung ich wirklich hätte gehen müssen. In meinem Kopf dachte ich, dass der Himmel es schon für mich richten würde und dass doch eigentlich nichts wirklich Schlimmes im Busche war, egal ob ich nun hier in Chaniá ein Zimmer nehmen müsste oder für teuer Geld nach Chóra Sfakíon fahren würde. Vielleicht ergäbe sich ja auch noch ein kleines Wunder zur heutigen Erreichung meines gewünschten Zieles. Mit dem Rucksack auf dem Rücken schlenderte ich so dahin. Meine Bauchtasche war um meine Taille gebunden und mein herzallerliebster kleiner schwarzer, wertvoller Rucksack ganz unter meiner Kontrolle.

Ich war noch keine hundert Schritte gegangen, als mir von vorne ein blauer Wagen mit dem Wort Taxi obenauf entgegenkam. Nicht, dass ich nach dem Wagen geschaut hätte, nein, nein, aber der Fahrer dieses Fahrzeuges hatte nach mir geschaut, und das hatte ich bemerkt. Das Fahrzeug hielt. Ich blieb stehen, ging langsam ein paar Schritte zurück und dachte dabei, ob dies vielleicht mein Himmelswink sein könnte. Scheibe runter, angelächelt und die Frage gestellt bekommen, wo ich denn hinginge:

„Where are you going to?"

Ein Satz, der mir in den nächsten Tagen noch mehrmals aus griechischen Männermündern entgegengehaucht werden sollte.

„I'm going to Chóra Sfakíon", war die selbstverständlichste aller Antworten, die ich in ein charmantes Lächeln eingepackt hatte. Zwei griechische blaue Taxifahreraugen lächelten zurück und fragten, was ich denn bereit wäre, für diese Fahrt zu zahlen:

„Fifty euros."
„Fifty euros and a kiss!"
„What's the price without a kiss?"
„Seventy euros."
„Okay, let's go."

Es war eine nette Spielerei, ein positives kleines Geplänkel. Da war nichts Bedrohliches im Hintergrund. Er stieg aus, verstaute meinen Reiserucksack im Kofferraum, und los ging die Fahrt.

Siebzig Kilometer seien es bis Chóra Sfakíon. Erst zurück auf der New Road bis Vríses, dann schlängelig die Berghänge der Lefká Óri hinauf und wieder hinunter bis ans Libysche Meer auf der anderen Seite Kretas.

Wir unterhielten uns in dem uns zur Verfügung stehenden Englisch. Das ging besser als erwartet. Es musste ja nicht alles korrekt sein. Waren zwei guten Willens, sprachen sie langsam, wiederholten, was nicht verstanden wurde, oder suchten nach anderen Worten, die auch zum Ziele führten. Stelios war hungrig. Er hielt an einem kleinen Lebensmittelladen auf halber Strecke, in Askífou oder Ímbros, denk ich mal. Die kleinen Häuser waren üppig bewachsen. Hier hätte ich gerne eine Rast eingelegt, doch Stelios wollte nur ein Schokoladen-Croissant und eine Flasche Wasser.

Zwei Tunnel, vielleicht auch drei. Atemberaubende Kurven, die ich bitte nicht selbst hätte fahren wollen. Ich weiß noch, wie meine Schwester und ich das erste Mal mit dem Bus diese kurvenreiche Strecke gefahren waren. Wenn wir uns damals nicht immer wieder gesagt hätten, dass auch der Busfahrer bestimmt heile ans Ziel kommen wolle, hätten wir der Sache nicht getraut. Heute schien mir die Straße verbreitert, besser ausgebaut, irgendwie neu. Plötzlich sahen wir die andere Seite Kretas. Weit in der Ferne, unter uns, leuchtete das Libysche Meer unter blauem Himmel. Nun gab es meine ersehnte Kaffeepause.

Stelios fragte: „Coffee with a good view?"
Ich antwortete freudig: „Oh yes, of course!"

Wir saßen auf einer ausgebauten Terrasse mit Panoramablick über die karstigen Berge hinunter aufs Meer. Wir hatten den Einstieg in die Ímbros-Schlucht passiert und fuhren alsbald weiter hinunter, hinein in mein so sehnsüchtig erwartetes Chóra Sfakíon.

Heimat - Befreiung - Glück.

Ja, hier wollte ich hin. Hier war ich richtig. Ich gab Stelios das Taxigeld. Er hob mir den Rucksack aus dem Kofferraum. Wir lächelten uns an, nahmen uns kurz in den Arm und bedankten uns beieinander. Wenn jetzt etwas weh getan hätte, wäre es das Glück gewesen. Die 70 Euro hatte ich längst verwunden. Der Zimmerpreis in Chaniá wäre höher gewesen, die Busfahrt am nächsten Tag hätte auch gekostet, und nicht tun zu müssen, was ich nicht wollte, war eh unbezahlbar.

Ich atmete tief durch, winkte Stelios zum Abschied und setzte mich vorne ans Wasser in das zweite Lokal am Platze, der Taverna-Obrosgialos. „Yaurti me meli kai frutas, parakaló." Es war derselbe Wirt, bei dem meine Schwester und ich damals gerne gegessen hatten, als wir vor ca. 12 Jahren das letzte Mal hier gewesen waren. Das letzte Mal und gleichzeitig das erste Mal richtig. Meine Tochter hatte gerade ihr Abitur bestanden und wollte danach für einige Zeit ins Ausland gehen. Meine Schwester und ich waren so begeistert von diesem Ort, dieser Taverne und der netten Familie drumherum, dass wir schon fast ein Arbeitsabkommen für unser Kind geschlossen hätten. Wir hielten Kreta für eine ausgezeichnete Idee.

Sie hatte andere Pläne.

Bevor wir Schwestern das erste Mal ein paar Tage unseres Urlaubes hier in Chóra Sfakíon verbracht hatten, war dieser Ort für uns lediglich Durchgangsstation vom Bus zur Fähre, mehr nicht. Wir tranken dann und wann einen Kaffee oder aßen einen griechischen Salat, doch so richtig bemerkt hatten wir diesen kleinen angenehmen Ort nicht. Als ich vor 17 Jahren sechs Wochen alleine auf Kreta unterwegs war, verhalf er mir zu netten Kontakten. Vielleicht war es auch nur mein neben mir stehender Reiserucksack oder mein freundlicher

Blick. Zumindest war es äußerst leicht, mit den Wartenden auf Bus oder Fähre ins Gespräch zu kommen. Where are you from? Where are you going to? Or other simple questions.

5.

Diese Ruhe, diese Schlichtheit, das Wasser, die Weite, der Himmel, die Bucht. Der hohe Fels mit den zum Himmel strebenden hellgrün beblätterten Bäumen. Der Blick auf die Fähre nach Loutró und Ágia Rouméli und diese beschauliche kleine Uferpromenade mit all ihren Tavernen und dem davor liegenden schmalen Kieselstrand.

Chóra Sfakíon,
ja, ja, ja, ja ich war da,
am Eingang meines Kretas!

Es mag gegen 18 Uhr gewesen sein, als ich die parallel zur Uferpromenade verlaufende Straße hinaufging. Hinterstraßen sind meist etwas verwaist, und so war es auch hier in Chóra Sfakíon. Der Bäcker und der Lebensmittelhändler haben ihre angestammten Plätze hier, und damit hat es sich dann auch. Ich wusste, dass am Ende dieser Straße Zimmer zu bekommen waren, und da ich ja lieber auf bekannten Pfaden wandle, steuerte ich eines dieser Häuser an. Es ist schon idyllisch hier oben. Du glaubst, dass die Straße zu Ende ist, ist sie aber nicht. Nach links führt eine Treppe zur Uferpromenade hinunter. Nach schräg rechts geht der Weg weiter bergan und endet an der heimeligen Taverne dreier Brüder oberhalb einer Badebucht. Eine steinerne Treppe führt zum Strand hinunter. In einer Seitengasse rechts vor dem Strand sah ich zwei weitere Pensionen.

Ich setzte mich auf einen der typisch kretischen Tavernen-Stühle, die blau mit aus groben Tauen geflochtener Sitzfläche waren, und bestellte mir einen „fresh-pressed-orange-juice". Ich war genauso gelassen wie das ganze Chóra Sfakíon. Ich fragte nicht nach einem Zimmer. Ich tat gerade so, als ob ich gar keines wolle. Axel aus Frankfurt war damit beschäftigt, sich seine Wanderschuhe anzuziehen. Er hatte hier im Haus für 30 Euro übernachtet und wollte nun zu Fuß zum Sweet-Water-Beach laufen, der eigentlich Glikanéra-Beach heißt. Vielleicht wolle er auch noch weiter bis nach Loutró gehen. Er hatte die große Wärme abgewartet, um bei angenehmeren Temperaturen mit seinem Rucksack weiterziehen zu können. Sollte die Dunkelheit ihn überraschen, wolle er am Sweet-Water-Beach übernachten. Einen Schlafsack habe er dabei, und die kleine Taverne auf einem Felsvorsprung an diesem Strand wäre ein wunderbarer Ort für Kaffee und Honigbrot am Morgen.

Axel war fort. Jetzt fragte ich nach einem Zimmer.

Hier auf Kreta scheint mir alles von Familien bewirtschaftet zu sein. Ich finde das gut, wenn der Bruder mit dem Bruder, dem Sohn und dem Neffen gemeinsam eine Taverne, ein Hotel oder was auch immer bewirtschaftet. Ich fände es auch gut, wenn die Schwester mit der Schwester, der Tochter und der Nichte - aber das ist ja nun auch einerlei. Auf jeden Fall fragte ich den Neffen, ob es denn ein Zimmer für mich gäbe und was es kosten würde. Der verwies mich an den Onkel, der wiederum seinen Bruder rief, um mir das Zimmer zu zeigen.

„I'll give you the best room for 30 Euro."
„Yes", sagte ich, „for the best woman the best room!"

Auf jedem Gesicht ein amüsiertes Lächeln.

Natürlich hatte er nur „best rooms". Ich bekam das Zimmer Nummer 28 mit einem wunderschönen Ausblick auf die sfakíotische Bucht und der einzigen noch im Haus verbliebenen Schiebetür. Ich sah die Weite, die Fähre und das sich in leichte Wellen legende Meer. Es gab Steigerungen, und hier war wieder eine. Glücklich und zufrieden saß ich auf meinem Balkon, die Füße im Grün der angrenzenden Mauer und rauchte genüsslich meine Angekommen-sein-Zigarette.

Ich hätte heulen können vor Glück. Natürlich war das mein Gefühl, mein Angekommensein, die wiedergefundene Realität meiner Träume von diesem Fleckchen Erde. Heimat eben - Heimat vom ersten Augenblick an.

„Man darf im Leben nicht zu früh nach Kreta reisen, sonst sieht man nix anderes mehr von der Welt."

Das würde mir mein Freund Ludwig in ein paar Tagen sagen. Wie sehr das doch mit meinen Worten zusammenpasste. Auf Kreta ist's am schönsten, hatte ich immer wieder mal zu meiner Schwester gesagt, die mich dann oftmals entgeistert anschaute und meinte, dass ich ja sonst auch noch nirgends wirklich gewesen sei. Diese Aussage war zwar völlig korrekt, und dennoch war es für mich auf Kreta am schönsten!

Hier und heute kannte ich Ludwig noch nicht. Auch er ist ein vom Kreta-Virus Befallener, und somit werden wir bei unserer ersten Begegnung eine gute Grundlage für weitere gemeinsame Aktivitäten haben.

6.

Ich hatte geduscht, mir die Haare gebürstet und sie nach all der Zeit des Hochgestecktseins wieder freigelassen. Jetzt am Abend trug ich mein langbeiniges Unterzeug. Einen schwarzen Gymnastikanzug aus reiner Baumwolle mit 5% Elasthan, ohne den ich mir mein Leben nicht mehr recht vorstellen kann. Ich besitze ihn in sechzigfacher Ausführung, dreißig mit langem Arm und dreißig ohne, mit langen oder abgeschnitten Beinen, neu und schwarz oder auch schon ausgewaschen und repariert. Darunter trug ich einen BH in rotem Himbeerton, der farblich so wunderbar zu meinem Lippenstift passt. Den Abschluss bildete das längere meiner zwei weich fallenden schwarzen Kleider, das ich für die Abende reserviert hatte. Lippen rot - Sandalen rot - Bauchtasche rot. Für die Ohren wählte ich die matt silbernen ovalen Ohrclips mit dem schwarzen Onyx. Um die Schultern trug ich mein kürzlich in einem Second-Hand-Laden erworbenes, zum Dreieck gelegtes Rosentuch. Der schwarze Untergrund, die rosa-roten Rosen und das leicht olivfarbene Grün schmeichelten meinem herben Ich.

Ortsbegehung. Mein Weg führte mich die 47 Stufen einer Marmorsteintreppe hinab, die gleich neben meinem Balkon begann und mich über drei Abschnitte direkt ans hintere Ende der Uferpromenade führte. Rechts herum geht es zur Mole, links herum an all den Tavernen vorbei um die Bucht herum bis zum Fähranleger.

Zur Ortsbegehung gehört alles.

Ich schlenderte als Erstes in Richtung Mole. In den Tavernen saßen viele Menschen, und auch, wenn ich mit mir sehr im Reinen war, brauchte ich eine kleine Übungsstrecke, um zwischen all den Menschen an der Uferpromenade ohne jedes dumme Gefühl bestehen zu können. Es ist schon ein Unterschied, ob man alleine, zu zweit oder in einer Gruppe durch die Zeit wandelt.

Zur Rechten gab es nur zwei Speiselokale. Auf der Terrasse des Xenia-Hotels saßen ein paar Gäste. Die letzte Taverne schien gänzlich leer. Von den Tischen am Wasser war nur einer besetzt. Die Terrasse des Xenia liegt etwas erhöht. Drei Steintreppen mit vielleicht fünf, sieben und neun Stufen führen hinauf. Die Balustrade war mit üppigem Grün bewachsen, einer Art Zypressen.

Im vorderen Teil saß ein Mann, im hinteren einige Paare. Dieser Mann, sehr griechisch, sehr braun, lang und aufrecht, mit grauem Vollbart, markanten Gesichtszügen und zum Zopf gebundenen schwarzen Haaren, saß mit direktem Blick zur Straße, zur Bucht, dem kleinen Anleger und mir. Ich sah ihn, bevor er mich sah, und als er mich sehen konnte, tat ich, als ob ich ihn nicht sähe. Doof, nicht? Doch so ist das, wenn mir einer vor Gefallen direkt ins Auge springt. Männern, die mich nicht interessieren, die nichts von dem haben, was in meinem Raster gespeichert ist, kann ich direkt ins Gesicht schauen. Auge in Auge sozusagen. Da passiert nichts. Je uninteressierter ich gucke, umso größer mein eigentliches Interesse? Diese Formel wäre zu einfach. Auf jeden Fall funktioniert die direkte Sympathiebekundung eines Mannes meines Gefallens bei mir nicht. Vielleicht nach mehreren Begegnungen, doch so stante pede kriege ich das einfach nicht gebacken. Was nützte mir auch ein einseitiges Gefallen? War ein Mann nicht von sich aus interessiert, hatte eine Frau eh allezeit schlechte Karten. So atmete ich einmal tief durch, ging langsam weiter bis ans Ende der Mole und erinnerte mich an den Grund meines Hierseins.

Dennoch kam ich nicht umhin, das Spiel des Lockens zu spielen. Ich verweilte eine Zeit hier am Ende dieser kleinen Welt, an der ich nur noch schwimmend hätte weiterkommen können. Ich machte einige Fotos, schaute aufs Wasser, setzte mich auf den Sockel des Leuchtfeuers und gab dem möglichen Betrachter die Gelegenheit zu betrachten.

Es waren höchstens fünf Minuten, und die sollten auch ausreichen. Wie war das noch mit Entscheidungen auf persönlicher Ebene? Sekundensache! Zurück ging ich ebenso schlendernd, mit dem gleichen Interesse an allem, was mich nicht so interessierte. Der Mann zur Linken blieb gänzlich unbeachtet.

Da lächelte etwas ordentlich in mich hinein: „Lisbeth, Lisbeth, Lisbeth, du bist mir schon ein kleiner Feigling."

Die Tavernen der Strandpromenade waren gut besucht. Das Licht des Tages wollte langsam weichen. Ich achtete auf allein sitzende Personen, machte einen Schlenker zum Busabfahrtsplatz, um dann den Weg zur Fähre zu gehen. An der Ecke bemerkte ich einen großen Kiosk, daneben eine Bar und etliche Schritte weiter den Fahrkartenschalter für die Fähren.

Bevor ich ihn erreicht hatte, hörte ich hinter mir ein Motorengeräusch. Eine Art Moped überholte mich, darauf sitzend der lange Grieche mit Zopf, aufrecht und stolz. Ein amüsanter Anblick. Ich fotografierte das Schild mit den Fahrpreisen der Fähren. Lächelte. Fotografierte das Schild mit den Abfahrtzeiten und das gesamte kleine, würfelförmige Kassengebäude gleich mit dazu. Der Mopedfahrer war hinter einer Biegung verschwunden. Ich schlenderte weiter, gespannt darauf, wie zufällig die Zufälle hier in Chóra Sfakíon so ablaufen mochten.

Ein Stück vor mir ein zweites kastenförmiges Gebäude. Daneben das verwaiste Moped. Davor ein paar Bänke und Stühle. Taxiboat & Cruises und Sfakía-Express stand auf dem Häuschen geschrieben. Der aufrechte Grieche kam mit seinem Moped zurück, direkt auf mich zugefahren. Ich machte einen Schritt zur Seite, wies ihn mit einer eleganten Armbewegung und einem Lächeln an, an mir vorbeizufahren, und schon blieb er stehen. Seine Beine waren wahrlich lang genug, um dies mit einer gewissen Lässigkeit tun zu können.

„Where are you going to?"
„I'm going for a little walk to the ferry boat."
„Do you like to drink a glass of wine with me?"
„No - but if you like, we can sit down for a little talk."

Wir setzten uns auf eine der Bänke vor die Taxibootzentrale. Das ist schon irre hier in diesem Chóra Sfakíon. Egal, wo du dich aufhältst, egal, auf welcher Seite der Bucht du dich befindest, du hast alles im Blick, im Groben, und wenn du es etwas genauer wissen willst, auch im Kleinen. Hier in Chóra Sfakíon hat mit Sicherheit jeder Zweite ein Fernglas.

Direkt gegenüber, am anderen Ende der Bucht, sahen wir auf das Hotel Xenia, das Leuchtfeuer und den Stammplatz von Micháli. Ich erfuhr, dass sein älterer Bruder, er und seine beiden Neffen ihr Geld mit dem Transport von Touristen verdienen, die außerhalb der üblichen Fährzeiten nach Loutró oder Ágia Rouméli wollen. Zum Sweet-Water-Beach führen sie täglich zu festen Zeiten und auf Anfrage noch dazu. Er sei seit fünf Jahren mit dabei. Sein Bruder betreibe dieses Geschäft schon länger. „What have you done before?" Er sei Schiffer und Fischer. Hatte immer auf Schiffen gearbeitet, in Dubai und anderswo. Doch am liebsten sei er immer und immer wieder

Fischer gewesen. Fischer, so, so, dachte ich, und fischen könne man ja so allerhand.

Wir flirteten - keine Frage. Wir lächelten uns an. Wir berührten uns beim Sprechen. Wir rauchten eine oder auch zwei Zigaretten, und dann war ich plötzlich richtig hungrig.

„I am hungry now." Es war bestimmt schon gegen neun.
„Do you like to eat with me, over there, at Xenia, where we saw us for the first time?", fragte er.

Wir wussten beide, dass wir uns gleich bemerkt hatten, und natürlich wollte ich gerne mit ihm zu Abend essen.

„I liked you at the first moment", ergänzte er, als er zu seinem Moped ging. Ich lächelte dazu, ob ich nun der Fisch an seiner Angel war oder was auch immer.

Er fuhr vor. Ich schlenderte ruhig und beseelt zurück. Am Kiosk an der Ecke kaufte ich ein neues Shampoo. Das alte machte meine Haare zu weich, und zu weich hieß, zu wenig Volumen. Ich kam eine Viertelstunde nach Micháli zum verabredeten Platz auf die Terrasse des Xenia zum Tisch hinter den Zypressen.

Micháli hat hier Hausrecht.

Er plapperte mit dem Personal, den anderen Gästen, den Hunden und den Katzen. Mich wies er mit Gesten und Worten an, in die Küche zu gehen, um zu schauen, was ich essen wolle. Er habe bereits bestellt. Ich wählte zwei griechische Frikadellen mit grünen Bohnen, green beans. Micháli aß fried chicken with chips. White wine and water für uns beide.

Vanna und Georgos, die Betreiber des Xenia, dachten sich sicher ihren Teil, als sie uns so vergnügt an diesem Tisch sitzen sahen. Ich dachte mir meinen Teil ebenso und überlegte, die wievielte Frau ich in diesem Sommer wohl sein mochte, mit der dieser Micháli hier zu Abend aß. Ob er sich auch etwas dachte? Nun stellte sich mir die Frage, ob es überhaupt von Bedeutung war, ob und wer sich hier etwas dachte. Tatsache war, dass hier gerade zwei Menschen zusammensaßen, die sich wahrlich voneinander angezogen fühlten.

Der Abend ging dahin mit Essen und Reden, Anlächeln und Schweigen, Berührungen und wohlwollenden Blicken. Es knisterte, es zog, es brannte, und es strahlte weit über unseren Tisch hinaus. Da konnte man gar nichts dagegen tun, auch wenn das Offensichtliche offensichtlich vermieden wurde. Da war kein öffentlicher Kuss, kein Getätschel im öffentlichen Raum, nichts, was als Beweisfoto Bestand gehabt hätte. Und dennoch war es unübersehbar.

„Do you like to spend the night with me?"

Direkter ging es nicht! Gut, er hätte gleich am Taxibootstand danach fragen können oder in dem Moment, da er mit seinem Moped vor mir angehalten hatte. Es war direkt und doch passte die Frage. Worauf sollten wir bitte warten und warum? Ich schaute dennoch etwas erstaunt und sagte in entsprechendem Ton:

„Micháli! At the first evening!"

Worauf er mit einem bezaubernden Blick sagte:

„Warrum nicht!"

Oh, wie genau dieser Mann wusste, was diese Gegenfrage in meiner Sprache mit diesem gerollten Rrrrrrrrrrrrr bei mir bewirken würde. Pappnase, alte! Geübt, geprobt und wahrscheinlich meist von Erfolg gekrönt.

7.

Warrum nicht! Das fragte ich mich jetzt auch und spürte genau, dass nicht ich zuvor diesen entsetzt ausgesprochenen Satz gesagt hatte. Es war mein Über-Ich gewesen, das eindeutig noch unter einem gewissen Einfluss meiner Erziehung stand.

Erziehung hin oder her - egal. Es wäre auch geradezu eine Schande gewesen, diesen so zauberhaften Zauber einfach so vergehenzulassen. Er fragte nach meinem Übernachtungsplatz. Nein! Dort könne er mich nicht besuchen. Er habe Trouble mit den Besitzern. Warum nur? Ich wollte es gar nicht wissen. Zudem reichte meine Phantasie völlig aus, um mir die Antwort darauf selbst geben zu können. Er mietete ein Zimmer im Xenia, zeigte mir den Weg zur Treppe und küsste mich verstohlen in dieser uneinsehbaren Ecke. Auf dem Tisch stand nun unser Nachtisch, gemeinsam mit einer kleinen Flasche Raki.

Es war alles anders als sonst. Nie aß ich den Nachtisch. Niemals trank ich den Schnaps. Niemals hatte ich je zuvor etwas mit einem Griechen, einem Portugiesen oder einem anderen Mann südländischer Herkunft.

Ob ich wohl frei war? Endlich vogelfrei, nach meinem endgültigen Abschied von meinem so geliebten Familienmann, an dem ich auch nach unserer Trennung noch so lange festgehalten hatte? I think so!

Wir verabschiedeten uns für einen kurzen Moment. Micháli fuhr zum Bootsanleger, wollte schauen, ob die Boote richtig vertäut waren. Ich ging die 47 Stufen zu meinem Zimmer hinauf, rauchte auf dem Balkon eine Zigarette, ganz für mich alleine, putzte mir die Zähne und machte mich frisch. Ich tauschte mein keusches Unterzeug, meine uneinnehmbare Rüstung, gegen meinen schwarzen Slip, malte mir die Lippen neu und nahm meine kleine schwarze Strickjacke als wärmendes Etwas dazu. In meinem kleinen Rucksack war alles, was ich für die Nacht und den Morgen danach brauchen würde.

Als ich zurückkam, saß Micháli schon wieder an unserem Platz. „Nice to see you again, sweet little woman", sagte er, als ich mich unserem Tisch näherte. Nun bin ich wirklich nicht klein mit meinen 1,76 m, doch für einen Mann mit seinen Körpermaßen stellte sich das vielleicht ganz anders dar. Ich fand unser Längenverhältnis wunderbar. 176 zu 198, das fühlte sich gut an.

Er hatte uns neuen Wein bestellt. Die kleine Flasche Raki stand noch da. Vanna brachte uns einen zweiten Nachtisch und die Rechnung. Micháli zahlte: „Olimasien", was soviel wie „alles zusammen" heißt. Wir waren die letzten Gäste. Georgos gesellte sich noch auf eine Zigarette zu uns und gab Micháli den Zimmerschlüssel mit der Nummer 104. „Have a good night", sagte Vanna mit einem verschwörerischen Blick zum Abschied, und auch wir wünschten Georgos und ihr eine gute Nacht.

Mit dem Wein und dem Raki gingen wir aufs Zimmer. Micháli hatte seine Utensilien in einem kleinen blauen Plastikbeutel dabei. Während er duschte, saß ich auf dem kleinen Balkon. Ich schaute den Himmel, die Sterne, lauschte der Brandung des Meeres, nahm einen Schluck Wein und rauchte meine Gute-Nacht-Zigarette. Es war schon eine sinnliche Atmosphäre, hier im Dunkel der Nacht. Den Mann, der mich von Kopf bis Fuß angezündet hatte, in meiner Nähe wissend und so gar nicht darüber nachdenkend, ob das alles hier jetzt so richtig sei.

Es war richtig, es war gut, es war lustvoll, es war heftig. Unsere Körper wollten sich, hier unter diesem Sternenhimmel, hier auf diesem Balkon, hier in dieser kretischen Nacht. Glücklich, entspannt, weich und zärtlich gingen wir zu Bett. Wie sehr ich es doch genießen kann, in den Armen eines Mannes zu liegen, auf dessen Schulter mein Kopf ruht und dessen Füße ich dennoch nicht erreiche. Beine durcheinander und eng umschlungen schliefen wir ein.

Eigentlich schlief nur er ein, erst leise und dann unregelmäßig laut. Schnarchen ist in gewissem Maße erträglich. Bei gleichmäßigem Ton kann es sogar als Einschlafhilfe dienen. In dieser Ausführung jedoch eindeutig nicht! Micháli hatte mich gewarnt, und so erlaubte ich mir nach seinen Hinweisen zu handeln. Er rollte sich auf die Seite und der Ton ließ nach - für eine Weile zumindest. Dann rollte er auf den Rücken zurück, und das Spiel begann von Neuem. Wohl drei Mal wiederholte sich dieses Prozedere, vielleicht auch einmal mehr, doch dann sah ich dieses Unterfangen als sinnlos an.

Leise kroch ich aus dem Bett, tastete nach meinem Kleid, das ich über die angelehnte Schranktür gehängt hatte, und zog es mir über. Danach fingerte ich im Dunkeln meine anderen Sachen zusammen und dankte meinem Erinnerungsvermögen für seine wunderbare Leistung. Meine Sandalen standen unter dem Stuhl, über den ich meine Strickjacke gehängt hatte und über dem auch mein kleiner schwarzer Rucksack hing. Meine Ohrclips lagen neben der Zigarettenschachtel unterhalb meiner Brille auf dem Schreibtisch nahe am Fenster. Meinen BH und meinen Slip hatte ich neben meine Bauchtasche auf das kleine Regal gelegt, und wenn ich's recht bedachte, war das jetzt alles, was ich hier in dieser Nacht bei mir hatte.

Es war eine reichlich seltsame Situation, die ich so in dieser Form noch nicht erlebt hatte. Ich, des Nachts heimlich aus dem Zimmer eines Liebhabers schleichend, auf Zehenspitzen, mit voll gepackten Händen. Leise öffnete ich die Tür und trat barfuß in den hell erleuchteten Flur. Muss man alles mal gemacht haben. Zu meinem Glück gab es eine nicht einsehbare Ecke, in der ich mich ordentlich anziehen konnte. Auf den BH verzichtete ich. Auf diese Perfektion kam es hier und jetzt nicht an. Ich steckte ihn mir oben in den Ausschnitt, wo er ja in etwa hingehörte. Meine Ohrclips tat ich zu den beiden anderen Paaren in die Bauchtasche zurück. Leise verließ ich das Hotel.

Auf der Terrasse des Xenia war kein Mensch. In ganz Chóra Sfakíon war kein Mensch wach. Zumindest war niemand zu sehen. Die Wellen plätscherten leise an den kleinen Kieselstrand, das Meer klatschte leicht an die Wände des Bootsanlegers. Die Straßenlaternen leuchteten in gelblichem Licht. Das Leuchtfeuer blinkte in seinem Rhythmus. Unterhalb der Terrasse stand Michális Moped, genannt „Porsche". Vor der Taverne blühten rote Geranien. Ich zupfte eine Blüte mit kurzem Stängel davon ab und steckte sie in eine kleine Öffnung an den Lenker von Michális Porsche. Dieses kleine Zeichen war mir schon wichtig. So konnte er am Morgen sehen, dass ich im Guten gegangen war. Auf der anderen Seite der Bucht war die Spitze des hohen

Felsens angestrahlt. Die Hafenstraße war bis zum Fähranleger von grellen Laternen beleuchtet. Ein tiefes Gefühl großer Weite durchströmte meinen Körper. Alles war gut. Alles war richtig. Ich war völlig im Reinen mit mir und ganz in meiner Mitte.

An einigen Häusern brannten einzelne Lichter, und auch am Eingang zu meinem Hotelzimmer, oberhalb der 47 Stufen, brannte eine kleine Lampe. Ich setzte mich ans Wasser an einen der beiden Tische, die hier gegenüber des Xenia-Hotels als Dependance der Taxibootzentrale standen. Das Meer spiegelte alles ein wenig wider. Eigentlich durfte ich jetzt nicht zu Bett gehen. Hier sitzen, hier gehen, hier sein, in dieser lauen kretischen Sommernacht - paradiesisch. Beine aufs Geländer, eine Zigarette entzündet, genossen und dem Himmel gedankt, dass es mir so wunderbar ging.

Leichtfüßig stieg ich die Stufen zu meinem Zimmer hinauf. Es war kurz nach vier, als ich in einem meiner beiden Betten wohlig müde in einen tiefen Schlaf fiel. Von tief innen her frei zu sein, ist ja sooo gut!

Als ich wieder erwachte, war es kurz nach acht. Der Traum der Nacht, oder besser gesagt, der Traum meiner letzten Schlafphase, war ganz gegenwärtig.

Warum träumte ich so etwas in dieser Nacht?

Neben der Schiebetür hing die Wand voll mit Relikten aus meiner Ehe, unserer gemeinsamen Elternschaft. Dinge, die ich für verloren gehalten hatte. Die ersten Schuhe unserer Kinder. Kleine bunt bemalte und beschriebene Zettel. Treibholzstücke von unseren Inselurlauben. Tücher, die wir gerne und häufig getragen hatten, ein Ring und andere sehr persönliche Dinge. Ein paar Frauen saßen in meinem Zimmer. Kundinnen aus meinem Laden, alle etwas jünger als ich und mir gefühlsmäßig nicht besonders nah. Die mir Vertrauteste hatte mit meinem Ex-Mann gesprochen, mit ihm etwas abgemacht. Ihn quasi beraten, was er tun könne. Plötzlich stand er im Raum. Er wollte zurück zu mir. Zurück in die Familie, jetzt nach all der langen, quälenden Zeit, da ich mich endlich von allem gelöst hatte. Ich stand da. Ich dachte. Ich brauchte etwas Zeit. Plötzlich war mir klar, dass er, egal was ich auch tun würde, mich immer und immer und immer wieder verlassen würde, sobald ich mich erneut ganz auf ihn eingelassen hätte, mich stark und gut und sicher in dieser Verbindung fühlen würde. Ich hatte es mehrfach erlebt, ich traute ihm nicht mehr, wusste um seine Verhaltensmuster. Er war mein Quälgeist, und ich allein hatte es in der Hand, dieses Spiel zu beenden. Nähme ich erneut seine Liebe, nähme ich auch den Schmerz. Dieser Preis war mir inzwischen eindeutig zu hoch.

Ich war schon ein wenig verwirrt. Was hatte mir dieser Traum sagen wollen? Egaaaaal - auf jeden Fall war ich mit meiner Entscheidung in diesem Traum sehr einverstanden.

Das Meer lag ruhig in der Bucht von Chóra Sfakíon. Am Himmel zogen ein paar Wolken. Das Licht der Morgensonne lachte mir zu. Und der kleine bittere Beigeschmack meines Traumes verflog, löste sich auf wie die Wolken am Himmel.

8.

Der Tag danach war schon immer ungewiss. War das Beutemachen erledigt, konnte das Interesse von hundert auf null nachgelassen haben. War da mehr als der reine Jagdtrieb, könnte es sich noch etwas ziehen. Waren wirkliche Gefühle im Spiel, konnten solch einer ersten Nacht Wochen, Monate, gar Jahre folgen. Zusammenfassend wusste ich also nichts von dem, wie wir uns in den nächsten Tagen begegnen würden. Für Micháli galt das gleichermaßen. Männer wie Frauen sind mit diesem Beuteschema ausgestattet. Erobert, gelebt und tschüss. Bei gegenseitiger Faszination jedoch konnte eine solche erste Begegnung der Beginn einer großen Leidenschaft sein.

Ich habe da so wunderbare Karten in meinem Laden. Die eine zeigt ein Schaf mit dem typischen Blick eines Schafes, wiederkäuend auf den Betrachter blickend. Es sagt: „Ich leide nicht an Realitätsverlust - ich genieße ihn."

Die nächste Karte zeigt eine Katze, sich selbstgefallend im Spiegel betrachtend. Der Text dazu: „Sich selbst zu lieben, ist der Beginn einer lebenslangen Leidenschaft."

Ob nach dieser ersten gemeinsamen Nacht mit Micháli nun etwas Leidenschaftliches folgen würde, oder ob ich mit einer gewissen Art von Realitätsverlust zu rechnen hatte, wusste ich nicht. Eines wusste und fühlte ich jedoch, seit meiner Spontanheilung kurz vor Beginn meiner Reise tief in mir. Die Liebe zu mir selbst, das Nicht-mehr-Wollen unmöglicher Dinge, das Bei-mir-Sein, das Mich-gut-leiden-Können würden mir erhalten bleiben und mich frei und unabhängig sein lassen. Ich konnte andere besser sein lassen, wie sie waren, und mich selber mögen und mögen und mögen. Mich selbst zu lieben, schien wirklich der Beginn einer lebenslangen Leidenschaft zu sein. Ich war gelassen, fühlte mich großzügig und richtig, ungemein frei und lebensfroh und glücklich.

Ich fühlte mich gut an diesem Morgen. Ich tat, als ob nichts gewesen sei, zumindest nichts, was mich erwarten lassen sollte, dass daraufhin Weiteres folgen müsste. Das war zwar nicht ganz einfach, doch allemal besser, als etwas zu erwarten, was dann nicht eintreffen wollte. Meine Augen suchten nicht nach Micháli, und so ging ich entspannt zum Frühstück zu meinem Lieblingsjoghurt, sprich in die Taverna-Obrosgialos vorne am Platz von Chóra Sfakíon.

Das hatte zweierlei Gründe. Zum einen war der Yaurti hier wirklich besonders gut, und zum anderen würde ich hier nicht direkt auf Micháli treffen können. Sein Revier war im Umkreis des Xenia bzw. des Quadratkastens der Taxibootzentrale auf der anderen Seite der Bucht. Als ich ihm am späten Vormittag wiederbegegnete, war alles tutti. Ich strahlte ihn an. Er strahlte zurück und sagte:

„Thank you for the flower"
und fragte, ob mit uns alles in Ordnung sei.
„Yes, everything is wonderful, but I couldn't sleep tonight because of the loud man at my side."
Er lachte. „Too loud?"
„Yes, too loud!"

Wir tranken Kaffee und verbrachten den Tag weitestgehend miteinander.

Diese äußere Ecke der Bucht von Chóra Sfakíon ist ein wunderbarer Ort zum Verweilen.

Die Anzahl der vorbeikommenden Menschen ist überschaubar, der ganze Bereich großzügig gestaltet. Hier ist es ruhig und beschaulich. Ja, beschaulich ist das richtige Wort. Der freie Platz zur Mole hin tat meinen Augen gut. Wir saßen lange an den beiden Tischen vor der kleinen Anlegestelle seines Taxibootes. Erst zusammen an einem der Tische, dann ich an dem einen und er an dem anderen. Immer wieder mit Blickkontakt, allezeit wohlwollend und etwas sehnsuchtsvoll. Wir erzählten, wir schwiegen, wir lächelten uns zu. Luftküsse flatterten von Tisch eins zu Tisch zwei und wieder zurück.

Dann und wann kamen Interessenten und fragten nach den Preisen für die Fahrten zu den unterschiedlichen Zielen. Manche gingen weiter, manche verhandelten, und manche ließen sich von Micháli fahren. Ich schrieb fortwährend Worte in mein Reisetagebuch. Dachte, erinnerte mich, runzelte die Stirn oder lächelte in mich hinein. Ich selbst hatte das gar nicht so bemerkt. Erst als Stefanie mir am nächsten Tag bei unserer ersten Begegnung von ihren Beobachtungen dahingehend erzählte, wurde es mir bewusst.

Wenn ich das Leben hier so betrachtete, fand ich es schon beneidenswert. Allein das Wasser, das Plätschern der Wellen, die Helligkeit, der kleine Wind, die Wolken am Himmel, die genauso schnell wieder verschwanden, wie sie gekommen waren. Ich konnte ihnen beim Schweben zusehen und beobachten, wie sie ihre Form veränderten oder sich ins Nichts auflösten.

Dann und wann fuhr Micháli mit seinem Boot übers Meer, um Menschen von einem Ort zum anderen zu bringen. Zwischendrin war Zeit für anderes. Zeit zum Sitzen und Reden, Zeit zum Essen und Trinken, Zeit zum Geschichten erzählen,

Schreiben und Lesen, zum Sprachen lernen, Tavli spielen, Rätsel lösen, Stricken, Häkeln oder auch Socken stopfen.

Zwei-, dreimal forderte Micháli mich auf, ihn in seinem Taxiboot zu begleiten, und zwar immer dann, wenn er leer von Chóra Sfakíon abfuhr, um Leute aus Loutró oder vom Sweet-Water-Beach abzuholen. „Élla, élla", sagte er dann, was soviel bedeutet wie „voran, voran", und dann musste ich mich sputen. Einige Minuten ohne Beobachtung, auf dem Meer, ganz für uns alleine - ein Geschenk. Zeit für Küsse - Zeit für Zärtlichkeiten - Zeit für uns beide. Die Rückfahrten waren anderweitig unterhaltsam.

Micháli machte seine typischen Späße mit den Touristen. Ich unterhielt mich mit den Deutsch und Englisch sprechenden Gästen über das karge, schöne Kreta. Taxibootbegleiterin mit Reiseführerqualitäten, das wäre was für mich.

Am Abend gegen acht trennten wir uns für eine gute Stunde. Micháli machte seinen abendlichen Besuch bei seiner Mama, wechselte seine Kleidung und kam frisch geduscht an unseren Tisch auf die Terrasse des Xenia. Ich tat das Gleiche, nur ohne einen Besuch bei seiner Mama. Diese Verabredungen am Abend waren schon ein Glück. Heute begleitet von gebratenem Huhn mit Bohnen für mich und mit Shrimps durchzogenen Spaghetti für Micháli. Wein und Wasser dazu und im Anschluss wieder die süße Speise aufs Haus mit dem dazugehörenden Raki, den ich nie ohne zum Löschen bereitgestelltes Wasser bewältigen konnte.

Nach dem Essen wollten wir zum Gipfel des beleuchteten Felsens fahren, zumindest hatte ich es so verstanden. Micháli tauschte sein Moped gegen das etwas stärkere Modell seines

Bruders, „Porsche-Speziale" sozusagen. Wir trafen uns vorne am großen Platz von Chóra Sfakíon. Ich mit ihm zusammen auf dem Moped durch den Ort fahrend, wäre für Micháli undenkbar gewesen. Im sicheren Bereich des Xenia war unser Tête-à-Tête für ihn anscheinend in Ordnung. Außerhalb des Ortes wohl auch. Die Uferpromenade jedoch schien absolut tabu zu sein.

Wir fuhren ortsauswärts, den Weg, den die Busse nach Vríses nehmen. Am ersten Lokal machten wir Halt. Von außen war es unscheinbar, doch hinter dem Haus öffnete sich eine romantische Terrasse mit zauberhaftem Blick auf den Hafen von Chóra Sfakíon. Kleine Tische im Kerzenschein. Eine Art Theke, direkt am Rande des Felsens. Davor halbhohe Barhocker. Dahinter, in der Tiefe, der beleuchtete Hafen, der aus dieser Höhe einer nachgebauten Miniatur glich.

„Wein?" - „Wein!"

Ob es hier auf Kreta keine Promillegrenze gibt? Ich hatte bei Micháli nie den Eindruck eines alkoholisierten Mannes. Hätte ich jedoch das gleiche getrunken wie er, wäre ich sicher allezeit sternhagelvoll gewesen.

Drei der kleinen Tische waren besetzt. Zwei Paare an dem einen, ein allein sitzender Grieche am hinteren Ende der Terrasse und drei Männer an einem Tisch ganz in der Nähe unseres Platzes, der Theke mit Hafenblick. Micháli erkannte den Griechen und entschuldigte sich bei mir für die Begrüßung dieses lange nicht gesehenen Freundes.

„It's okay. Talk to him."

Unter den drei Herren vom Nachbartisch erkannte ich Vater und Sohn, mit denen ich am Nachmittag kurz gesprochen hatte, als ich am zweiten Tisch von Michális Taxiboot-Dependance gesessen hatte. Der dritte im Bunde war Andréas, der griechische Wirt dieser Taverne.

Sie baten mich auf ein Glas. Wir sprachen über die Schönheit dieser Insel und über den Wunsch, das Befürfnis, immer und immer wieder hierherkommen zu müssen. Jans Vater war schon so oft hier gewesen, dass er inzwischen zu Freunden kam, wenn er in die Ecke von Chóra Sfakíon reiste. Der griechische Wirt bestätigte dies wohlwollend. Wir unterhielten uns auf Englisch, bis Jans Vater ins Deutsche wechselte und mir in etwas bedenklichem Tone ankündigte, dass er mir etwas sagen müsse, wobei er nicht genau wisse, wie und ob er es mir überhaupt sagen solle. Was jetzt wohl kommen mochte?

„Sag es einfach", sprach ich, „und hinterher
entscheiden wir dann, ob es gut war oder
ob wir es einfach wieder streichen sollten."

Er hob vorsichtig an. Fragte, ob ich Micháli schon länger kenne. Ob ich wisse, was er so mache und dass er wohl der Schürzenjäger von Chóra Sfakíon sei. Ihm würde das Geld nur so durch die Finger rinnen, und dem Alkohol wäre er auch nicht abgeneigt.

„Papa!", sagte Jan, „das mit dem Alkohol kannste hier
aber auf jeden zweiten Einheimischen münzen."
„Stimmt! Und irgendwie ist es ja auch blöd von mir,
dir das jetzt so zu sagen. Du bist mir aber sympathisch,
und da dachte ich, dass du das einfach wissen solltest."
„Das ist völlig in Ordnung", beruhigte ich ihn.

„Und vielleicht empfinde ich es ja auch als eher angenehm, wenn sich jemand ein wenig um mich sorgt. Wissen ist allemal besser als ahnen, und da kommt Frau dann auch weniger in Gefahr, sich herzensmäßig zu sehr einzulassen."

Ich ergänzte noch, dass ich mir das schon gedacht hatte und dass es bei einem solchen Mann auch eher verwunderlich gewesen wäre, wenn es anders sei. Er habe nun mal eine Ausstrahlung, eine Art, die vielen Frauen gefallen würde, und ich gehörte nun einmal dazu.

Zum Glück wolle ich ihn ja nicht gleich heiraten oder anderweitig in ihn investieren. Ich hatte ihn einfach nur nicht übersehen und überfühlen können. That's why!

Ich kann nun nicht behaupten, dass diese Information nichts mit mir gemacht hatte. Wissen ist eben doch etwas anderes, als es nur zu vermuten, und ich bemerkte sehr wohl, dass sich mein Inneres etwas von Micháli zurückzog. Als wir uns an der Theke wiedertrafen, fragte er mich, ob something wrong sei, und ich antwortete:

„No, everything is okay, I just dreamt a little bit."

Wir tranken unseren Wein, schauten noch einmal auf die Miniatur-Hafenanlage hinunter und verließen das Lokal. Wir wollten zum Strand. Ich hatte an den Strand unterhalb der Taverne der Drei Brüder im hinteren Teil des Ortes gedacht. Micháli fuhr jedoch ortsauswärts.

Wenn wir Orte und Gegenden nicht richtig kennen, kommen uns Strecken leicht mal etwas weiter vor, als sie es in Wirklichkeit sind. Mir kam unsere Fahrt weit vor und unvernünftig und leichtsinnig, besonders unter dem Einfluss des Wortes Schürzenjäger. Vorher wäre ich einfach nur gespannt und verliebt gewesen, doch jetzt schwang dieses dumme Misstrauen in mir mit. Micháli fuhr geradeaus und bog dann rechts in eine schmale, dunkle, recht kurvenreiche Straße ein. Ich hielt mich in diesem Moment für hochgradig naiv. Genau genommen hielten mich meine Erziehung und mein Über-Ich dafür. Und diese formulierten dann auch meine Frage an Micháli, ob er sich denn hier auch wirklich auskenne.

„Do you know this way really?"
„Yes, baby, since fifty years!"

Wie blöd! Natürlich kannte er sich hier aus, und natürlich wusste er den Weg. Dieser Mann lebte hier seit fünfzig Jahren und wollte in dieser Nacht nichts anderes von mir als ich von ihm - wir wollten uns!

Er kurvte noch ein wenig weiter, bis zu einem Strand, der sich anfangs nur durch das Geräusch seiner Brandung bemerkbar machte. Es war stockfinster. Bis auf den kleinen Lichtkegel vor Michális Moped war alles schwarz. Wir hörten das Rauschen des Meeres, das Knattern unserer Maschine und vielleicht das leise Pochen unserer Herzen. Die Luft war warm. Der Wind seicht. Micháli stellte das Moped auf die betonierte Platte der kleinen Taverne dieses Strandes. Von hier an mussten wir selber leuchten. Anfangs tapsten wir arg im Dunkeln, dann übernahm Michális Handy die Notbeleuchtung. Er nahm mich an die Hand und führte mich mit griechischen Worten ein Stück am Strand entlang. Wir kamen zu einem Platz, überdacht von einem mächtigen Felsvorsprung. Hier hätten mindestens hundert Personen Platz finden können - zum Schatten suchen oder zum Übernachten. Micháli leuchtete mit seiner Handyfunzel bis tief unter den Felsvorsprung. Niemand da, wir waren für uns.

Liebe am Strand, so selbstverständlich, so gewaltig, so wunderschön, so nah wie die Natur hier selbst. Unser Alter war ohne jede Bedeutung. Sein Schürzenjägertum ebenso. Zusammen zählten wir gerade einhundertfünf Lenze.

Vorsichtig glitten wir ins Meer. Micháli wusste, dass das Wasser hier flach anging. Wir setzten uns auf den Strand, ließen uns von den Wellen umspülen und hielten uns mal mehr oder weniger fest in den Armen. Der Mond und die Sterne schauten zu. Wir strichen das Wasser von unserer Haut, ließen den sanften, noch leicht warmen Wind darüberziehen und nahmen den letzten Hauch salzigen Meerwassers mit in unsere Kleidung.

Wie schön es doch war, nach dieser Zweisamkeit meinen Kopf auf Michális Rücken zu legen, die Arme um seinen warmen Körper zu schlingen und auf der Rückfahrt das Nichts der Nacht zu genießen.

Hier war es egal, wer gerade wer war. Wie wahr die Gefühle des einen für den anderen waren und ob der eine nun Schürzen sammelte und die andere etwas anderes. Leise tuckerte die Porsche-Speziale mit uns beiden über die dunklen schmalen Wege zurück nach Hause. Am großen Platz trennten wir uns nach einem letzten zärtlichen Kuss. Micháli führte der Weg zu seinem Bootsbett und meiner mich in die heimelige Umgebung meines eigenen Zimmers.

9.

Am nächsten Morgen nahm ich mein Frühstück auf dem Vorplatz meines Hotels. Schließlich sollte man mich hier nicht ganz vermissen. Es war niemand zum Reden da, was bei mir eher selten der Fall ist. Vielleicht stand mir der Sinn auch nicht recht danach. Mein Kopf schwebte in anderen Sphären. Ich bestellte mir einen Joghurt mit Früchten und Honig, dazu meinen üblichen Nescafé. Big Katastroph! Die ganze Portion hineingequetscht in eine kleine Glasschale auf Fuß. Weintrauben mit einem Hauch von Joghurt und einer überdimensionalen Menge Honigs. Das war weder schön noch lecker, und zu wenig war es auch. Dem Kaffee fehlte die richtige Menge Wasser, und dem heute diensthabenden Bruder, der dem anderen Bruder gesagt hatte, dass er mir das Zimmer zeigen möge, konnte ich sowieso kaum etwas Angenehmes abgewinnen. Das war damals so, das war heute so, und das würde darüber hinaus wohl auch weiter so bleiben. Wie unterschiedlich Menschen doch auf uns wirken können. Der Bruder dieses Bruders war mir vom ersten Augenblick an sympathisch gewesen.

An der Uferpromenade in der Taverna-Obrosgialos wollte ich ein zweites Frühstück nehmen. So armselig konnte mein Tag nicht beginnen. Ich traf auf Christiane, eine junge Frau, die ich gestern das zweite Mal hier als Alleinreisende wahrgenommen hatte und der ich beim Verlassen der Taverne den Vorschlag gemacht hatte, ob wir zwei bei unserer nächsten Begegnung mal einen Kaffee zusammen trinken sollten.

Gestern schien sie über meinen Vorschlag etwas erstaunt. Heute Morgen lächelte sie mir offen entgegen. Sie saß in der Taverne vor meinem Lieblingsfrühstücksplatz. Ich setzte mich zu ihr, bestellte einen weiteren Kaffee und meinen zweiten Joghurt mit

Honig. Auch hier würde ich ihn kein weiteres Mal bestellen. Schon die Optik ließ zu wünschen übrig. Ich erzählte Christiane von meinen Frühstückserfahrungen. Ein guter Einstieg in eine nette Plauderei.

Sie war um einige Jahre jünger als ich, dazu wesentlich zurückhaltender. Unsere Leben waren sehr verschieden voneinander, und wir waren es auch. Christiane hatte nach ihrem Mathematikstudium über ein paar Umwege eine interessante Stelle als Controllerin in einer christlichen Vereinigung gefunden. Neun Jahre sei sie nun dabei, und der Job wäre immer noch gut und richtig für sie. Sie war jetzt zweiundvierzig und immer mehr Tochter als Frau gewesen, auch wenn sie nun seit über fünf Jahren ihre eigene Wohnung habe. Kreta hatte sie schon sehr früh kennen und lieben gelernt. Anfangs sei sie mit ihren Eltern gereist, in den letzten Jahren jedoch immer wieder gerne alleine, mit Besuchen bei einer griechischen Freundin in Heráklion. Drei Tage sei sie noch hier, danach gäbe es ein paar weitere mit ihrer griechischen Freundin in der Hauptstadt. Auch wenn wir beide eigentlich nicht zueinander passten, waren wir für diesen Urlaubstag eine große Bereicherung füreinander.

Wir machten einen Plan. Es war 9:45 Uhr. Die Fähre nach Loutró ging um 10:30 Uhr. Schnell statteten wir uns mit dem Nötigsten aus und trafen uns am Fahrkartenschalter wieder. Zu viel Wind. Die Fähre fiel aus. Wir hatten von Loutró mit einer Pause am Sweet-Water-Beach zu Fuß nach Chóra Sfakíon zurücklaufen wollen. Reine Laufzeit drei Stunden. Wir überlegten kurz. Um 11:00 Uhr führe der Bus nach Vríses, mit vorherigem Stopp am Einstieg der Ímbros-Schlucht. Gedacht, gesagt, gewollt, getan! Für unsere Köpfe eine gute Ablenkung, für unsere Körper eine feine Fitnesseinlage.

Unser beider Lauftempo passte gut. Wir erzählten über Gott und die Welt, über uns und die Schönheiten der Natur. Auch wenn die Ímbros-Schlucht nicht zu den spektakulären Schluchten gehört, sind ihre sieben Kilometer ein schöner Einstieg für untrainierte Wanderer. Am Ende der Schlucht gibt es die Möglichkeit, auf den Bus zu warten, sich ein Taxi zu nehmen oder zu Fuß dorthin zurückzukehren, von wo man gekommen war. Wir waren beide noch gut bei Kräften, Chóra Sfakíon circa 6 Kilometer entfernt, und so machten wir uns freudig auf den Weg zurück. Zwischendurch nahmen wir eine kleine Rast in einer dieser typischen Dorftavernen, die trotz ihrer Einfachheit eine so schöne Atmosphäre haben. Betonböden, Strohmattendächer, ein paar einfache Stühle und Tische, ein paar Katzen, viel Grün in Blechkanistern und fertig.

Christiane brauchte danach etwas Bettruhe und ich meinen ersehnten Yaurti me Meli.

„Breakfast now?"
„Yes, four o'clock is a very good time for breakfast!"

Ich zog mich um, ich duschte, ich schaute nach Micháli. Er saß am ersten Tisch seines Taxibootstandes. Ich holte eine Colalight und ein Amstelbier und setzte mich zu ihm.

„In the evening, eleven o'clock, I come into your room!", sagte er. Und ich dachte nur, nix da - you come into my room. Ich fragte nach seinen Geschäften und erzählte ihm, dass ich die Ímbros-Schlucht gegangen sei. Sein Blick war skeptisch und vermittelte mir, dass der Grieche an sich und somit auch er niemals freiwillig solch unnötige Wege zu Fuß gehen würde. Er hatte einen nächsten Fahrgast. Ich setzte mich an einen der letzten Tische in Richtung Mole und genoss bei meinen Schreibereien die letzten Sonnenstrahlen.

Nachdem ich Micháli gesimst hatte, ob wir gemeinsam zu Abend essen wollten, ging ich für einen kurzen, frühen Abendschlaf auf mein Zimmer. Er rief zurück, und wir verabredeten uns für 21 Uhr an unserem Tisch im Xenia.

Um kurz vor neun kam ich auf die Terrasse. Micháli war schon dort und hatte sein übliches Blablabla mit den anwesenden Gästen und Vanna. Er strahlte mich an und setzte sich zu mir an den Tisch. Wir hatten einen erquicklichen Abend. Unsere Gespräche waren humorvoll und auch etwas ernsthafter und tiefer als zuvor.

Was ich davon hielte,
wenn er mich in Deutschland besuchen käme.

„You are welcome, if we like us longer than my holidays go on."
„Pay my ticket, and I come to visit you in Germany."

Das meinte er jetzt nicht witzig! Er meinte es genauso, wie er es sagte. Der Gigolo hatte für einen Moment seine Maske fallen lassen. Ich schaute ihn kurz an und redete dann über etwas ganz anderes mit ihm weiter. Wir aßen, wir rauchten, wir scherzten, bis seine Aussage ganz am Grund meines Denkvermögens angekommen war. Nicht, dass ich ihm das übel nahm. Es war seine Art zu denken und seine Art zu leben, und ein Versuch dahingehend war allemal erlaubt.

„Micháli, if you like to visit me in Germany, it's okay.
I think, I like to see you again, and for a longer time,
without all the eyes here around us. I like to know,
who you are outside of Chóra Sfakíon, but I don't
pay your ticket."

Daraufhin war er ein bisschen still.

Er reichte mir eine Zigarette, schenkte uns einen Raki nach, stieß mit mir an und lächelte ein wenig verlegen.

„Micháli, I like to be with you,
but I don't like to pay for a man."
„Okay, if I have enough money, I will visit you in Germany."
„If you like me enough, you will have enough money
for the flight and for all your private things. Everybody
needs his own money, otherwise love will die soon."
„I know, what you mean, you're right."

Er erzählte mir von seinem Verhältnis zum Geld. Habe er wenig, reiche es eh kaum, habe er viel, wäre es auch weg. Es rinne ihm einfach so durch die Finger. Er zeigte auf seine Uhr, auf seinen goldenen Ring, auf seine Goldketten. Er habe viel Geld verdient, und er habe es alles verplempert.

„It frittered away."

Ich wusste nicht, ob er in meine Welt passen würde, doch wäre es allemal interessant, uns einmal an einem so anderen Ort gemeinsam zu erleben. Hier war Faszination. Hier war alles leicht. Hier hatte ich Urlaub. Hier war er der Lebemann Micháli und ich die Touristin Elisabeth. In Deutschland hatte ich mein Leben, meinen Laden, meine Arbeit, mein Umfeld. Wenn ich ihn mir dort so, wie er hier war, mit rauschendem Vollbart, mit halboffenem schwarzen Hemd, in Militärhosen und mit Goldkette, Amstelbier und Zigarette vorstellte, ging das für mich kaum zusammen.

Doch ist das nicht gerade der Reiz, die Lebendigkeit, die dem Leben mehr Leben gibt? Muss alles berechenbar bleiben, kalkulierbar sein? Für mich nicht, nicht alles. Machen, tun, probieren, um dann zu sehen, ob etwas geht oder nicht und was dabei herauskommt, was daraus werden kann. Ist etwas gut, kann es weitergehen. Ist es schlecht, sollten wir es beenden, ändern, wechseln oder verbessern.

Nach dem Dessert ging ich auf mein Zimmer. Es war kurz vor elf. Micháli brauchte dieses Spiel. Das Spiel, dass wir nichts miteinander hatten. Ich denke, er war wirklich um seinen Ruf besorgt. Keiner, außer Georgos und Vanna, sollte mitbekommen, mit wem er etwas habe. Mir war's egal, ihm nicht - er hatte sein Leben hier.

„Micháli, everybody knows, that we have sex together!",

sagte ich mit einem Lächeln. Dennoch gingen wir getrennt, kurz nacheinander, vielleicht im Abstand von zehn Minuten, den Weg hoch zu meinem Zimmer. Es war kein Problem. Es amüsierte mich nur ein wenig. Ich saß auf meinem Balkon, die Füße wieder im Grünzeug der gegenüberliegenden Mauer, den Blick auf die im Dunkeln liegende Bucht gerichtet und die Ohren empfangsbereit für die Geräusche der Nacht.

Ich sah - nein, ich hörte Micháli herumtapsen. Ich schaute über meine Balkonbrüstung. Er hatte den falschen Eingang gewählt. Er vermutete mich in einem ganz anderen Zimmer. Das wäre wahrlich ein Spaß geworden, ein schlechter und gleichzeitig ein erneuter Anlass „for more trouble" mit den Besitzern dieses Hauses.

„Micháli, one floor above!"

Ich ging ihm auf Zehenspitzen entgegen und führte ihn einen Teil der Marmortreppe hinauf zu meinem Zimmer. Amüsiert saßen wir auf meinem Balkon und rauchten eine Noch-mal-Glück-gehabt-Zigarette.

Das darauf folgende leibliche Miteinander war leidlich leidlich. Wir waren uns einig:

„The beach was a better place, but it's not every day Sunday."

In meinem Zimmer standen zwei Betten. Ich war gespannt, ob ich in dieser Nacht ein Auge zubekommen würde. Ich solle ihn nur ordentlich rütteln, wenn sein Schnarchen zu laut werden würde, hatte er mir in seinem griechischen Englisch gesagt.

„Micháli, try to sleep on your belly", antwortete ich.

Wir waren beide müde, und so schliefen wir alsbald ein. Er schlief auf dem Bauch ein, blieb so liegen, und alles war gut. Als er gegen fünf in der Früh das Zimmer verließ, hauchte er mir einen zarten Kuss auf die Wange. Ich stand kurz auf, verschloss die Tür hinter ihm, setzte mich auf den Balkon und folgte in Gedanken seinem Gang auf dem Weg zum Boot. Der Wind blies kräftig und ließ die Schiebetür von meinem Zimmer in ihrer Verankerung klappern. Ich fixierte sie mit Pappteilchen meiner zerrissenen Zigarettenschachtel und schlief für einen weiteren Traum ein. In diesem Moment beschloss ich, das Zimmer zu wechseln.

Gegen neun war ich wieder wach. Nach dem Aufwachen bin ich leicht mal etwas unentschlossen. Was zuerst, was dann? Aufstehen, waschen, Zähne putzen, anziehen oder doch besser alles in umgekehrter Reihenfolge?

Ich erdachte mir einen ersten vorläufigen Abfolgeplan:

Erst Zähne putzen.
Dann mit dem neuen Shampoo duschen.

Haare waschen, durchfrottieren und zusammenstecken.
Sachen packen.
Die Flecken der Nacht aus dem Laken entfernen.
Sein Bettlaken glatt ziehen.
Beide Decklaken wieder zu einem zusammenlegen.
Weiter Sachen packen.
Haare nochmal durchfrottieren, wieder hochstecken.
Gesicht malen - Ohrclips anstecken.
Geld nachfüllen.
Hundert Euro für die drei Nächte ins Dekolleté.
Sandalen anziehen.
Mit dem kleinen Rucksack und den Wanderschuhen
in der Hand hinüber zum Xenia, to ask for a room.
Oben am Platz beim Stavros-Wirt einen O-Saft trinken.
Dabei das Zimmer bezahlen.
Das Zimmer räumen.
Den großen Rucksack aufschultern.
Über die Treppe zur Uferpromenade auschecken.
Im Xenia mein neues Zimmer beziehen.
Fertig!

So müsste es geh'n und - oh Wunder, so ging es dann auch.

Es war ein gutes Gefühl, und gleichzeitig war mir dabei auch ein wenig mulmig. War es vernünftig - war es richtig - war es clever - war es gut, oder war es einfach nur dusselig? Wir würden es sehen, ich würde es sehen. Micháli hatte mich gleich nach unserer ersten Nacht gefragt, ob ich nicht ins Xenia hinüberwechseln wolle. Dort fühle er sich besser, wohler und angenommen. Georgos und Vanna wären Freunde, „a little like family", doch zu diesem Zeitpunkt war mir noch nicht danach, auch wenn ich mir vorstellen konnte, dass es für uns beide unkomplizierter sein würde. Irgendwie erschien es mir zu schnell, zu direkt, zu festgelegt. Ich brauchte etwas Zeit. Ich wollte erst einmal sehen, wie sich unser Miteinander entwickeln würde.

Heute war das anders. Heute war mir danach. Heute fand ich es völlig okay. Vanna und Georgos waren mir inzwischen vertraut. Micháli sowieso, und dazu fühlte ich mich im Kreis der ganzen Xenia-Familie gemocht und angenommen.

Zimmer Nr. 104, das Zimmer unserer ersten Nacht, war vergeben, und so zog ich ins Nachbarzimmer, dem Secret-Room Nummer 103, dem einzigen Zimmer im Haus ohne Zahl an seiner Tür. Schön war das Zimmer nicht. Drei Betten, ein doppeltes, ein einzelnes. Ich schob die braun-beige gestreiften Vorhänge zur Seite, stellte die Nachtschränke unter die Schreibplatte und den Mülleimer ins Bad. Nachdem ich meine Sachen ausgepackt und im Zimmer verteilt hatte, wurde es besser, heimeliger und meins. Die Balkone der ersten Etage liegen direkt am großen Flachdach oberhalb der Taverne und unterscheiden sich nicht voneinander. Sie bieten einen wunderschönen Blick aufs Meer, die Berge und den Himmel und einen problemlosen zweiten Zugang zu den Zimmern. Ich legte mich aufs Bett, betrachtete die weiß verputzten Wände, die braune Holzdecke und dachte schmunzelnd an den Beginn meiner ersten Nacht mit Micháli auf dem Nachbarbalkon.

Auf den Zimmerhandel rauchten Georgos und ich eine Willkommen-Zigarette. Er nannte mir den Tagespreis, und ich hatte den Eindruck, dass er mir eine Art Familienrabatt eingeräumt hatte.

Der Stavros-Wirt tat verwundert, als ich mein Zimmer zahlen wollte. Da ich ihn aber eh nicht so besonders mochte, war es mir egal. Drei Nächte - 90 Euro.

„Do you leave?"
„Yes, I do."

Er fragte nicht genauer nach, und zudem war es ja auch nicht gelogen. Wenn ich den Ort auch nicht verließ, so verließ ich doch die Hintergasse Chóra Sfakíons. Ich verließ das Hotel Stavros und mein schönes Zimmer Nr. 28 mit der im Wind klappernden Schiebetür, und ich verließ den heimeligen Balkon mit der so üppig begrünten Mauer und dem wunderbaren Blick über die sfakiotische Bucht bis hinüber zum Fähranleger.

Auch wenn das Xenia und das Hotel Stavros nur wenige Schritte voneinander entfernt liegen, könnte es passieren, dass die Stavros-Männer und die Xenianer sich nie zu Gesicht bekämen. Chóra Sfakíon ist klein, doch wer in der zweiten Reihe wohnt, der lebt auch dort. Nie sah ich einen der Stavros-Männer in diesem Urlaub im Xenia-Bereich, nie an der Uferpromenade. Es wäre gar möglich, dass sie die Uferpromenade nicht betreten würden, immer nur über die rückwärtige Straße den Ort verließen und somit den Menschen der Vorderseite niemals begegneten. Ob das einzelne Bewohner Chóra Sfakíons hier so praktizierten, weiß ich natürlich nicht, doch möglich wäre es allemal.

10.

Der Himmel schickt Hilfsmittel.

Ich hatte mich zum Tagebuchschreiben unter das Strohdach an einen von Michális Taxiboot-Tischen gesetzt. Zum einen machte mir das Schreiben Spaß, zum anderen saß ich dann nicht einfach nur so dumm hier herum, und zum dritten ging mir so weniger verloren. Hier zu sitzen und auf den griechischen Liebsten zu warten, das hätte mir gerade noch gefehlt. Lesen wäre auch möglich gewesen, doch da ich selber so viele Gedanken im Kopf hatte, wollten diese erst einmal heraus und zu Papier gebracht werden.

Ein wenig entfernt in Richtung Mole saßen ein Mann und eine Frau, die mir schon vor zwei Tagen und dann immer wieder angenehm aufgefallen waren. Sie gehörten zu einer undefinierbaren Vierergruppe, deren Zusammenspiel ich nicht recht einordnen konnte. Er war vom Typ her meinem Exmann ähnlich, sie entsprach ein wenig dem meinen. Würden wir ihn, Alain Delon, Jürgen Drews und den Vater meiner Kinder in eine Reihe stellen können, hätten wir auf einen Streich vier Männer, die allesamt meinem so typischen Männergeschmack entsprachen.

Die junge Frau und ich waren von ähnlicher Statur. Eher schlank als rund, aber nicht zu dünn. Ihre Gesichtszüge waren etwas weicher als meine, und ihre lockigen, überschulterlangen Haare waren nicht rot, sondern blond. Vielleicht war sie etwas schlanker als ich und um die zehn Jahre jünger.

Dass wir uns gegenseitig nicht übersehen haben konnten, war eigentlich klar. Wäre jeder für sich unterwegs gewesen oder beide zusammen als Paar allein, hätte ich sie wahrscheinlich angesprochen, doch in Gruppen klinke ich mich ungern ein, und bei Paaren ist es mir auch lieber, wenn der Impuls von dort aus geht.

Ich saß unter dem Strohdach und schrieb mit wasserlöslichem Stift. Sie saßen ein paar Tische weiter, tranken Kaffee und sprachen miteinander. Ein schöner Anblick. Es tropfte vom Himmel. Es regnete durch die Strohmattendächer hindurch. Gut gegen Sonne. Bei Regen undicht. Wir, die beiden und ich, huschten gleichzeitig auf die überdachte Terrasse des Xenia. Die Plätze an der Balustrade waren besetzt. Sie wählten einen Tisch in der Mitte, schauten mich an und fragten, ob ich mich zu ihnen setzen wolle. „Gerne!", war meine Antwort, und so saßen der Andreas-Josef und die Stefanie aus Hamburg plötzlich mit der Elisabeth aus Ostfriesland an einem Tisch.

Wir kamen gut miteinander ins Gespräch. Andreas fragte nach meinem Beruf, worauf ich von meinem kleinen Bücher-Café erzählte. Zu Stefanie gewandt sagte er:

„Siehste, da haben wir doch gar nicht so falsch gelegen."

Sie hatten etwas mit Büchern vermutet. Lektorin oder so, was bei meiner ständigen Schreiberei nicht unbedingt verwunderlich war. Sicherlich hielten mehr Alleinreisende mit ihren Tagebüchern Zwiesprache, als Paare es allgemein hin tun, doch so exzessiv wie ich taten es dennoch wohl eher wenige. Ich erzählte, dass ich schon immer gerne schriebe und dass mir dieser Urlaub dazu doch gerade eine so wunderbare Geschichte liefere.

Sie hatten es mitbekommen, uns mitbekommen, und sich mit mir über diese kleine Urlaubsliebelei gefreut. Sie hatten uns beobachtet und unser Miteinander wahrgenommen und kommentiert. Sie hatten gesehen, wie ich versonnen nachgedacht hatte, gelächelt, die Stirn gerunzelt und dann wieder weiter geschrieben hatte. Sie erinnerten sich an Michális „élla, élla", als er mich zum Mitfahren in sein Taxiboot aufgefordert hatte und wie strahlend wir nach unserer kleinen Bootsfahrt zurückgekommen waren. Solch eine Urlaubsliebe müsse doch einfach wunderschön sein.

Stefanie arbeitete zu diesem Zeitpunkt bei einer Produktionsfirma in Hamburg und war gerade auf der Suche nach einem Ostfriesland-Krimi für eine Romanverfilmung.

„Wenn du dort in Ostfriesland eine Buchhandlung hast, kannste mir doch sicher einen Tipp geben, oder?"
„Ich schreibe dir gerne ein paar Titel auf.
Ist heute Abend früh genug?"
„Ja, sicher!"

Sie seien für eine Woche auf Geburtstagsreise zu Andreas-Josefs Fünfzigstem nach Kreta gekommen. Große Feiern seien nicht seine, und da habe er Stefanie und seine beiden besten Freunde zu dieser Fahrt nach Chóra Sfakíon eingeladen. Fünfzig sei schließlich nicht irgendeine Zahl. „Genau!", grinste ich, und dass die Fünf im Besonderen und sowieso und überhaupt nie eine unbedeutende Zahl sein könne. Ich berichtete von der immensen Ansammlung der Fünfen in meinem derzeitigen Lebensjahr und dass sie anscheinend etwas Besonderes mit mir vorzuhaben schienen.

„Wie lange ist es denn noch so mit all deinen Fünfen?"
„Bis zum 7. Oktober, dann wird eine Fünf durch eine Sechs

ersetzt werden, und damit sollte mein Leben doch endlich in trockenen Tüchern sein, oder?" „Ach", grinste Andreas-Josef, „auch eine Waage?" „Jaaa", lächelte ich zurück, „auch eine Waage. Zu meiner Geburtsstunde werde ich gerade auf dem Rückflug nach Bremen sein, das hatte ich so auch noch nie." „Drei Wochen Kreta", schwärmte Andreas, „das hat was!" „Willst du die ganze Zeit in Chóra Sfakion bleiben?", fragte Stefanie dazu. „Nee, ich denke nicht. Vielleicht noch ein, zwei, drei Tage, dann werde ich wohl weiterziehen."

Ihre beiden Freunde, Eberhard und Holger, schliefen noch. Daher waren Stefanie und Andreas etwas planlos. Eigentlich hatten alle vier heute Vormittag zusammen zum Sweet-Water-Beach laufen wollen.

Ich erzählte, dass ich am nächsten Tag mit der Fähre nach Loutró fahren wolle, zwecks Erkundung meines weiteren Vorgehens. Von hier bis Ágia Rouméli sei immer mein liebstes Kreta gewesen, und ich wolle einfach für mich herausfinden, ob das immer noch so stimme. Von Loutró 'ne halbe Stunde über den Berg bis zur Fínix-Bucht, dann über den nächsten 'ne weitere halbe Stunde bis nach Lýkos und wenn dann noch genügend Zeit bliebe, weiter bis zum Mármara-Beach, was noch einmal eine gute halbe Stunde Fußmarsch ausmache. Die Kraxelei sei gut zu schaffen, auch wenn mein Herz beim ersten Bergan sicherlich wieder ordentlich pochen würde, dass sein Schlag gut sichtbar an der, an meinem Dekolleté weilenden, Sonnenbrille abzulesen wäre. Je ruhiger sie sich an meinem Dekolleté verhielt, desto besser sei ich im Training. Ein eindeutiges Zeichen meiner Fitness.

Gegen halb fünf käme am Mármara-Beach immer das große Taxiboot Poseidon, ein Schwesternschiff der Delffíni, mit dem man bequem zurück nach Loutró fahren könne. Nach Chóra

Sfakíon zurückzukommen, wäre ja immer einfach. Da gäbe es
Michális Taxiboot Mérmaid, die Delffíni, das kleine Fährboot
Gramvúsa und die große Fähre. Die letzte Fähre käme gegen
sechs nach Loutró, mit all den Wanderern aus Ágia Rouméli,
die an diesem Tag die Samariá-Schlucht gelaufen waren und
zu ihren Bussen nach Chóra Sfakíon zurückkehren wollten.

Andreas und Stefanie kannten diesen Abschnitt Kretas
bisher nicht, und so sagte ich: „Wenn ihr Lust habt,
können wir morgen gerne gemeinsam gehen."

Sie hatten Lust, wollten aber erst mit den beiden Jungs ihre
Pläne für morgen besprechen. Gegen Mittag wanderten alle
vier zum Sweet-Water-Beach.

Ich verbrachte den ganzen Tag in der Nähe meiner neuen
Bleibe, schrieb weiter an meiner Geschichte, schaute aufs
Meer, trank zwischendurch mit Christiane einen Kaffee und
übte im Hiersein das Dasein oder auch im Dasein das Hiersein. Wenn eine wie ich immer nur am Machen ist, räumt und
packt und tut, dann ist das Einfach-nur-irgendwo-Sein gar
nicht so einfach. Am Ende dieses Tages hatte ich es vollends
drauf. Micháli kam zu seinem Taxiboot. Wir unterhielten uns
ein wenig und verabredeten uns für den späteren Abend wieder zum Essen. Als ich ihm von meiner für morgen geplanten
kleinen Reise erzählte, sagte er:

„Take the small boat Delffíni from my nephews.
It will start from here to Loutró at ten fifteen."

Am frühen Abend traf ich wieder auf Andreas und Stefanie,
dieses Mal mit ihren beiden Begleitern. Sympathien fließen
oder auch nicht. Mit den beiden Jungs und mir schien es etwas

holprig. Ich fragte, wie weit sie denn mit ihren Überlegungen für morgen gekommen seien? Sie waren mit ihrer Planung noch nicht zu Ende. Andreas und Stefanie wollten nochmal ins „Dorf", quasi an die Uferpromenade, etwas besorgen. Derweil ließen Holger und Eberhard sich von mir den morgigen Wanderplan erzählen. Holger ging ja noch, aber Eberhard kam mir vor wie ein alter, unzufriedener Muffelkopf.

„Stinkstiefel", dachte ich, „mit dir müsst' ich im
normalen Leben auch nicht unbedingt zu tun haben."

Holger war als Flugkoordinator tätig und damit viel in der Welt unterwegs. Ich wusste bis dato nicht, dass es solch einen Beruf gab und hatte mir dementsprechend auch nie Gedanken darüber gemacht. Für mich stellte es sich bisher immer so dar, dass die Flughäfen der jeweiligen Länder von ihren eigenen Landsleuten verwaltet würden, also in Deutschland von den Deutschen und in Griechenland von den Griechen zum Beispiel oder zumindest von dem zum jeweiligen Flughafen dazugehörenden Personal. Dem ist aber bei weitem nicht so. Es kann sein, dass eine schweizerische Firma für die Abwicklungen auf dem Flughafen in Heráklion zuständig ist oder eine isländische Firma für die auf dem Flughafen von München. Alles eine Frage des Einkaufes, und den vermittelte unter anderem Holger.

Eberhard war Rentner mit recht schmal ausgestattetem Geldbeutel. Sein Äußeres war das eines alternden Hippies mit langen, offenen, grauen, krausen Haaren und einem entsprechenden Vollbart. Sein Teint war eher rötlich, sein Körper etwas fülliger. Irgendwie passte alles bei ihm zusammen. Und auch wenn er weiß Gott nicht ungepflegt war, wirkte er dennoch so. Seine ganze Gestalt und das, was er von sich zeigte, waren mir insgesamt nicht besonders angenehm.

Wir sprachen über Kontakte im Urlaub, darüber, dass ich gerne andere Reisende anspräche, wenn sie, wie ich, alleine unterwegs seien. Mit Paaren käme ich auch schon mal in Kontakt, mit Gruppen jedoch eher weniger bis gar nicht. Ausnahmen bestätigten natürlich die Regel. Wäre die spontane Begegnung zwischen Andreas, Stefanie und mir am heutigen Vormittag nicht so angenehm gewesen, säßen wir hier jetzt sicher nicht zusammen an diesem Tisch. Ich fühlte so etwas wie „das wäre auch wohl besser gewesen" aus Eberhards Richtung, und meinen Ohren war so, als hätten entsprechende Worte den Bartraum seines Gesichtes verlassen. Eberhards Gesichtsausdruck schien mir abwertend.

Ich erzählte von meiner ersten Begegnung mit Christiane, ihrem anfänglichen Erstauntsein, unserem zufälligen Wiedersehen am nächsten Tag mit der spontan gefolgten Wanderung durch die Ímbros Schlucht. Natürlich könne es passieren, dass mein Gegenüber die Kontaktaufnahme nicht wolle, doch da es in neun von zehn Fällen anders zu sein schien, tat ich es immer wieder gerne. Eberhard sagte daraufhin etwas von border-raum-übergreifendem Verhalten, einer extremen Verletzungsform der Überschreitung persönlicher Grenzen.

„Unzufriedene Frustbeule!", dachte ich und fragte, ob ich denn nun gewaltig an meinem Verhalten zweifeln müsse.

„So brauchste mir hier jetzt schon gar nicht kommen!", entgegnete er, und ich entschied, dass dieser Mann keines meiner weiteren Worte mehr wert sein sollte.

Ich plauderte noch ein wenig mit Holger, dem die Grummeligkeit seines Freundes irgendwie unangenehm zu sein schien, rauchte noch eine Anti-Agressions-Zigarette und verabschiedete mich beim Eintreffen von Stefanie und Andreas auf mein Zimmer.

11.

Micháli und ich saßen wie an den Abenden zuvor auf der Terrasse des Xenia an unserem Tisch und aßen gemeinsam zu Abend. Die Luft schien irgendwie raus zu sein. Micháli war auffallend müde. Sein Englisch verstehen und sprechen wollen, funktionierten nicht mehr so recht, mein „again please" und meine Nachfragen dahingehend verfehlten ihr Ziel.

„Go to bed, Micháli", empfahl ich ihm.
„In my room are two beds. Take one of them."

Er ging gerne darauf ein, und schon war er verschwunden. Während des Essens war Andreas-Josef an unseren Tisch gekomme, um mir mitzuteilen, dass seine Viererbande für morgen einen anderen Plan gefasst hatte. Die Jungs wollten nicht so lange wandern. Sie wollten lieber mit dem Boot zum Sweet-Water-Beach fahren, um von dort aus am Nachmittag weiter nach Loutró zu laufen. Dort sollte es gegen halb vier den Geburtstagskaffee geben.

„Wenn du magst, komm doch einfach dazu."
„Wenn's zeitlich hinkommt, gerne."

Irgendwie war plötzlich alles schief - in mir, um mich herum und überhaupt. Mein kleines kindliches Ich fühlte sich weggestoßen und abgelehnt. Einbildung oder Wahrheit? Ich wusste es nicht, doch wann wusste man das schon so genau.

Was haben wir doch auch manchmal
für empfindliche Kinderseelchen in uns.

Nachdem ich Stefanie am Vierertisch den Zettel mit meinen ostfriesischen Buchvorschlägen und Autoren gegeben hatte, zog ich mich komplett in mich zurück. Die Vier spielten Doppelkopf, wie an jedem Abend, und saßen dabei wie immer an ihrem Stammplatz am Wasser. Da wollte ich mit Sicherheit nicht borderraummäßigübergreifend tätig werden.

„Arschloch!"

Hier war jetzt nicht mein Platz, in meinem Zimmer bei dem schlafenden Micháli auch nicht, und müde war ich selbst noch kein Stück.

Der beste Schutz ist immer in einem warmen, gesammelten und geborgenen Zuhause, das ich trotz der gefühlten Schieflage tief in mir trug. Am Ende der Mole setzte ich mich auf den Betonsockel des Leuchtfeuers, auf dem ich am ersten Abend meines Hierseins schon einmal gesessen hatte. Ich lehnte mich an dessen Eisengestänge, schloss die Augen und lauschte der leichten Brandung des Meeres. Hier am Ende dieser kleinen Welt konnte ich meine verstoßene Seele stärken und wärmen - ganz allein aus meinem ureigenen Feuer. Es war gut und dazu auch bitter nötig, hier jetzt für mich allein zu sein.

Ich dachte an das Buch „Die Prophezeiungen der Celestine". Ich erinnerte mich an meinen sechswöchigen Kreta-Aufenthalt vor ca. siebzehn Jahren. Damals hatte ich dieses Buch während meiner Zeit hier im Old Fínix gelesen. Erst nach einiger Zeit, nach Beendigung dieser Lektüre, hatte ich verstanden, was sie mir hatte sagen wollen. „Kraft ist überall, Ruhe auch und Liebe sowieso." Ich müsse sie nur bemerken, sie fühlen, sehen und spüren, in all den Dingen um mich herum. Damals funktionierte es wunderbar an der alten Kirche vom Old Fínix. Die Kraft war da. Ich spürte sie dort in jedem Teil, im gelblichen Gras, in den Sträuchern am Wasser, im Wasser selbst, in den

Felsen und in der Trauerweide über mir, dem Himmel und
den Wolken und den Sonnenstrahlen. Jetzt, hier, war das Meer
auch wieder beteiligt, der Betonsockel des Leuchtfeuers, sein
Eisengerüst, sein im Wechsel aufblinkendes Licht in Rot und
Weiß, die dicken Felsen dahinter, die Luft, der leichte Wind
und ich selbst. In mir war das Feuer meines Lebens, und das
brannte jetzt ganz anders als in all den Jahren zuvor.

Mein künftiger Freund Ludwig, den ich hier immer noch nicht
kenne, würde später zu mir sagen:

„Lisbeth, lass es dort, wo es ist,
dein Gefühl der Ablehnung durch Eberhard bei Eberhard
und Michális Müdigkeit bei Micháli."

Ich mache das schon irgendwie immer, versuche mir nicht
jeden Schuh anzuziehen, von denen man mir auch hier gerade
wieder einen hatte hinstellen wollen. Dennoch überprüfte ich,
wie sonst auch, meine Zuständigkeit.

Als ich müde wurde, öffnete ich wieder meine Augen. Alle
Gäste waren inzwischen verschwunden. Vanna und Georgos
saßen auf der Terrasse und machten ihre Abrechnung. Sie
boten mir einen Raki an und fragten, wo Micháli denn sei.

„Er schläft", sagte ich.
„He was so tired and so I sent him to one of my beds."
„One cigarette?"
„Yesss!"

Vanna ist schon eine gute Seele. So viel sie auch gearbeitet hatte,
so kaputt sie auch sein mochte, so hielt sie dennoch immer für
jeden von uns ein aufmunterndes Wort, eine liebe Geste und
ihr Lächeln bereit.

Ich ging auf mein Zimmer. Micháli schlief tief, fest und ruhig, auf dem Bauch liegend, in meinem Einzelbett. „Geht doch!", dachte ich, und so breitete ich mich müde, wie ich war, in dem großen Doppelbett aus - diagonal, mit angewinkeltem Bein, unter dem kühlen, weißen Bettlaken, für einen Schlaf ohne bewusste Träume.

Am Morgen kam Micháli kurz zu mir herüber gekrabbelt, wenn man diesen Ausdruck überhaupt für einen solch langen Menschen verwenden kann. Noch ein bisschen in den Arm, die Beine durcheinander, ein paar Küsse in den Nacken, ein paar Handstreichungen über Taille, Rücken und Po, und schon brach der Tag an. Wir scherzten miteinander, waren weich und liebevoll. Als er über den Balkon verschwand, war er richtig süß. Noch ein ausgestreckter Arm, ein Heranziehen, ein Kuss und eine Umarmung mit dazwischenliegendem Balkongitter.

Noch eine Stunde für mich oder auch zwei, dann ging ich ohne Frühstück zur großen Fähre nach Loutró. Auf dem Weg dorthin traf ich auf Micháli:

„Where are you going to?"
„To the ferry boat, to Loutró."
„I told you, you can take the little boat Delffíni,
from my nephews, at ten fifteen, near Xenia-Hotel!"

Dieser Satz kam in einem Ton, der für griechische Verhältnisse noch als freundlich durchgegangen wäre. Für meine deutschen Ohren klang er vorwurfsvoll, fast befehlend. Ich sagte lächelnd:

„Good morning Micháli, how did you sleep tonight?"
„Good, very good."

Wir berührten leicht unsere Hände, lächelten uns an und gingen unserer Wege. Micháli fuhr mit seinem Moped zur Taxibootbox, und ich folgte seiner „Empfehlung" und schlenderte die Uferpromenade zurück bis zur Anlegestelle der kleinen Delffíni.

12.

Nephews - Delffíni - ten fifteen.

In Loutró angekommen, folgte ich meiner alten Gewohnheit, und so schlenderte als Erstes langsam durch den Ort. Schaute auf alles. Erfreute mich an Altbekanntem, bemerkte neu Erbautes und studierte die Menschen, die hier am Vormittag in den Tavernen am Wasser verweilten. Loutró ist wahrlich ein besonderer Ort. Nur vom Wasser aus oder über die Berge zu Fuß zu erreichen. Keine Autos, keine Räder, keine Straßen. Die langgezogene Bucht ist eine einzige Uferpromenade. Es gibt einen Fähranleger und einen sehr überschaubaren Kieselstrand, der den Ort in zwei Hälften teilt. Am Wasser folgt rechts- wie linksseitig des Strandes eine Taverne der nächsten, mit überdachten Außenterrassen. Die Böden sind meist aus grauem, glattgewetztem Beton. Einige Lokale haben dazu einen übers Meer gebauten Holzbalkon, mit oder ohne Sonnenschutz für weitere Tische und Stühle. Ist der Raum zum Fels hin begrenzt, kann man nur noch zum Meer hin erweitern. Hinter den Außenterrassen steht eine Reihe weißer Häuser, allesamt mit blauen Fensterrahmen und Türen. Ich kenne keinen weiteren Ort, der sich so konsequent dem Blau-Weiß der griechischen Flagge verschrieben hat wie Loutró, auch wenn auf ganz Kreta blau-weiß eindeutig dominiert. Unten in den Häusern befinden sich kleine Ladengeschäfte und die

Tavernen-Innenräume. In der ersten, zweiten oder manchmal auch dritten Etage befinden sich die Fremdenzimmer. Es gibt zwei kleine Lebensmittelläden, einen Zigarettenkiosk und ein oder zwei Geschäfte mit nicht essbaren Dingen. Alles in allem ist es hier in Loutró nur schön. Die Stimmung ist gelassen und ruhig, und selbst wenn die Tavernen am Abend voll besetzt sind, empfinde ich das Wort Tourismus irgendwie als nicht passend. Jetzt, am späten Vormittag, waren nur wenige Tische besetzt, die Liegen am Strand dafür gut belegt. „No topless bathing on this beach, please!", steht mit dunkelblauer Schrift auf einer dunkelblau eingerahmten weißen Holzplatte. Das darf hier auch nicht anders sein, schließlich befindet sich dieser kleine Strand mitten in der „Stadt".

Ich ging bis ans Ende des Ortes. Vor Jahren hatte ich hier ein Zimmer im letzten Haus bei einem Griechen und seiner deutschen Frau. Hier schien seit damals ein Haus hinzugekommen zu sein. Meine Erinnerungen waren blass. In einer der letzten Tavernen saß eine Frau meines Alters, mit gepflegten langen blond-grauen Haaren, seitlich gescheitelt. Sie las in einem Buch. Das Geschirr vom Frühstück stand noch auf dem Tisch. Normalerweise hätte ich sie ohne große Überlegungen angesprochen. Wie war das noch mit den mir hingestellten Schuhen? Eberhards Worte taten ihre Wirkung. Raumübergreifend! Wollte ich mich hier jetzt davon beeinflussen lassen? Wollte ich mir dadurch eine meiner liebsten Urlaubsfreuden nehmen lassen? Nix da - niemals!

Nett sah sie aus, und so tat ich, was ich immer tat, wenn ich meinen Kaffee nicht alleine trinken wollte. Ich ging zu ihrem Tisch, legte meine Hand leicht auf ihre Schulter und fragte, ob ich mich auf einen Kaffee dazusetzen dürfte. Erst ein wenig Erstaunen, dann ein Lächeln und dann ein:

„Ja, gerne!"

Monika und ich plauderten wunderbar miteinander. Sie war als Intensiv-Krankenschwester in Zürich tätig. Dreiundfünfzig Jahre alt, 1,73 m hoch und genau wie ich eine Singlefrau. Im Gegensatz zu mir war sie es jedoch erst seit kurzem. Sie war für zehn Tage nach Loutró gekommen, für kleine Wanderungen in die Umgebung und für viel Zeit zum Ausruhen und Lesen. Natürlich erzählte ich ihr von meinem Disput mit Eberhard und dass mich seine Worte doch etwas verunsichert hätten.

„Lass das bloß nicht!", sagte sie, „denn auch wenn ich das in meinen Urlauben noch nie gemacht habe, genieße ich unsere kleine Plauderei hier jetzt schon sehr."

Wir unterhielten uns sicher zwei Stunden. Ich erzählte, dass ich noch über den nächsten und übernächsten Berg wolle, um zu schauen, wo ich wohl mein nächstes Quartier nehmen möchte.

„Warst du schon mal bei Tilman, oben in Livanianá?", fragte sie mich.

Ich überlegte kurz. Wenn ich an Livanianá dachte, fiel mir die Griechin Chrisoula ein, die damals am Ortseingang eine kleine Taverne betrieben hatte. Hier gab es immer eine riesige Portion Yaurti me Meli. Meine Schwester und ich nahmen den Weg von der Lýkos-Bucht hoch nach Livanianá immer wieder gerne als morgendliche Wanderung. Den fantastischen Joghurt am Ziel sahen wir immer als eine Art Belohnung für uns an - lecker und viel!

Nein, ich kannte Tilmans Taverne nicht, und Monika wusste nichts von der Taverne der Griechin Chrisoula. Unseren

Beschreibungen nach musste es sich jedoch um dasselbe kleine Gebäude handeln. Sie beschrieb Tilmans Taverne als farbenfrohen und mit Kleinoden angefüllten Ort, den man einfach besucht haben müsse. Ich wollte es tun, sobald ich ein Zimmer in der Lýkos-Bucht bezogen hätte. Nun musste ich mich sputen. Zum Mármara-Beach würde ich es heute nicht mehr schaffen. Fínix und Lýkos sollten allerdings noch möglich sein. Wir verabschiedeten uns mit einer herzlichen Umarmung, nachdem wir unsere Handynummern getauscht hatten. Man wisse doch nie, wofür sie einst noch gut sein könnten. Sollte Monika eines Tages nach Ostfriesland reisen oder ich in die Nähe von Zürich, sollten wir uns doch wiederfinden können.

Es war jetzt 14 Uhr. Die kleine Delffíni fuhr gegen 17 Uhr von Loutró zurück nach Chóra Sfakíon. Gegen 16 Uhr wollte Andreas mit seinen Freunden in Loutró den Geburtstagskaffee nehmen. Ob Eberhards ablehnendem Verhalten hatte ich diesen Termin jedoch für mich bereits gestrichen. Somit blieben mir noch knapp drei Stunden, um von hier bis Lýkos und zurückzukommen. Vier mal 'ne halbe Stunde übern Berg ergeben zwei Stunden und zwei Mal 'ne halbe Stunde Nüddelei damit zusammen drei. Hielt ich die Verweilzeiten etwas kürzer, sollte ich rechtzeitig am Anleger zurück sein.

13.

Vor dem kleinen Zigarettenkiosk am Strand, vom rechten Teil Loutrós aus gesehen, führt ein kleiner Weg zu einigen Häusern in zweiter Reihe. Man steuert direkt auf einen der beiden Lebensmittelläden zu. Hier führt ein Weg links vorbei zu einem Speiselokal. Gleich nach Überquerung der dazugehörigen Außenterrasse ist der Einstieg in den Berg hinüber zur Fínix-Bucht, dem Old Fínix. Es ist immer gut und wichtig, einen halben Liter Wasser mit auf den Weg zu nehmen, schließlich wollte ich nicht trockenen Mundes hechelnd im Lokal vom Old Fínix eintreffen. Der kleine Lebensmittelladen hielt es für mich bereit.

Der Weg von hier zur nächsten Bucht dauert immer noch eine halbe Stunde. Ein wenig länger bergan als bergab. Oben auf dem Berg lädt die Ruine einer alten Burg zum Verweilen ein. Ein mystischer Ort. Irgendwie habe ich hier oben immer das Gefühl, dass etwas Besonderes da ist. Die Zeit scheint stillzustehen. Ein leiser Wind überströmt die Ebene, und wenn du ganz leise bist, hörst du die Engel singen. Ich glaube ja an nix und alles, wobei alles um ein Tausendfaches schöner ist als nix. Heute war die Zeit begrenzt, und so ward es mit dem Verweilen nichts. Ich lächelte dem alten Gemäuer zu, grüßte jene, die hier verweilen mochten, und ging leichten Fußes den Berg hinab.

Ich trank einen Kaffee auf der Terrasse des Fínix-Imperiums. Wenn ich bedenke, wie gerne ich vor Jahren hier gewesen war, wie wohl ich mich in meinem ersten alleinigen Urlaub an diesem Platz gefühlt hatte, musste ich mit Bedauern feststellen, dass das hier und heute nicht so war.

Fínix war nicht mehr mein Ort, zumindest nicht in diesem Jahr. Ich dachte an meinen Kraftplatz an der kleinen Kirche

direkt am Meer, dachte an meine wunderschönen Begegnungen mit Brigitte aus Nürnberg und Daniela aus Holland. Ich dachte an meine extreme Liebelei mit dem Österreicher Mario, der damals als „Zimmermädchen", als Freak mit langem, blondem Zopf und schlunzigen Klamotten, sein nötiges Geld fürs Leben hier auf Kreta zusammenbrachte, und an den Grund meines damaligen Hierseins.

Mein so geliebter Ehemann haderte mal wieder mit seinem Bedürfnis nach absoluter Freiheit und freier Liebe und seinem Wunsch, gleichzeitig Familie leben zu wollen. Ich überließ ihm das Haus, den Laden und die Kinder und verabschiedete mich schweren Herzens für sechs Wochen nach Kreta. Er sollte bitte herausfinden, welchem seiner Wege er in Zukunft folgen wolle, und ich wollte wieder wissen, wer ich eigentlich war. Die verletzte und betrogene Ehefrau, deren Selbstbewusstsein sehr am Boden lag, oder die lebensfrohe, unterhaltsame Geschäftsfrau Elisabeth, die vor Lebensfreude nur so strahlt.

Mario war ein recht begabter Maler. Doch wer von seiner Gabe nicht existieren kann, muss anderweitig dazuverdienen. Hier hatte ich vor Jahren meinen Sturz im klatschnassen Flur dieser Herberge. Platsch auf die Nase gefallen! Alles voller Blut! Es war Vollmond, und Mario schrie: „Kóritzi kaputt! - Kóritzi näkroß!" und kratzte in seiner Sorge um mich das Eis aus der nicht abgetauten Gefriervitrine des Lokales, um meine Wunden damit kühlen zu können. Himmelherrgott war das wunderbar dramatisch. „Kóritzi näkroß!" bedeutet „Frau tot!", was damals zum Glück nicht wirklich der Fall gewesen war. Die Narbe des damaligen Flursturzes ist heute bei genauem Betrachten meines Nasenrückens immer noch zu erkennen. Schaut ein wenig so aus wie das Z des Zorro, das K der Katze oder auch das M einer Mutter, eines Mario oder eines Micháli.

Fínix war mir wohl zu groß geworden. Vielleicht störte es mich auch, dass die Familie hier nicht mehr alleine tätig war oder dass mich hier einfach niemand mehr erkannt hatte. Für mich war es ein geschichtsträchtiger Ort. Für die Familie war ich nur eine von Tausenden. Ich trank meinen Kaffee. Ich beobachtete die Gäste, insbesondere die Familie. Ich hielt den Sohn des ältesten Sohnes für seinen Onkel, obwohl ich schon über seine Jugendlichkeit erstaunt war. Ich fragte nach der Möglichkeit eines Zimmers, ließ mir eine Visitenkarte geben und verließ mit einem freundlichen „Adío" diesen Ort. Ein Blick in den Spiegel war unumgänglich. Alles hatte sich verändert. Alles war irgendwie schicker geworden, nur der kleine Toilettenraum am Anfang der Terrasse war derselbe geblieben. Hier hatte ich damals eines meiner schönsten Gesichter im Spiegel aufgenommen. Die gerade mal wieder betrogene Ehefrau hatte nach nur zwei Wochen Kreta schnell ins blühende Leben zurückgefunden - zumindest bis zum Ende ihres damaligen sechswöchigen Reparatur-Urlaubes hier.

Das Strichmännchen mit dem Hinweis zum Mármara-Beach auf der gegenüberliegenden Wand neben der Treppe war ebenfalls kaum verändert. Vielleicht war es in den letzten siebzehn Jahren neu geschwärzt worden. Ich folgte seinem Hinweis gerne, nachdem ich mir die Hände gewaschen, die Lippen gemalt und die Haare durchgewuschelt hatte. Das Foto wollte diesmal nicht so recht gelingen. Egal, auch wenn ich von außen heute nicht die Schönste war, strahlte mein Innen wunderbar in mir herum.

Ich stieg die Stufen hinauf, verließ das Territorium durch das Eisentor neben der neuen Kirche und folgte den Hinweissteinen Richtung Lýkos. Wieso hatte ich das starke Gefühl, dass dort alles beim Alten geblieben sein musste? Der Weg war derselbe, die eher unmöglich beschriebenen Hinweissteine auch.

Der schattenspendende Baum stand immer noch kurz vor dem Eingangsbereich zum Lýkos-Reich, und das Läuten der Ziegenglocken erreichte wie jeher sanft meine Ohren. Ich lief den schmalen rot-sandigen Weg am Maschendrahtzaun entlang und genoss das Dazukommen der Felsbrocken. Ich durchschritt das kleine Tor im Ziegenzaun und kletterte den Berg stufenförmig hinunter bis auf den neuen Schotterweg, der bis zur rückwärtigen Seite des Hauses von Theo und seinen Brüdern führte. Wollten meine Schwester und ich auf unseren Reisen zu Nikos-Small-Paradise, das den Namen des ältesten Bruders Nikos trägt, hieß es bei uns von Anfang an, wir gehen zu Theo und seinen Brüdern.

Es war ein komisches Gefühl. Ich hatte mit jedem Schritt den Eindruck, meiner Vergangenheit näher zu kommen, in der ich mich hier so frei und schön und unverwundbar gefühlt hatte. Mein inneres Strahlen schien sich meiner äußeren Hülle zu nähern, und wenn ich Glück hätte, wären mein Außen und mein Innen mit dem Betreten des Small-Paradise wieder im Einklang.

Es muss so gewesen sein. Ich betrat die Terrasse, sagte ein allgemeines „Hallo" in den Raum und lächelte Nikos zu, der wie immer in einem weißen Koch-T-Shirt am ersten Tisch neben dem Küchenfenster verweilte. Ich begrüßte seine Frau Maria neben ihm und ging hinüber zum Tisch der alten Mutter, die auf ihrem Stammplatz am Ende der Terrasse unter der alten Familien-Tamariske saß.

Mit am Tisch saß ein kleiner, rundlicher, dunkelhaariger Franzose. Ich sagte ein paar englische Worte zu der alten Dame, die sie mit Sicherheit kaum verstanden haben wird. Sie lächelte trotzdem, tätschelte mir die Hand und bot mir den Platz auf dem freien Stuhl an ihrem Tisch an. Nikos brachte zur Begrüßung „a little medicine", ein Gläschen Raki. Ich bestellte mir dazu eine Flasche Wasser bei dem jungen hochgewachsenen Mann, der eindeutig zur Familie gehören musste. Manolis, genannt Manoli, trägt den Namen seines Großvaters, den ich das erste Mal auf einem großen Foto im Busbahnhofsgebäude von Chaniá bemerkt hatte. Manolis ist der älteste Sohn von Nikos und Maria. Hier auf der Terrasse sorgte er jetzt mit seinem Onkel Theo für die Bewirtung der Gäste. Nikos war immer noch der Küchenchef und Theo zusätzlich der Hüter der Zimmer. Zwei weitere Brüder treten hier weniger in Erscheinung. Der Ältere hat einige Zimmer im ersten Haus am Berg, gleich vor den Zimmern des Small-Paradise, und der jüngste Bruder fährt die Gäste vom Small-Paradise mit seinem kleinen Boot von hier nach Loutró, Chóra Sfakíon, Ágia Rouméli und in die nähere Umgebung.

Der Franzose hieß Luc. Wir hatten eine sehr lebendige Plauderei, in die wir die Mutter immer ein wenig mit einbezogen. Wir sprachen in dem hier typischen Englisch aller Kulturen, das grammatikalisch keinen Anspruch auf Richtigkeit erhebt. Die Zeiten durften ebenfalls sein wie sie wollten. Es zählte einzig und allein der Transport der zu übermittelnden Inhalte. Wenn nichts mehr gehen wollte, wurde die Lücke mit einer Geste, einem deutschen, einem griechischen oder auch französischen Wort ergänzt, und schon war alles klar - oder auch nicht.

Theo war auf die Terrasse gekommen. Ein wahrlich schöner Mann! Er hatte immer noch die Ausstrahlung eines Partisanen. Die Ähnlichkeit mit seinem Vater, der vor einigen Jahren gestorben war, war unübersehbar. Ich fragte, ob denn ab Sonntag ein Zimmer für mich frei wäre.

„Yes, you're welcome. Maybe we will have three or four."

Er meinte, dass er mich wiedererkennen würde.

„I know you." heißt das dann und „You look like ever."

Dazu ein Lächeln und ein Klopfen auf die Schulter.
So liebe ich das, ob es nun wahr ist oder auch nicht!

An Luc ist alles rund. Sein Kopf, sein Bauch, seine Beine, und selbst, wenn er etwas sagte, schien alles wie aus einem runden Ballon zu kommen. Ich erinnere nicht, was wir alles gesprochen haben, doch wir sprachen sehr spontan und sehr viel. Wir erzählten von unserer Liebe zu diesem speziellen Ort und dass wir hier vom ersten Tag an ein gewisses Heimatgefühl gehabt hatten. Ich erfuhr, dass der alte Manolis vor fünf Jahren gestorben war, dass Theo und seine Frau zu den beiden Töchtern einen kleinen Sohn hinzubekommen hatten und dass Nikos' Erstgeborener eines Tages das Small-Paradise übernehmen wolle. Beide Söhne, Theo und Nikos, hatten ihrem erstgeborenen Sohn den Vornamen ihres Vaters gegeben, wie es in Griechenland noch immer Tradition ist. Der erstgeborene Sohn wird nach dem Vater des Vaters benannt, der zweitgeborene erhält den Namen des Vaters der Mutter. So gab es hier im Small-Paradise jetzt einen zweijährigen und einen dreiundzwanzigjährigen Manolis. Bei den Töchtern war es ebenso. Eine erstgeborene Tochter heißt wie die Mutter des Vaters, die zweitgeborene wie die Mutter der Mutter.

Die Terrasse, das Haus, der Strand, der kleine Bootsanleger, alles war wie immer. Die Familie war freundlich, wie all die Jahre, und die Stimmung unter den Gästen war getragen von einer Woge wohlwollenden Miteinanders. Man bemerkte sich an den Tischen, und man sprach über Tischgrenzen hinweg. Die Ausstrahlung und das gute Miteinander der Familie übertrug sich eindeutig auf alle hier Anwesenden. So war es auch ein Leichtes für mich, mich in meinen alten Kreta-Gefühlen wiederzufinden.

Es war an der Zeit den Rückweg anzutreten.

„Why do you start now?", fragte Luc in seinem schwungvollen, mit französischem Akzent gespickten Englisch.
„I like to take the little ferryboat Delffíni.
It leaves Loutró at 5 p.m."
„Why don't you take the real one at half past six?
You crazy beautiful woman!"

Ja, warum nahm ich nicht einfach die spätere Fähre? War es doch gerade so nett hier. Ich bestellte mir einen griechischen Salat, den besten weit und breit, und plauderte weiter mit Luc. Nach einer Stunde brach ich auf. Nun war es wirklich an der Zeit, mich auf den Rückweg zu begeben.

Ich kaufte wieder eine Flasche Wasser, suchte die Waschräume auf, verabschiedete mich noch einmal bis Sonntag und verließ die Terrasse über die rückwärtige Treppe. Als ich an der neuen Schotterpiste angekommen war, war Luc es auch. Er wollte gerade zu Fuß hoch nach Liviananá zu Tilman gehen und fragte mich, ob ich ihn nicht begleiten wolle.

„Luc, I have to go to Chóra Sfakíon, there is my room for this night." „I have to go to Chóra Sfakíon, too! I have to buy cigarettes there. I go to Tilman and take his car, and if you want, you can drive with me down to Sfákia."
„Really?" „Yes! Really!"

14.

Ich dachte mal wieder „Warrum nicht!" und bemerkte dabei, dass diese zwei Worte sehr dazu geeignet waren, mein neues Denken zu beschreiben. Wir wanderten Hand in Hand. Nein, das taten wir mit Sicherheit nicht. Wir wanderten freudig im Gespräch den Schotterweg hinauf nach Liviananá.

Dieses „Warrum nicht!" beschrieb etwas anderes. Es sagte aus, dass ich mein Leben ändern konnte und dass ich mein Ändern leben sollte. Ich konnte allezeit mein Denken und meine Pläne umwerfen, immer für das Beste des jeweiligen Augenblicks. Kurz nachgedacht - kurz überlegt - das Für und Wider geprüft und entschieden. Ob ich nun um sieben oder um acht in Chóra Sfakíon zurück sein würde, wäre einerlei. Wollte ich mit Micháli zu Abend essen, wäre neun Uhr früh genug.

Fröhlich plaudernd wanderten Luc und ich also den Weg hoch nach Liviananá. Später erfuhr ich, dass dies nicht der Weg, sondern die neue Straße war. Sprach man vom Weg, meinte man den direkten, serpentinenartigen Wanderweg den Berg hinauf, der von jeher den Bewohnern ein Zueinander ermöglichte. Hier handelte es sich jedoch um die neue Schotterstraße, die den Bewohnern und Gästen von Lýkos und Fínix die Möglichkeit bietet, ihre Zimmer und Häuser nun auch mit dem Wagen zu erreichen und nicht mehr nur zu Fuß oder per Boot. Wir gingen wohl eine dreiviertel bis ganze Stunde. Kurz vor Tilmans Taverne stießen wir auf die betonierte Straße von Liviananá. Es war noch hell. 18 Uhr war vorbei. Gleich zur Linken blickten wir auf die Tavérna-Liviananá, auf Tilmans Taverne also. Nach rechts ging die Straße über Anópolis nach Chóra Sfakíon, nach links hinein in das fast verlassene Dorf Liviananá selbst.

Die Tavérna-Livylianá, die in früherer Zeit weiß und schlicht dahergekommen war und damals von der Griechin Chrisoula betrieben wurde, erschien jetzt in kräftigen, sehr harmonischen Blau- und Grüntönen. Die Terrasse war wie früher mit üppigem Traubengrün bewachsen. Neu war der grobmaschige Drahtzaun, der die Terrasse einfasst. Er gibt dem Innern Schutz und lässt die Terrasse heimelig erscheinen. Ein offener Raum, der dennoch abgrenzt und Geborgenheit vermittelt. Man fühlt sich von außen her willkommen und im Inneren beschützt. Durch die vielen Kitsch- und Kunstwerke, die diesen Platz bewohnen, tritt der Zaun in seinem Zaunsein zurück. Er ist nicht Zaun, sondern Hülle und stört an keiner Stelle. Den Eingang bildet ein Eisenrohr-Rahmen-Gestell auf Rädern, das mit kleinerem Maschendraht bespannt ist und die Ziegen vom Hereinkommen abhalten soll. Sitzt Tilman gerade auf seinem Sessel am Eingang, lädt er die vorbeikommenden Wanderer durch geschwindes Toröffnen zum Eintreten ein. Diese Geste ist wirkungsvoll und entlockt nicht nur mir immer wieder ein inneres wie auch äußeres Lachen.

Luc und ich betraten die Terrasse. Er stellte mich als „best-crazy-wonderful-woman he'd ever seen" vor, was ich, wenn es denn nun in seinen Augen so sein sollte, auf keinen Fall bescheiden anderweitig richtigstellen wollte.

Wir schmunzelten allesamt. Man schien sich hier zu kennen. Man, das waren Tilman, Simon, André, Inge, Manfred, Luc und jetzt auch ich. Man kennt sich hier schnell, wenn man es möchte. Die Sympathiedichte ist enorm. Ist es der Platz? Sind es die Menschen daselbst? Sind es die guten Schwingungen, die diesem Platz hoch über dem Libyschen Meer inne sind? Ich weiß es nicht, und es ist auch ganz egal. Hier ist, was hier ist, und damit ist es gut.

Das erste Betreten dieses Ortes löst wohl bei fast jedem Gast Erstaunen aus. Nicht, dass dies beim zweiten Betreten gänzlich weg wäre. Ein bisschen davon bleibt immer. Das Verfallene, die Einsamkeit, die Stille, das Verlassensein Livianás und dazu im Gegensatz die üppige Lebensfreude dieses von Tilman geschaffenen Platzes können nichts anderes in uns auslösen. Wer da mit Gleichgültigkeit reagiert, ist wahrscheinlich schon tot. Wenn jetzt einer glaubt, Tilman sei Lebensfreude pur, der irrt. Genau wie der, der glaubt, dass es auf Reisen nichts zu räumen gäbe.

Tilman ist hin- und hergerissen wie wir alle, nur anders. Er ist extrem in seinen Gefühlen. Extrem aufbrausend, extrem phantasievoll, extrem gelassen und großzügig und extrem gerecht, extrem faul und arbeitsam zugleich und durch die extreme Form seiner Menschlichkeit extrem liebenswert. Nicht für jeden, aber für alle die, die immer und immer wieder gerne hierherkommen und verweilen. Dieser Ort wäre ohne Tilman nicht derselbe, auch wenn alles genauso dastünde, wie es jetzt so dasteht.

Inge und Manfred begleiten die Entwicklung der Tavérna-Livianá schon lange, besonders aber, seit Tilman vor drei Jahren aus der einst typisch schlichten griechischen Taverne diese Oase gemacht hat. Sie sind genauso Kreta-infiziert wie Luc und ich, unser Tilman und Ludwig, den ich in etwa einer halben Stunde kennen lernen werde.

Luc und ich betraten also die Terrasse durch dieses ominöse Rollen-Hohlrohr-Rahmen-Gitter-Tor. Luc begrüßte Tilman mit einer Umarmung und stellte mich vor. Er nahm sich und mir ein Bier aus der Kühlung, erzählte kurz unser Kennenlernen und fing an aufzuräumen. Ein Räumlustiger wie ich. Das beruhigte mich irgendwie. Er sortierte Flaschen ein, machte sich an den Abwasch und an all das, was zur Verbesserung der gesamten Ordnung hier beitragen konnte. Das Ambiente blieb unangetastet.

Ich war von diesem Ort beeindruckt. War von der Vielfalt der angesammelten Gegenstände begeistert und fragte Tilman, ob ich fotografieren dürfe.

„Wenn's für dich privat ist, gerne."
„Nur für meine eigene Lust", lachte ich ihm entgegen.

Aus den Lautsprechern klang die Musik des französischen Filmes ‚Die fabelhafte Welt der Amelie'. Wie gut sie doch hierherpasste. Die gesamte Stimmung erinnerte mich in ihren Gegensätzen an eine Szene aus dem Film Fitzcarraldo mit Klaus Kinski im weißen Anzug. Ein ebenfalls weißes Schiff wird von Indios über eine unpassierbare Urwaldhöhe gezogen. Aus einem alten Grammophon ertönt laut die Stimme Enrico Carusos.

Ich fotografierte a lot. Dann setzte ich mich zu Inge und Manfred an den runden blau-grün gebeizten Tisch, gleich neben das rosafarbene Piano.

Inge schreibt Märchen für Erwachsene. Manfred gestaltet Webseiten. Die Webseite www.livaniana.de ist eine Hommage an Tilman und Livnianá und ihrer beider Liebe zu diesem Fleckchen Erde. Wir philosophierten herum. Wir zogen in Gedanken hierher, und ich empfahl mein Haus als gute Dependance für Deutschland. Ernst oder nicht Ernst, die Gedanken dazu waren sehr lebendig. Inge und Manfred sind eines dieser angenehmen Paare, die gemeinsam und auch einzeln problemlos in der Lage sind, mit Singlewesen beiderlei Geschlechts ungetrübten Kontakt zu haben. Kein Zickenalarm, kein Gebrummel, kein Eifersuchtsgehabe. Wir hatten richtig viel Spaß zwischen all unseren klugen und tiefsinnigen Gedanken. Am Ende unseres Gespräches gab ich Inge meine Handynummer. Sie speicherte sie ein und rief mich gleich darauf von ihrem Telefon aus an. So konnte sie prüfen, ob alle Zahlen richtig gespeichert waren und mir gleichzeitig ihre Nummer übersenden. Da klingelte jedoch nichts. Wir prüften meine in ihrem Handy eingespeicherte Nummer noch einmal, stellten fest, dass sie korrekt war, und schlossen daraus, dass hier oben, zumindest für eines unserer beiden Handynetze, kein Empfang sein musste. Als die fünf Männer zusammen an der ebenfalls blaugrün gebeizten Bierzeltgarnitur saßen, musste ein Foto daher. Solch verschiedene Männer, innen wie außen, und dennoch ein solch gutes Miteinander. Manfred, Tilman, Luc, André und Simon. Simon ist der erwachsene Sohn von Tilman, André ein Bekannter von Inge und Manfred von früheren Reisen.

Luc wartete auf eine junge Schweizerin, die hier oben, nur ein paar Meter weiter, für ein Jahr ein Haus gemietet hatte. Er wollte es unbedingt sehen, und er wollte es mir unbedingt zeigen. Wie ein kleiner Junge war er voller Vorfreude auf dieses Ereignis. Jetzt hatte er in etwa das Alter seiner Körperlänge. Fünf bis neun. Nein Quatsch! Neun bis zwölf Jahre waren es schon. Ich schätze ihn so auf einsfünfzig bis einssechzig. In dieser Minute taufte ich ihn auf den Namen „Mini-Luc".

Sein Selbstwert war stark genug, um dies mit vollem Humor zu nehmen. Da sein Bierkonsum hier jedoch auch nicht ohne war, wusste ich nicht genau, welchen Ursprungs sein Herumgehüpfe und sein Selbstwert nun genau waren.

Nina war mit einem Landsmann durch die Berge unterwegs. Wandern ist auf Kreta eine große Lust, besonders zu dieser

Jahreszeit. September und Oktober sind dafür sehr geeignet, genau wie das Frühjahr. Nina und ihr Landsmann kamen durchs Rollen-Gitter-Tor. Der Landsmann entpuppte sich schnell als Österreicher. Er und Nina hatten sich erst an diesem Morgen in Tilmans Taverne kennengelernt. Ihre Wünsche und Pläne hatten zueinander gepasst, die Sympathiedichte das Ihre getan, und schon war es gemeinsam auf Wandertour gegangen.

Mit Luc konnte ich nicht mehr rechnen. Das Zigarettenholen musste dem Promillegehalt in seinem Blut weichen. Zudem fahre ich nicht unter Alkohol, nicht mit jemandem mit und auch nicht selbst. Tilman hatte mir schon ein Bett auf seinem Schlafdach angeboten und Nina mir einen Schlafplatz in ihrem Häuschen. Lýkos wäre eine dritte Möglichkeit gewesen, und plötzlich tat sich eine vierte auf. Der Österreicher wollte mit seinem Auto zurück nach Chóra Sfakíon fahren und zwar jetzt und hier und gleich und heute. Genau um halb acht. Das Leben ist schön! Die Zufälle meinten es gut mit mir!

Es war wohl zehn vor halb acht, als Nina mit Luc und mir zu ihrem Häuschen spazierte. Wir spazierten schnell. Es war nicht weit. Luc an meiner linken Seite, Nina an meiner rechten.

Meine Güte, war ich ein Riesenweib in dieser Konstellation. Vor ein paar Tagen noch „sweet little woman" und heute Mutter Courage. Alles eine Frage der Relationen.

Ein schönes Haus. Schön im kretischen Sinne und schön in unserem Bedürfnis nach Einfachheit. Von der Straße aus kaum zu sehen, ging es durch ein Maschendraht-Tor über einzelne Steinblöcke hinunter auf eine Terrasse. Links führt eine Tür direkt von hier in eine großzügige Wohnküche. Rechts ein paar Stufen hinauf auf eine weitere Terrasse mit Blick über die abfallenden Berge bis aufs Libysche Meer. Schatten- und Sonnenplätze gleichermaßen. Geradeaus geht es durch eine weitere Außentür in den Wohnraum mit Schreibtisch, Sitzmöglichkeit und zwei voneinander getrennten Schlafplätzen. Einsicht von der Straße gleich null, der Blick hinunter ins Tal, berauschend. Beton- und Holzfußböden, die Wände weiß gekalkt. Im Bad eine Zwergenbadewanne. Küche und Wohnraum sind nicht miteinander verbunden. Nina ist übrigens keinen Deut länger gewachsen als Luc. Im Gegensatz zu ihm handelt es sich bei ihr jedoch um ein äußerst zartes Persönchen. Für sie ist die Badewanne somit völlig ausreichend!

15.

Gleich halb acht - ich musste mich sputen. Der Österreicher Ludwig wartete an seinem Wagen. Ludwig ist mittelgroß. Seine blonden Haare waren kurz geschnitten, seine Haut schön gebräunt. Auf den ersten Blick ein angenehmer Mann, klar und wohlwollend.

Am Ortsausgang Livrianás endet die betonierte Straße. Die dann folgende Schotterpiste ist kurvenreich. Immer wieder lagen größere Felsabbrüche auf dem Weg. Ludwig fuhr umsichtig, da brauchte ich mich nicht zu fürchten. Irgendwann waren wir wieder auf befestigter Straße. Wir kamen durch Anópolis und dann nach Chóra Sfakíon. In Anópolis hatte mein Handy wieder Empfang. Ich sah, dass Micháli mich zwei Mal angeklingelt hatte. Ludwig und ich konnten gut miteinander erzählen. So erfuhren wir auf unserer vierzigminütigen Fahrt von unseren Begegnungen mit Luc und Nina, Inge und Manfred und natürlich auch von meinem Micháli und seiner Margarete.

Ludwig wollte am nächsten Tag eine große Wanderung machen, die ihn von Ágios Ioánnis über Ágios Pávlos, der kleinen Kapelle am Strand vor Ágia Rouméli, an der Küste entlang zurück zum Strand von Mármara führen sollte. Von dort aus wollte er dann noch den Berg zu Tilman hinauf zurück nach Livrianá hoch wandern. Mit Simon hatte er bereits einen Transfer am Abend zurück zu seinem Wagen nach Ágios Ioánnis vereinbart.

„Willste nicht mit? Zu zweit ist's einfach schöner!"

Doch - ja - ich wollte wohl mit. Den zweiten Teil der Wanderung kannte ich von früheren Reisen, der erste über die lange Ebene war mir bisher unbekannt.

Ich fragte Ludwig, ob ich ihn als Dankeschön fürs nach Hause fahren zum Essen einladen dürfe. Ich erwähnte, dass ich an den letzten Abenden mit Micháli im Xenia gegessen habe und fragte, ob ihm dieser Ort recht sei. Kurz vor Chóra Sfakíon schickte ich Micháli eine SMS:

„I'm back soon. I'll have dinner at Xenia with the
driver from Tilman back to Chóra Sfakíon. See you.
Lot's of kisses. Elisabeth."

Ich fand diese Information verbindlich, freundlich und ausreichend. Gegen halb neun waren wir am Parkplatz vom Xenia. Micháli würde um neun herum auf der Terrasse erscheinen, und so könnten wir drei sicher einen geselligen Abend miteinander verbringen.

P u s t e k u c h e n !

Ich hatte keine Ahnung von der Mentalität südländischer Männer. Genauer gesagt, kretischer Liebhaber, die offiziell nicht zu ihrem Gspusi stehen, aber dennoch gewisse Erwartungen und Ansprüche an diese zu haben scheinen. Inside hatten wir etwas miteinander. Vielleicht waren wir beide sogar ineinander verliebt. Es konnte aber auch sein, dass wir zwei nur eine rein körperliche Verbindung miteinander hatten. So genau wusste ich das nicht. Ich nicht und Micháli wohl auch nicht. Wäre er ein normaler Mann gewesen und ich keine Touristin, würde ich für die Liebe plädieren, doch so plädierte ich erst einmal für nichts. Ich saß hier auf der Terrasse des Xenia und aß mit einem Menschen zu Abend, der mich freundlicherweise ein Stück des Weges mitgenommen hatte. Darüber hinaus wartete ich auf mein inoffizielles Urlaubsverhältnis. Micháli müsste in Kürze hier eintreffen, wie jeden Abend. Ich hatte ihn in Kenntnis gesetzt - ihn informiert. Es war bald neun, und ich freute mich sehr auf ihn und darauf, die beiden Männer miteinander bekanntmachen zu können.

Wurden Ludwig und ich von der Bedienung erstaunt betrachtet? Fanden Vanna und Georgos mein Auftauchen mit diesem fremden Mann hier irgendwie unpassend? Hatte die Geburtstagsgesellschaft um Andreas herum einen beobachtenden Blick auf uns geworfen?

Ich bemerkte davon nichts, obwohl mir diese Gedanken dahingehend durch den Kopf gegangen waren. Ludwig und ich hatten unser Essen in der Küche ausgesucht. Der Wein und das Wasser waren serviert und das Essen gerade an den Tisch gebracht worden, als Micháli mit seinem Moped vorgefahren kam. Ich hatte ihn im Blick. Er hatte uns im Blick und setzte sich nach kurzem Zögern an seinen Stammplatz, drei Tische und einen Treppenaufgang von uns entfernt. Ich lächelte ihm zu. Ich hob meine Hand zum Gruß und winkte ihm in der Form, dass er doch zu uns herüber kommen möge, mit einem Fingerzeig auf den mir gegenüberliegenden Platz.

Was war das? Dieser Blick! Dieses Handzeichen mit erhobenem Mittelfinger. Die ganze Körperhaltung ließ nichts Freundliches erahnen. Sie ließ überhaupt nichts erahnen. Sie war eindeutig! Micháli war stinksauer. Missachtung schoss aus seinen Augen direkt in mein Gesicht. Ich schickte einen fragenden Blick in seine Richtung. Sollte ich zu ihm hinübergehen? Sollte ich die Angelegenheit besprechen, aufklären wollen? Nein, eindeutig nein! Bei soviel Ärger braucht es etwas Zeit. Ludwig und ich aßen weiter. Wir unterhielten uns über Tilmans menschenverbindendes Wesen und Anwesen, die morgige Wanderung und das Temperament und das Selbstverständnis südländischer

Männer. Micháli aß und beschäftigte sich nebenher an einem Laptop. Wahrscheinlich legte er Patiencen. Trafen sich unsere Blicke, strafte er mich erneut mit seinem Handzeichen und seinen bösen Blicken.

Micháli verließ seinen Platz. Er ging mit dem Laptop ins Haus, in den großen Raum vor der Küche, in dem sich eine Art Internetcafé für die Hausgäste befindet. Es war niemand weiter dort. Ich entschuldigte mich kurz bei Ludwig und folgte Micháli ins Innere des Lokals. Lächelnd, freundlich, normal. Ich hätte machen können, was ich wollte. Kocht es in einem von tief innen, kocht es gleich wieder über, sobald der Auslöser dieses Kochvorgangs in sein Blickfeld tritt.

„Micháli ...!"
„What do you want!? Go! Don't talk to me! Go!"

Diese Worte kamen deutlich in mehrfacher Ausführung wie aus dem Lauf eines Gewehres auf mich zugeschossen. Ratatatam, und schon war Lisbeth schosset - erschossen sozusagen.

Hier war nur der Rückzug möglich. Ludwig und ich zögerten das Essen nicht unnötig hinaus. Wir waren uns mit der morgigen Wanderung einig. Wussten, dass wir früh aufbrechen wollten. Wussten, dass wir uns oben am Busplatz treffen würden und dass er mich am Morgen telefonisch wecken werde, sobald er aufgestanden sei. Wir verabschiedeten uns höflich, indem wir uns zum Abschied mit einem freundlichen Lächeln die Hand reichten.

Micháli saß inzwischen wieder an seinem Platz. Ich schaute ihn an, ruhig und neutral. Er schaute noch etwas grimmig zurück. Ich nahm mein Tagebuch hervor und schrieb. War ja nun genug geschehen. 'ne Viertelstunde, 'ne halbe vielleicht, ich weiß es nicht mehr genau. Im Haltungbewahren war ich schon immer große Klasse. Muss ja nicht alle Welt mitbekommen, wenn es irgendwo lodert oder geschossen wird, auch wenn der Weltenraum, wie hier jetzt, recht begrenzt war.

Als ich das Gefühl hatte, dass es mit dem Bösesein nun genug war, nahm ich mein Weinglas, den Raki und die Süßspeise aufs Haus und stellte alles wortlos auf Michális Tisch. Ich nahm seine leeren Teller, trug sie zu meinem Tisch hinüber und kam mit dem Rest meiner Sachen an seinen zurück. Alles sehr gelassen, ohne jede Auffälligkeit. Ich setzte mich. Ich schenkte uns beiden einen Raki ein, zündete mir eine Zigarette an und fragte nach dem Grund seines Ärgers.

„Micháli, why are you so angry? Didn't I send you an SMS to tell you that I'll be here with my driver back from Tilman?"

„Brrrrrrrrrrrrrrrrrrrrr!"

Ich verstand nichts, nur dass es böse war.

„Micháli, slowly again, please. I don't understand."

„Why didn't you call me back?! Why did you send me this SMS?! Why did you sit here with this guy?! Why didn't you ask me to your table?!"

Das waren keine Fragen. Das waren Vorwürfe. Ich versuchte, es ihm ruhig zu erklären, doch da ging nichts, Micháli war aufgebracht. Er hatte meine SMS gelesen, doch wahrscheinlich hatte er sie nicht richtig verstanden. Später erfuhr ich, dass das Lesen der englischen Wörter mit kleinen Buchstaben ein Problem für ihn darstellte. Die nötigsten Englisch-Sprachkenntnisse hatte er „learning by doing" erlernt, doch mit der Schriftsprache schien es sehr zu hapern.

Es ist ja auch nicht einfach, sich auf eine neue Buchstaben-Sorte einzulassen, wenn man mit einer so anderen Sorte Buchstaben aufgewachsen ist. Jedes Mal, wenn ich mich an das Erlernen der griechische Sprache machen wollte, sagte mein innerer Schweinehund, dass ich keine Lust dazu habe, zuerst die anderen Buchstaben und ihre Laute zu erlernen, bis ich mich endlich an das Sprechen der Worte und Sätze machen könne. Wahrscheinlich erging es Micháli mit unseren lateinischen Buchstaben ebenso.

Ich beschloss an diesem Abend, mich alsbald lustvoll auf das Erlernen der griechischen Buchstaben einlassen zu wollen. Buchstabe für Buchstabe, Laut für Laut. Wieso sollte er das tun, wozu ich bisher nicht bereit gewesen war?

Dazu wollte ich den Sprachverlagen vorschlagen, einen Griechisch-Sprachführer herauszubringen, der einzig und allein auf das Erlernen der Sprechsprache ausgerichtet ist.

Für guten Morgen stünde da dann nur Kaliméra, für guten Appetit - Kaliórexi, für wie geht's? - Tikaane und für viele Küsse - Polí Filákia ..., oder so.

Inzwischen weiß ich, dass der Sprachführer „Kauderwelsch" genau das bietet.

An diesem Abend war da nichts zu regeln. Unsere Sprechmöglichkeiten waren begrenzt und Michális Männerstolz zu sehr verletzt. Seine Wut war zu groß und meine Lust und meine Möglichkeiten, seine Laune umdrehen zu wollen oder zu können, zu gering. Als er kurz vom Tisch aufstand, nahm ich meine Sachen und ging auf mein Zimmer. Duschen und Haare waschen wären jetzt gut. Der Tag war lang und ereignisreich. Morgen in der Früh wollte ich mit Ludwig auf große Wanderschaft gehen, und auf „mea culpa" hatte ich jetzt so gar keine Lust.

Auch wenn mir dieses kleine Drama nicht sonderlich nah ging, ging es dennoch nicht ganz an mir vorbei. Ich mochte diesen Mann mehr als nur so. Ich fand es schade, dass ich in Kleinigkeiten nicht anders gehandelt hatte. Hätte ich gewusst, dass er meine SMS, meine Schrift-Worte, nicht recht hatte lesen können, hätte ich ihn sicher angerufen. Doch egal. All das Gehätte half mir jetzt nicht weiter. Entweder würden sich die Wogen wieder glätten, sich unser Miteinander wieder einrenken oder eben nicht. War ein solches Problem das Ende einer Was-weiß-ich-Beziehung, taugte sie so oder so nicht viel. War da mehr als reine Fleischeslust, würden unsere Gefühle füreinander uns schon wieder vereinen.

An Schlaf war bei mir dennoch nicht zu denken. Nach dem Duschen stieg ich in einen frischen Catsuit, warf mir eins meiner schwarzen Kleider über, malte mir das Gesicht, tüdelte meine Haaren zurecht, bis sie sich einigermaßen ansehnlich zusammenstecken ließen, und begab mich, mit grünen Ohrclips und Rosentuch geschmückt, zurück in die Arena. Egal wie es auch gerade mit Micháli war, mir stand der Sinn jetzt nach einem Glas Wein, 'ner Zigarette und ein wenig Gesellschaft. Es war kurz vor Mitternacht, als ich die Terrasse des Xenia neu betrat. Bis auf Andreas-Josefs kleiner Geburtstagsgesellschaft waren alle Gäste gegangen. Micháli war auch fort, und Vanna und Georgos waren gerade dabei, ihre nächtliche Abrechnung zu machen.

Ich setzte mich mit meinem Glas Wein an den letzten Tisch ans Geländer der Terrasse. Schaute auf die Doppelkopf spielende Vierergruppe am ersten Tisch vorne am Wasser, schrieb ein paar Worte in mein Reisetagebuch und rauchte meine Zigarette. Als Vanna das Licht auf der Terrasse löschen wollte, setzte ich mich trotz meiner gefühlten Schieflage, auf ihre Bitte hin, mit unten ans Wasser, an den Nachbartisch der Viererrunde. Ich hätte mich auch an den letzten Tisch, ganz ans andere Ende dieser Tischreihe setzen können, wonach mir in diesem Moment viel mehr der Sinn stand. Nur - muss man gefühlte Brüche unnötig hervorheben - muss man sie schlimmer machen, als sie in Wahrheit sind? Nein, muss man nicht! Zudem begründete sich mein Schiefgefühl zum Vierertisch nicht auf die ganze Gesellschaft. Waren es doch hauptsächlich der blöde Eberhard und ein bisschen Holger, die mich ihre Ablehnung hatten spüren lassen. Die Vier waren in ihr Doppelkopfspiel vertieft - ich schrieb weiter in meinem Tagebuch.

Ich schaute auf Eberhards und Holgers Hinterköpfe und auf Stefanies und Andreas konzentrierte Gesichter, als Eberhard, mit oder ohne Schadenfreude, den etwas langgezogenen kurzen Satz zu mir sprach:

„Na, Ärger mit Micháli?"
„Ja! Unübersehbar, was?!"
„Hast dich ja auch ganz schön dämlich verhalten."
„So kann's geh'n, wenn zwei unterschiedliche
Mentalitäten unvorbereitet aufeinandertreffen."
„Wie naiv muss man eigentlich sein? Bist doch alt genug!"
„Alt genug schon, doch fehlt es mir leider an Erfahrung mit südländischen Männern. Werde zu Hause gleich mal einen Intensivkurs über den Umgang mit griechischen Männern buchen, vielleicht hilft's mir ja weiter."

Eberhard und Holger lästerten noch ein wenig weiter herum. Eberhard hielt mich für hochgradig naiv, und Holger meinte, dass ich ruhig etwas vorsichtiger sein solle, damit man mich hier nicht eines Tages im Hafenbecken als Fischfutter wiederfinden würde. Das Lästern war ernst und scherzhaft zugleich. Stefanie meinte, dass man damit so doch nicht unbedingt hätte rechnen müssen, und wollte bitte gerne noch einmal meine Adresse und meine Telefonnummer mit den Vorschlägen für ihre ostfriesische Kriminalverfilmung. Der Zettel von gestern sei ihr irgendwie abhandengekommen.

Ich sagte: „Gute Nacht und Kaliníchta" und verabschiedete mich auf mein Zimmer. Ich freute mich auf morgen, auf meine Wanderung mit Ludwig und auf eine Pause von meiner paradiesischen Urlaubsliebelei - paradiesisch im wahrsten Sinne des Wortes. Es war alles dabei, vom süßen Leben im Paradies bis hin zur Vertreibung aus dem selbigen. Es würde mir guttun, den kleinen Kreis ums Xenia herum für einen Tag zu verlassen, mich mal wieder Stunde um Stunde zu bewegen und den Kopf freizubekommen von all diesem Kleinscheiß hier. Sich rarzumachen, war noch nie der schlechteste Weg. Bevor ich schlafen ging, legte ich meine Sachen zurecht und packte meinen kleinen Wanderrucksack. So konnte ich am Morgen bald nach Ludwigs Weckanruf das Haus verlassen.

16.

Um viertel nach sieben klingelte mein Handy. Das Klingeln des Telefons machte mich hopplahopp hellwach.

„Wie lange hab ich noch?"
„Treffen wir uns um acht oben am Busplatz?"
„Gut, sehr gut, so gibt es hier im Xenia kein unnötiges Gerede."

Die Möglichkeit, Micháli um diese Uhrzeit zu begegnen, hielt sich in Grenzen, und damit konnte der Tag ohne unkalkulierbares Zwischenspiel beginnen. Ich gab Vanna den Zimmerschlüssel, damit man hier wusste, dass ich unterwegs war. Ganz in Schwarz ging ich durch das noch fast menschenleere Chóra Sfakíon. Nein, ich trug keine Trauer. Meine Wanderschuhe waren dunkelbraun, mein Tuch gegen Kälte, Wind und Sonne braun-beige mit schwarzem Rand und hellen Punkten und meine Lippen rot, wie immer. Im kleinen Lebensmittelladen in der zweiten Reihe kaufte ich noch vier kleine Flaschen Wasser und ein paar Nektarinen.

„Wollen wir noch frühstücken?", fragte Ludwig,
als er mit dem Auto am verabredeten Platz vorgefahren kam.
„Ja", sagte ich, „doch lass es uns oben in Anópolis tun."

Ich wollte immer schon am großen Platz von Anópolis verweilen, um dem Treiben dort ein wenig zusehen zu können. Zudem erwartete ich dort oben das Ausbleiben ungewollter zufälliger Begegnungen.

Ludwig ist nicht dumm und sagte spontan:

„Sind wohl weniger Augen dort oben, was?

Ich lächelte. Bei meinem nun wohl dreizehnten Kretaaufenthalt würde ich also endlich am Dorfplatz von Anópolis sitzen, ein wenig verweilen, frühstücken und die Atmosphäre dieses Bergstädtchens in mich aufnehmen können.

Von unserem Frühstücksplatz aus hatten wir den Blick auf das Denkmal Daskalogiánnis gerichtet, einem der größten Widerstandskämpfer der Sfakía. Die asphaltierte Durchgangsstraße führt direkt am Dorfplatz vorbei. Ein Mann mit Heu beladenem Esel grüßte, als er gemächlich den Platz überquerte. Zwei alte Frauen mit schwarzen Kopftüchern und schwarzen Kleidern trugen in gebückter Haltung kleine Behältnisse vom Haus an die Straße. Katzen strichen uns um die Beine.

Wohl zwölf Kilometer windet sich die neue Straße von Chóra Sfakíon hier hinauf. Der Blick von der Straße hinunter aufs Meer ist durchgängig beeindruckend. Wir bestellten uns Kaffee und Joghurt mit Honig. Diesmal waren es kleine Weintrauben, die den Obstanteil ausmachten. Sollte es so weitergehen, ich an jedem Morgen an anderer Stelle ein Joghurt-Frühstück zu mir nehmen und ablichten, könnte ich am Ende meines Urlaubes ohne Probleme einen Yaurti-me-Meli-Kalender herausbringen.

Gegen zehn waren wir an unserem Ausgangspunkt in Ágios Ioánnis am Fuße der Lefká Óri, der Weißen Berge Kretas. Mit großem Geklapper hatten wir die mit Holzbohlen belegte Stahlträger-Brücke, die seit 1986 über die Arádena-Schlucht führt, überquert. Wir befanden uns nun 760 Meter über dem Meeresspiegel. Inmitten eines dichten Kiefern- und Wacholderwaldes steht eine Handvoll Häuser, deren Bewohner hauptsächlich von ihren Ziegen leben. Neben einem großen Gatter, das die Straße dort ganz überquert, steht das Ortsschild von Ágios Ioánnis. Den Wagen abgestellt, die Wanderschuhe festgezurrt, den kleinen Rucksack aufgeschultert, die Wasserflasche vorne in den Ausschnitt gesteckt und los. Das mit der Wasserflasche ist praktisch. Es hilft zum einen gegen die Wärme und befreit zum anderen den Rücken von einer gewissen Tragelast.

Direkt am Ortseingang führt ein alter Wanderweg über eine weite Ebene zur Küste hinunter. Anfangs ist der Weg beidseitig von alten Steinmauern begrenzt. Es folgt eine weite, mit Kiefern bewachsene Ebene. Trockene Grasbüschel, kleine und größere Felsbrocken, Bäume in vollem Grün oder zu Skulpturen vertrocknet, die von weitem einem Nashorn oder anderem Getier ähneln. Welch Gegend! Die mächtigen Felsen, die alten Verbindungswege, die von Hand aufgestapelten Steinmauern, der kleine Apfelbaum, der verwunschene, vollkommen durchgetrocknete umgefallene alte Baum, durch dessen grazile Äste filigrane, gelblichbraune Gräser zum Himmel streben - alles Natur pur!

Bis zur senkrecht abfallenden Plateaukante, die einen so herrlichen Blick auf das Libysche Meer freigibt, liefen wir knapp eine Stunde. 600 Meter unter uns das im Sonnenlicht leuchtende türkisblaue Meer mit der Brandungskante aus weiß schäumender Gischt. Dazu der helle Sandstrand und die gelbgrünen Nadeln der Kiefern. Ein Farbenspiel ganz besonderer Art. Wir stiegen den alten, gut erhaltenen Pflasterweg serpentinenartig hinunter, folgten dem schmalen Pfad weiter bergab und erreichten das wohl schönste Stück Weg meines Kretas. Hier führt ein schmaler, von Kiefernnadeln bedeckter Pfad, vielleicht 100 Meter oberhalb des Meeres, nach links Richtung Loutró und nach rechts Richtung Ágia Rouméli. Der ganze Weg von Loutró bis Ágia Rouméli ist irgendwie schön, doch

dieses Stück, von hier bis zur kleinen Kirche Ágios Pávlos am Strand, war für uns einfach paradiesisch. Der Weg - felsenfest und dennoch weich durch die hohe Auflage der Kiefernnadeln. Die Schatten spendenden Nadelbäume, die immer noch soviel Sonne durch ihr leuchtend grünes Dach hindurchließen, dass wir den Sommer in seiner ganzen Pracht genießen konnten. Der Blick durch die gelbgrüne Nadelpracht an schwarzbraunen Stämmen und Ästen hindurch auf das blitzende Meer ließ uns einfach nur noch staunen und fotografieren.

Wir folgten diesem Weg bis zur kleinen Kirche am Strand. Hier hatte ich vor 17 Jahren einige Kerzen angezündet - für meinen Mann, meine Kinder und mich und besonders für den Erhalt unserer kleinen Familie. Der Kampf und die Sehnsucht nach dieser für mich in diesem Leben anscheinend nicht auf Dauer vorgesehenen Lebensform gärte also schon damals. Heute war die Kirche verschlossen. Ludwig und ich steuerten direkt auf die kleine Taverne oberhalb des Strandes zu. Diese Pause mit griechischem Salat, Wasser und Orangensaft hatten wir uns redlich verdient.

Ludwig und ich sind gute Begleiter. Wir achten uns, wir bereichern uns im Tun und mit unseren Gedanken. Mit uns ist es ruhig und wohlwollend. Wir ticken recht ähnlich, müssen uns nicht verstellen, können sein, wie wir sind. Unser Tempo beim Wandern ist gleich, die Lust am Fotografieren, das Bedürfnis nach Pausen, nach Essen und Trinken ebenso. Wir sehen uns weniger als Mann und Frau, auch wenn wir uns als solche angenehm wahrnehmen. Wir sind zwei Menschen, die gut miteinander sein können. Wir begeistern uns durch unser Denken und unsere Gefühle, durch unseren Tiefsinn und unsere Sicht auf die Dinge und durch unsere Verhaltensweisen. Wir sind sehr offen in allem, was wir einander erzählen. Wir erkennen

Parallelen, und wir lernen aus der Sichtweise des anderen. An erster Stelle jedoch verbindet uns unsere Liebe zu Kreta und dieses Gefühl von Heimat hier, von Anfang an.

Selten, wirklich selten, traf ich solch einen Seelenpartner.

Nach einer knappen Stunde verließen wir diesen idyllischen Ort mit dem Blick auf die kleine Kirche, den weitläufigen Sandstrand und das bis zum Horizont reichende Meer. Der marokkanische Tavernen-Kellner verabschiedete uns mit einem freundlichen „Auf Wiedersehen" und erzählte uns von seinen vielfältigen Sprachkenntnissen bezüglich aller notwendigen Worte für seine touristische Arbeit hier. Bewundernswert! Deutsch, Englisch, Griechisch, Französisch, Norwegisch, Russisch - alles drauf. Wir gingen das wohl schönste Stück Weg meines Kretas noch einmal, jetzt in umgekehrter Richtung. Fünfzig Minuten genossen wir erneut den sanften Weg und die Farbenpracht in leuchtendem Grün, Blau und Türkis. Bevor wir uns auf den anstrengenden Teil dieses Weges machten, gönnten wir uns eine Zigarettenpause unterhalb zweier großer Höhlen und einen letzten Blick durch die gelbgrünen Kiefernnadeln hinunter aufs glitzernde Meer.

Das Anstrengende des nun folgenden Wegabschnittes ist nicht das Gehen selbst. Bis auf kleine Steigungen geht es meist auf einer Höhe weiter, immer um die 100 Meter oberhalb des Meeresspiegels. Der schmale Pfad ist fest und steinig. Größere und kleinere Felsbrocken wechseln sich ab. Dann und wann sahen wir Geröllfelder, die den Eindruck erwecken konnten, dass hier lastwagenweise Kieselsteine ausgeschüttet worden waren. Dem war natürlich nicht so, hier ist alles Natur pur. Das Anstrengende dieses Stück Weges, das uns zwei bis drei Stunden um mehrere Bergrundungen führte, ist die andauernde Sonne. Es empfiehlt sich, diesen Weg am frühen Tage oder am späten Nachmittag zu beginnen. An Schatten ist hier nicht zu denken. Zwei oder drei größere Bäume säumen den Weg. Wir nutzten sie gerne für eine kleine Schatten-Rast. Ansonsten gingen wir zügig, in einem Tempo, das dem Training unserer Herzmuskeln entsprach.

Der Weg führte uns zum Mármara-Beach. Zwei, drei Bergkuppen vorher wünschten wir schon, dass dies die letzte sein möge, doch es kam noch eine und noch eine und noch eine. Oh, wie schön es doch ist, nach anstrengendem Tun die Erlösung durch eine Wirtschaft mit kalten Getränken zu erhalten. Als Erstes sahen wir in der Ferne die Ruine der Burg auf dem Berg zwischen Loutró und Fínix, dann erkannten wir die kleinen Häuser oberhalb der Taverne am Strand vom Mármara-Beach, dann die Taverne selbst. Nicht, dass wir kraftlos waren, als wir uns dort an einem der Tische oberhalb des Strandes niederließen, dennoch waren wir froh über diese Pause vor unserem letzten Stück Weg, der uns den nächsten Berg hinauf zurück nach Livianá führen sollte.

Wir saßen da - wir strahlten - wir tranken unser Wasser, unsere Cola light und unser Bier. Der Schweiß lief uns aus allen Poren. So ist das, wenn der Mensch nach gleichbleibend flotter Wanderung zur Ruhe kommt. Eigentlich hatten wir uns auf ein Bad im klaren Wasser der Mármara-Bucht gefreut, doch ob der fortgeschrittenen Stunde änderten wir unseren Plan. Es war schon nach 18 Uhr, und wir wollten auf jeden Fall noch im Hellen oben an Tilmans Taverne angekommen sein. Unser Sprechen hatte sich auch wieder eingestellt. Während der letzten zwei Stunden waren wir schweigend und konzentriert Schritt für Schritt unserem Weg gefolgt. Ludwig und ich unterhielten uns wirklich gerne. Als wir so dasaßen, überlegten wir, ob es nicht auch mal schön wäre, ein paar Tage hier am Strand in einem der kleinen Häuschen ohne Strom und fließend Wasser zu verbringen. Tagsüber kamen hier schon einige Menschen zusammen, doch die Abende und der Morgen gehörten einzig den hier eingemieteten Menschen. Als wir aufbrachen, waren lediglich die beiden griechischen Betreiber der Taverne noch anwesend dazu zwei Badende unten am Strand.

„Komm", sagte Ludwig, „ein bisserl was geht noch."
Und schon waren wir wieder auf dem Weg.

Der Mármara-Beach hat seinen Namen nicht von ungefähr. Rechts und links ist der kleine Kieselstrand von opulenten Marmorfelsen eingefasst. Auf dem einen befindet sich die Terrasse der Taverne mit ihrem kleinen Servicegebäude, von der wir gerade über eine in den Felsen geschlagene grobe, unregelmäßige Marmorsteintreppe hinabgestiegen waren. Das Holzgeländer zur Rechten ist dort bitter nötig. Ohne sich festhalten zu können, wäre der Abstieg ein wahrer Balanceakt. Auf der anderen Seite blickten wir auf wohlgeformte riesige, vom Meer rund gespülte Felsformationen. Von früheren Urlauben weiß ich, dass sie gerne zur nahtlosen Rundumbräune von Sonnenanbetern genutzt werden. Das Wasser ist klar, wunderschön zum Schwimmen, Tauchen und Fische beobachten.

Dieser Marmor-Strand ist das Ende oder der Beginn der Arádena Schlucht. Doch da die meisten Bezwinger dieser Schlucht in Richtung Wasser hinabsteigen, ist er wohl mehr ihr Endpunkt. Die Arádena Schlucht lohnt sich sehr für kleine und große Wanderungen, egal in welche Richtung.

Zweimal war ich sie bisher gegangen. Sie ist spannend, abwechslungsreich und völlig unorganisiert. Du gehst hinein und wieder hinaus, ohne auf das Häuschen eines Wärters oder Eintrittskartenverkäufers zu treffen. Die Vegetation, üppig - die Felswände, hoch und markant - die erforderlichen Klettereinlagen, lustvoll. Inmitten der Schlucht, ein Feigenbaum, an dem mein damaliger Tagesbegleiter Manfred und ich uns gerne bedient hatten. Am Ende der Schlucht wachsen mächtige Oleanderbüsche in Weiß und Rosa. Ein Steinfeld, eine schmale Gasse, und schon öffnet sich der Blick auf den Strand und das weite Meer. Ich weiß es nicht mehr genau, doch wenn ich mich recht erinnere, ist der Einstieg in die Schlucht ganz in der Nähe der Metallbrücke, die Ludwig und ich mit lautem Geklapper der Holzbohlen an diesem Morgen mit dem Mietwagen überquert hatten.

Nun waren wir auf unserem letzten Stück Weg des heutigen Tages. Wir passierten den Strand, stiegen ein bisschen den Berg hinan und folgten nach einigen Metern links dem steilen Weg hoch nach Livanianá. Geradeaus hätten wir auf einer Höhe oberhalb des Meeres Richtung Lýkos weiterlaufen können.

Tilman rief an. Er hatte sich Gedanken gemacht, ob wir noch vor dem Dunkelwerden bei ihm ankommen würden. Knapp, aber ja! Dennoch sollten wir bitte anrufen, wenn wir die Schotterstraße zwischen Lýkos und Livanianá erreicht hätten, damit Simon uns dort mit dem Auto einsammeln könne. Besonders ungern hatten wir dieses Angebot nicht angenommen. Nach ganzen zehn Stunden, um Punkt zwanzig Uhr, standen Ludwig und ich, zwei Menschen des gehobenen Mittelalters, so zwischen fünfzig und sechzig, stolz und glücklich, wenn auch ein wenig geschafft, an der Bergstraße zu ihrem Lieblingsgriechen, dem Wirt der Tavérna-Livanianá. Okay, ich habe auch noch ein paar andere Lieblingsgriechen, doch unser Wahlgrieche Tilman ist einer von ihnen.

17.

Tilmans Paradies war bei meinem zweiten Besuch genauso schön für mich wie bei meinem ersten, gespickt mit einem kleinen Gefühl von nach Hause kommen. Nina war da, Luc ebenso und eine Dame, die sich ein Bier und Leonard Cohen gewünscht hatte. Luc begrüßte mich froh und freundlich und beklagte sich gleichzeitig, dass ich mich gestern Abend nicht richtig von ihm verabschiedet hätte. Nina und Tilman befanden sich gerade in einer lautstarken Diskussion über das Verhalten deutscher und anderer europäischer Frauen im Umgang mit griechischen Männern oder umgekehrt. Tilman war sehr aufgebracht. Nina betroffen. Ich sprach mit ihm, ich sprach mit ihr und teilte ihnen mit, dass ich dieses Thema gerne mal etwas intensiver mit ihnen erörtern würde, sowieso und weil ich mich gerade selbst in einer solchen Geschichte befände.

Ich fragte Tilman, ob ich in die Küche gehen dürfte, um mit Hilfe meiner Taschenlampe nach einem vermissten Ohrclip zu suchen. Wahrscheinlich hätte ich ihn gestern dort verloren, als wir uns zum Abschied umarmt hatten. Zumindest erinnerte ich mich an ein Geräusch, das so geklungen hatte, als ob. Als ich gestern Abend bei Ludwig aus dem Wagen gestiegen sei, hätte ich nur noch den Clip am linken Ohr gehabt. Im Auto wäre der andere nicht gewesen, auf dem Parkplatz drumherum auch nicht, und so sei seine Küche meine letzte Hoffnung.

Alles abgeleuchtet, unter alles druntergeschaut, nix gefunden.

Wohl zwanzig Jahre waren wir drei ein gutes Trio, meine beiden Ohrclips aus glatt geschliffenem Olivenholz und ich. Da wollte ich sie nicht einfach so aufgeben. Bliebe der eine nun für immer verschwunden, bräuchte ich unbedingt Ersatz. Während meines ersten Kreta-Aufenthaltes hatte ich diese Ohrclips in Kastélli-Kíssamos in einem Olivenholz-Laden gekauft und sie all die Jahre einfach zu und zu gerne getragen. Sie sind dem Farbton meiner rotbraunen Haare gleich, und ich fühlte mich mit ihnen immer so wunderbar komplett. Bevor Simon uns zurück nach Ágios Ioánnis fuhr, fertigte ich eine kleine Skizze von meinem Ohrclip an und befestigte sie als Steckbrief neben dem Durchgang zur Tavernen-Küche.

„Wanted!"

Ludwig erzählte mir auf unserer Rückfahrt nach Chóra Sfakíon von seinen weiteren Reiseplänen. Er wollte die Küste bis Mírtos runterfahren, um mal wieder all seine Lieblingsplätze aufzusuchen. Er fragte, ob ich nicht Lust hätte, ihn dabei zu begleiten. Nach unserem heutigen Tag könne er sich das gut mit mir vorstellen. Ich hielt es für eine überlegenswerte Idee, wollte diese Nacht aber noch gerne darüber schlafen, um ihm dann morgen eindeutig zu- oder absagen zu können.

„Wann ist der letzte Zusagetermin?"

Schmunzelnd sagte er etwas von elfuhrdreiunddreißig, weil er um die Mittagszeit gerne losfahren wolle. Vier bis fünf Tage würde er unterwegs sein wollen, um dann noch einmal für die restliche Zeit seines Urlaubes hierher zurückzukehren.

Zu zweit wäre eine solche Fahrt einfach schöner. Man könne zusammen schweigen und reden und schauen und staunen über all das Wunderbare, was einem auf dieser Fahrt begegnen würde. Außerdem habe er mal wieder Lust, jemandem sein schönstes Kreta zu zeigen. Er sei dann der Reiseleiter und ich die kleinste Reisegruppe der Welt.

Am Ortseingang an der Bushaltestelle verließ ich das Auto. Ludwig fuhr die rückwärtige Straße zu seinem Hotel hinauf. Ich ging die breite Steintreppe zum Dorfplatz hinunter, kam beim Kiosk an der Ecke heraus und schlenderte gemächlich die Uferpromenade entlang, die jetzt am Abend gut besucht war.

18.

Ein wenig nervös war ich schon. Schließlich kam ich in die Höhle des Löwen zurück, und ich hatte keine Ahnung, wie dessen Stimmung gerade sein mochte. Ich wollte schon aussehen wie nach einer langen Wanderung, und dennoch wollte ich wie das blühende Leben daherkommen. Zu Kreuze kriechen wollte ich nicht. Ich wollte möglichst entspannt und normal und freundlich aussehen, als ob nichts gewesen sei. Zum Glück waren meine Zigaretten fast aufgebraucht. Zum Glück war auf halber Strecke der Promenade, noch ein gutes Stück vom Eingang des Löwenreiches entfernt, der Zigarettenladen. Und zum Glück hatte dieser in seinem Innern einen wirklich großen Spiegel. Zum Glück! Ich konnte mich betrachten, von Kopf bis Fuß. Die Wanderschuhe waren völlig eingestaubt, und so sollten sie auch bleiben. Die Klamotten saßen gut, ebenfalls ein wenig angestaubt, was ihrer Wirkung keinen Abbruch tat. Eigentlich war alles okay. Ein bisserl durch die Haare, zwei kleine Striche auf die unteren Lidränder und etwas Rot auf meine Lippen. So war es gut. Mit einem Lächeln tauschten die Zigaretten-Verkäuferin und ich Ware gegen Geld, zwinkerten uns zu und sagten leise „Adío".

Kurz vor dem Ende macht die Uferpromenade eine leichte Biegung. Bis heute war sie mir gar nicht so aufgefallen. Hier und jetzt empfand ich sie als äußerst angenehm. So hatte Micháli mich nicht die ganze Zeit im Auge gehabt haben können. Er saß direkt am Ende der Gasse in einem der Korbstühle an einem kleinen Tisch der Lefká Óri-Taverne. Ihm gegenüber ein älterer Herr.

Ich ging direkt auf ihn zu, was mir nach meinem derzeitigen Kenntnisstand über das Wegenetz von Chóra Sfakíon auch gar nicht anders möglich gewesen wäre. Ich lächelte ihn an. Er lächelte zurück. Er streckte mir leicht seine linke Hand entgegen, ich ihm meine rechte. Wir berührten uns kurz mit einem undefinierbaren Fingergewusel. Die englische Worte aus seinem Mund klangen wie:

„I will come to our place later."

Hm? Das hieß jetzt wohl, dass ich mich an unseren Tisch setzen sollte, und dass er später dazukommen würde. Er zog mich heran und wuselte mich wieder weg. Er wollte etwas mit mir, doch der alte Herr oder wer auch immer, sollte es nicht mitbekommen. Hier begann also sein, unser Revier noch nicht. Hier stand er demnach noch unter dem Einfluss der kontrollierenden Öffentlichkeit Chóra Sfakíons. Keine sechs Meter weiter, im Bereich des Hotels Xenia, schien eine andere Welt zu beginnen. Hier durften wir miteinander sein, uns zeigen und lieben. Ich musste das jetzt nicht verstehen. Ich lächelte, hob meine linke Hand leicht zum Gruße und ging weiter Richtung Mole zum Xenia.

Auch hier waren die Plätze gut besetzt. Stefanie, Andreas-Josef, Holger und Eberhard saßen an ihrem Tisch am Wasser. Es war immer gleich der erste vorne links. Stefanie winkte mich heran. Ich trat an den Tisch, und sie fragte fast besorgt:

„Setz dich - erzähl. Wo bist du denn den ganzen Tag gewesen? Wir haben uns schon gesorgt nach dem gestrigen Abend!"

Wir - wie süß, wobei ich Andreas-Josef und ihr das gerne abnahm. Ich zeigte auf meine Staubschuhe und erzählte etwas von zehn Stunden unterwegs gewesen sein. Sie waren gerade mit dem Essen fertig und so rauchten wir gemeinsam eine Nach-dem-Essen-Zigarette. Holger kam wieder auf mich als Fischfutter zu sprechen und Eberhard auf meine Naivität. Schubladendenken will gepflegt sein, und das fand ich jetzt auch völlig in Ordnung.

Ich erzählte noch, dass ich heute Morgen gleich per Fax den Volkshochschulkurs über den richtigen Umgang und das emotionale Verstehen südländischer Schürzenjäger gebucht hätte, der bei uns in Ostfriesland regelmäßig angeboten würde, und dass ich von Glück sagen könne, einen der beiden letzten Plätze dafür noch ergattert zu haben. Somit wäre ich für meine nächste Reise hoffentlich gut vorbereitet, es sei denn, ich flöge nach Hongkong, Stockholm oder Litauen. Daraufhin konnte selbst dieser alte Muffelkopf Eberhard sich das Lachen nicht recht verkneifen. Geht doch!

Inzwischen hatte Micháli sich an unserem Tisch auf der Terrasse eingefunden. Eigentlich war es ja sein Tisch, doch wenn er ihn schon als den unseren bezeichnete, wollte ich das gerne so lassen. Als ich mich dem Tisch näherte, bot er mir an, mich zu setzen.

„Where have you been the whole day?"

Auch ihm zeigte ich meine Schuhe, und auch ihm erzählte ich von meiner langen Wanderung.

„You left early in the morning", sagte er und ich bestätigte, dass ich gegen acht das Hotel verlassen hatte.
„Did you drive with this man?"
„My driver from yesterday? No - I walked with Inge and Manfred. I met them yesterday at Tilman, and there we fixed the date for today and changed our mobile-numbers. It was a wonderful day, but now I'm dead."

Sein Gesicht wurde freundlicher. Diese sogenannte weiße Lüge musste jetzt sein, zur Verbesserung des Weltfriedens und sei es nur in der Form der Beruhigung eines einzigen griechischen Mannes. Für mich war sie nicht von Bedeutung, und bei Micháli sorgte sie für ein ruhiges Herz und eine entspannte Seele. Ich hatte nichts mit Ludwig, was Micháli hätte stören können, doch hätte er es geglaubt? - Wohl kaum.

Micháli hatte sich zu essen bestellt und fragte mich, ob ich schon gegessen hätte. Als ich verneinte, sagte er mir mit dieser typischen Handbewegung, Handrücken nach außen gekehrt und die Hand zweifach mit ausfahrendem Arm in die zu gehende Richtung geschüttelt:

„Go to the kitchen and have a look what you want to eat."

Ich ging. Ich kam zurück. Er freute sich, und alles schien gut. Nur, dass das Nicht-über-etwas-Reden mit mir nicht geht und so fragte ich:

„Micháli, what was the reason for your annoyance yesterday? I don't understand it and I don't like to be angry with you."

Er lachte - er schickte einen Luftkuss in meine Richtung - und erzählte:

„First I call you two times. Nothing from you. Then you send me this SMS, for dinner here with the driver. Why you say nothing, that we will eat together?"

„I didn't think about that. It was so normal for me, Micháli, that we would have dinner together here at this place. When you came to your table, I smiled to you, and I said hallo with my hand like this and asked you to come to our table. Your answer was this."

Ich zog eine grimmige Grimasse und zeigte ihm, kurz oberhalb der Tischkante, den Stinkefinger, so wie er es gestern mir gegenüber sehr ausdrucksstark praktiziert hatte.

Er lachte lauthals:
„Okay, we know. - And now finish! - All good now!"
„All good now, everything is okay.
Some trouble is good, Micháli, but please, not every day."
Er tätschelte mir die Hand: „No, not every day darling."

Eine umfangreiche gemeinsame Sprache wäre hier enorm von Vorteil gewesen. Vielleicht hätte es eine tiefe Liebe zwischen uns beiden auch getan oder etwas, das uns anderweitig nicht hätte wanken, schwanken oder unsicher sein lassen können. Wir kannten uns nicht, wir wussten nichts über unsere Ticks und unsere Empfindlichkeiten, wir waren völlig neu füreinander. Sollte unsere Anziehung füreinander diesen Urlaub überdauern, hatten wir vielleicht eines Tages die Chance auf mehr. Liebe hat gerne Geduld, und Selbstsicherheit macht großzügig.

Ja, es schien alles wieder gut zu sein, auch wenn der Zauber irgendwie angekratzt war. Die Stimmung war gut. Micháli lachte und erzählte, und ich erzählte und lachte, und wir waren guter Dinge. Wahrscheinlich bin ich für ein solch oberflächliches Geplänkel nicht recht geschaffen. Ich beobachtete mich, und ich bemerkte den Sprung im Spiegel. Dennoch freute ich mich auf unsere gemeinsame Nacht. Vielleicht würde unsere körperliche Nähe uns wieder entspannen und unsere uneingeschränkte anfängliche Begeisterung füreinander zurückbringen.

Wir hätten spazieren gehen sollen. Arm in Arm. Wir hätten uns an den hinteren Strand ans Wasser setzen sollen. Aneinander gelehnt, dicht beieinander den Wellen des Meeres lauschen sollen. Ein bisschen Zweisamkeit, ein bisschen reden, ein bisschen was weiß ich. Wir hätten uns die Zartheit unseres Miteinanders zurückholen sollen.

Hm! - Ham wir aber nicht. Wir saßen hier auf der Terrasse des Xenia und unterhielten uns in diesem öffentlichen Raum, als ob nichts gewesen sei.

Ich erzählte Micháli von meiner Überlegung, ein paar Tage zu reisen.

„I like to see some more places, maybe I travel for a few days to Frangokástello, Ágia Galíni and so on to Mírtos. Do you know when the bus will start to these places?"

Er wusste es nicht genau, aber auf keinen Fall vor zehn.

„Look in the morning, and you will see."

Ich fragte, ob er schon mal dort gewesen sei und ob er überhaupt auf Kreta reise. Ich fragte allerlei Dinge, die ich mit meinen Vokabeln zusammenbringen konnte. Von April bis Oktober sei er fast immer nur hier, but in wintertime he sometimes goes to other places. Chaniá was a good one, und letztes Jahr sei er für einen Monat for holiday in der Schweiz gewesen. - Ohlala!

Als Micháli seine Patiencen zwischendurch weiterlegte, sagte ich ihm, dass ich auf eine Zigarette zu Stefanie hinübergehen wolle, um mich von ihr und Andreas zu verabschieden. Sie würden Morgen schon um sechs in der Früh zum Flughafen aufbrechen.

„Go", sagte er, „it's okay."

Dazu wollte ich kurz vom Frieden zwischen Micháli und mir berichten und dass das Sich-Sorgen nun nicht mehr nötig sei. Ich stand auf, ging die kleine Treppe hinunter und steuerte direkt auf den Vierertisch zu. Ich hatte noch gar kein Wort gesagt, als Andreas-Josef sehr barsch sagte:

„Das passt jetzt gerade gar nicht!"

Neue Töne aus seinem Mund, die ich so von ihm nicht erwartet hätte. Von Eberhard schon, aber doch nicht von Andreas. Ich schaute in die Gesichter der anderen drei, zuckte kurz mit den Achseln, drehte mich um und ging ohne ein Wort zurück zu Micháli an den Tisch. Er schaute erstaunt und fragend und sagte:

„What's going on?"
„Big trouble at the table. I don't know what about."

Ich wusste es wirklich nicht, wusste nur, dass es mit mir nichts zu tun haben konnte. Doch auch, wenn man so etwas weiß, ist es nicht einfach, eine solche Abfuhr ganz an sich abprallen zu lassen. Ich zog mir diesen Schuh nicht an, ließ ihn am Tisch von Andreas und seinen Leuten und versuchte, mich ganz auf Micháli und mich zu konzentrieren.

Dort drüben am Wasser loderte ein Vulkan. Die leisen Töne wurden lauter. Die Nachbartische spielten keine Rolle mehr. Da musste etwas im Gange sein, was richtig weh tat, dass Rücksichten auf andere oder Peinlichkeiten des eigenen Streits keine Rolle mehr spielten. Das Benehmen war dahin, die Contenance aufgehoben. Stefanie verließ den Tisch. Andreas folgte ihr. Stefanie kam zurück. Als sie wieder vom Tisch zurück aufs Zimmer wollte, begegneten sie und Andreas sich auf der Terrasse. Sie redeten miteinander, sie nahmen sich in den Arm. Andreas ging zum Tisch zurück, Stefanie aufs Zimmer. Das ergab alles keinen Sinn. Es ging mich nichts an, und dennoch betrübte es mich ein wenig, weil ich Stefanie und Andreas auf Anhieb so gemocht hatte und sie gerne nach unserer ersten Begegnung näher kennengelernt hätte. Irgendetwas war da schief, und ich hatte das Gefühl, dass wir drei uns ohne die Anwesenheit von Holger und Eberhard wunderbar näher gekommen wären. Der ganze Umstand schmerzte mich schon.

Micháli und ich wollten zu Bett gehen. Ich ging vor, doch weil die Sache mit Stefanie mir keine Ruhe ließ, öffnete ich nur die Balkontür und verließ noch einmal mein Zimmer. Die Zimmertür ließ ich offen. Ich ging im Dunkeln auf das große Flachdach zum Meer hin, schaute zu den Balkonen hinauf, in der Hoffnung, Stefanie dort irgendwo erblicken zu können. Ich wusste nicht genau, ob sie überhaupt auf dieser Seite des Hauses ihre Zimmer hatten, doch wenn wir uns sehen und sprechen sollten, würde es so sein. Ich blickte also zu den Balkonen hinauf. Nur in einem Zimmer war Licht, und auf dem Balkon davor schien eine Person zu sitzen.

Ich dachte: „Egal",
und rief leise: „Stefanie."
Sie war es.

„Steffi, ich weiß zwar nicht, was los ist,
doch ich möchte so gerne Tschüss sagen."
„Ooh, ist das nett von dir.
Trinkst du noch einen Wein mit mir?"
„Gerne!"

Wir wollten uns gleich darauf unten auf der Terrasse treffen.

Jetzt sah ich, wie Micháli in mein Zimmer kam. Er schien mich zu suchen, trat auf den Balkon, dem ich mich gleichzeitig vom großen Flachdach aus näherte.

„Micháli, I would like to drink a glass of wine with Stefanie downstairs, to say goodbye. Take your shower. I'm back soon. Okay?"

Ohlala! Und gleich nochmal! Micháli explodierte. Ich kriege das jetzt im Originalton nicht mehr zusammen. War es doch ein Vulkanausbruch aus griechisch-englischem Wortmix, der ins Deutsch-Englische übersetzt in etwa hätte heißen müssen:

„Geh doch zu deiner Freundin!
Doch wenn du wiederkommst,
bin ich wahrscheinlich nicht mehr hier!"

„Go to your girlfriend,
but when you come back,
maybe I'm not longer here!"

Ja, das sagte er in einem sehr energischen Ton. Energisch kann ich auch, und so pfefferte ich zurück, bevor ich ging:

„Micháli you are a man, not a child.
Don't be angry, I'm back soon!"

Mir war das jetzt auch egal. Auf dieses Affentheater mit Micháli hatte ich keine Lust. Wer sich so schnell ans Bein gepinkelt fühlt, konnte nicht mein Partner sein. Großzügigkeit, Toleranz, Wohlwollen und Gelassenheit waren meine Worte und nicht ... - genau!

Ich wollte mich von Stefanie verabschieden. Wollte ihr kurz mein Ohr und meinen Beistand schenken. Wollte ihr meine Karte geben und den Zettel mit den aufgelisteten Autoren ostfriesischer Kriminalromane. Und ihre Telefonnummer wollte ich auch. Allein schon für den Fall, dass ich mal wieder für ein Wochenende bei meiner Tochter in Hamburg zu Besuch sein sollte, der mir Zeit für einen kleinen Plausch mit Stefanie lassen würde. Sollten Stefanie und ich in Zukunft keinen Kontakt miteinander haben, sollte es bitte nicht daran liegen, dass wir ihn nicht hätten haben können.

19.

Stefanie saß an einem der Tische am Geländer auf der Terrasse, als ich die Treppe vom Schlaftrakt herunterkam. Unsere Weingläser standen parat. Die drei Jungs diskutierten weiter heftig am Tisch am Wasser. Ich setzte mich zu Steffi.

„Schön, dass du noch einen Moment für mich hast", sagte sie. „Ich fühlte mich da oben auf dem Balkon fast wie abgestellt."

Einen Augenblick später rauschte Micháli über die Terrasse hinter meinem Rücken an mir vorbei. Ich bekam es nur durch den scharfen Luftzug mit und weil Stefanie es mir sagte. Ich hörte sein Moped, und weg war er.

„Jetzt kriegst du meinetwegen auch noch Ärger", sagte sie, dabei wäre sie so froh darüber gewesen, dass zwischen ihm und mir wieder alles gut zu sein schien.
„Kindergarten!", sagte ich. „Ist nicht mehr mein Metier, und außerdem haben wir so jetzt mehr Zeit füreinander."

Es war nicht so, dass mir das mit Micháli egal war. Ich fand es traurig, dass er mir diese Viertelstunde nicht einfach hatte geben können. Ob es nun an unserer fehlenden gemeinsamen Sprache lag, an seinem Temperament, seinem südländischen Männer- und Frauenverständnis, seiner fehlenden Liebe zu mir oder seinem fehlenden Selbstbewusstsein.

Ich erfuhr in groben Zügen die Ursache des Vulkanausbruches am Vierertisch. Sie hatten gegessen. Sie hatten Doppelkopf gespielt, wie fast jeden Abend, und irgendwie sei die Frage aufgekommen, wie denn jeder von ihnen die gemeinsame Urlaubswoche empfunden habe.

„Böser Fehler! - Falsche Frage!",

dachte ich, auch wenn das Ergebnis so vorher nicht unbedingt zu ahnen gewesen war. Wenn ich Stefanie richtig verstanden hatte, war die Frage vom Geburtstagskind ausgegangen. Andreas wollte gerne ein Resümee der gemeinsamen Woche. Er hatte sich weitestgehend wohlgefühlt. Seine Liebste war bei ihm, die Frau mit der er bald in Hamburg zusammenziehen wollte, und seine beiden langjährigen Freunde Holger und Eberhard auch. Alles tutti, sollte man meinen. Alle erwachsen. Alle groß. Alle froh! Doch da gärte etwas in Eberhard und Holger. Da war eine gewisse Unzufriedenheit, ob der in ihren Augen zu intensiv gelebten Zweisamkeit zwischen Stefanie und Andreas, gepaart mit der Sorge des Verlustes der eigenen Meinung ihres langjährigen Freundes. Da fühlten sich zwei zurückgesetzt und ein anderer sich zum Trottel erklärt.

Eine gewisse Eifersucht, die es in dieser Form nicht so selten gibt. Alleinlebende Menschen tun sich gerne mit gleichgeschlechtlichen Alleinlebenden zusammen. Männer haben dann Freunde und Frauen Freundinnen. Es handelt sich in diesen Konstellationen oft um Notgemeinschaften, nicht immer, aber häufig. Das ist nicht weiter verwerflich. Hat der Mann dann eine neue Liebste oder die Frau einen neuen Liebsten, möchten er oder sie fast alle Zeit am liebsten mit diesem neuen Menschen zusammen sein. Allein das Wort sagt es schon aus. Liebste, Liebster, am liebsten. Wäre der Liebste nur der Zweit- oder Drittliebste, wäre er ja nicht der Liebste, und das mit dem Am-Liebsten sähe dann etwas anders aus. Ein wirklicher Freund, eine wirkliche Freundin hätten dafür Verständnis. Ein selbstbewusster oder mit sich im Reinen befindender Mensch auch. Es handelt sich dabei um eine ganz normale Sache, um die jeder, den je die Flügel der Liebe getragen hatten, wissen sollte. „Was man weiß, was man wissen sollte" fällt mir dazu ein, ein steifer Ratespaß mit Heinz Maegerlein aus der Zeit meiner Jugend um 19:30 Uhr. Sie war meine erste bewusst wahrgenommene Ratesendung im Ersten Deutschen Fernsehen.

Da dies jetzt aber keine Ausarbeitung über zwischenmenschliche Beziehungen und Verhaltensweisen werden soll, zurück zur Diskrepanz. Eberhard und Holger waren der Meinung, dass Andreas zuviel Zeit alleine mit Stefanie verbracht hatte, so dass vom Urlaub zu viert nicht mehr viel übrig geblieben sei. Sie meinten dazu noch, dass Andreas nicht mehr seinen eigenen Wünschen folge, sondern dem, was Stefanie möchte. Andreas geplanter Umzug zu Stefanie nach Hamburg kam noch mit auf den Tisch, den die Freunde für einen großen Fehler hielten, und der für sie nur zur völligen Selbstaufgabe ihres Andreas' führen könne. Somit war das Drama perfekt. Stefanie konnte all das nicht glauben. Eberhard und Holger fühlten sich vernachlässigt und zurückgesetzt und hatten vielleicht gleichzeitig das Gefühl, ihren Andreas vor dieser „bösen Frau" beschützen zu müssen. Andreas verstand nicht, warum seine beiden besten Freunde sich nicht einfach mit ihm und für ihn über sein neues Glück mit Stefanie freuen konnten. Dass sie ihn dazu noch für einen liebeskranken, meinungslosen Trottel hielten, schmerzte ihn noch mehr. Alle drei fühlten sich verraten. Jeder war verletzt.

Bei einer Betrachtung von außen waren alle Gefühle nachvollziehbar, doch mitten im Feuer des Vulkans schwer bis gar nicht. In diesem Moment kam mir auch eine vage Ahnung für das ablehnende Verhalten von Eberhard und Holger in Bezug auf meine Person. Noch so ein Weib in der Nähe ihres Andreas' hätten die beiden wahrscheinlich gar nicht mehr verkraftet. Also gehörte sie abgelehnt, unsympathisch gefunden und vergrault.

Enttäuschungen schmerzen, fehlendes Verständnis verletzt, und verminderte Aufmerksamkeit empfinden wir als Wertverlust. Vielleicht war Micháli auch enttäuscht, dass ich meinen Abschied von Stefanie vor das Zusammensein mit ihm gestellt hatte. Nur dachte ich gar nicht an „ent" oder „weder". Erst das eine, was nicht zu verschieben war, und dann das andere, das die ganze Nacht hätte andauern können.

Was sind wir manches Mal auch für empfindliche Seelchen. Drum lasst uns uns in Eigenliebe üben, damit wir von außen nicht so verwundbar sind.

So recht kamen wir beiden Frauen dennoch nicht ins Gespräch. Ein, einer flüchtigen Bekannten aus Höflichkeit zugerufenes „Wie geht's?", ließ sie an unseren Tisch kommen und in einen langanhaltenden Monolog über ihre Tagesaktivitäten ins Reden kommen. Ich hätte sie gerne unterbrochen, doch war es nicht mein Problem, das jetzt erörtert werden sollte, sondern Stefanies und nur sie wusste, wie sehr es ihr auf der Seele brannte. Zwischenzeitlich schob ich Steffi mein Handy hinüber, in das sie zu ihrem Namen nur noch ihre Telefonnummer einzutippten brauchte.

Die Jungs kamen auf die Terrasse. Die schwersten Schäden schienen behoben. Alle gingen zu Bett. Bis auf Lisbeth. Lisbeth konnte nicht schlafen.

20.

Ich war absolut wach. Es war weit nach Mitternacht, und ich wollte morgen früh - nee, wollte ich nicht - ich wollte morgen gegen Mittag mit Ludwig auf Reisen gehen. Dass ich mit ihm reisen würde, stand fest. Was sollte mich davon abhalten? Was sollte mich weiterhin hierbleiben lassen wollen? Mein Liebesmiteinander mit Micháli? Diese ständigen Missverständnisse? Dieses Affentheater? Andreas und Stefanie? Nichts von alledem. Die einen würden nicht mehr hier sein - alles andere mich nerven. Mein Miteinander mit Micháli war nicht mehr wirklich schön. Und wenn ich eines im Leben gelernt hatte, war es, mir Dinge nicht mehr schön zu denken. Dinge nicht - Situationen nicht - Menschen nicht - und Männer im Speziellen schon gar nicht.

Jeder Mensch ist der, der er ist, und nicht der, den wir uns erdenken. Mir ging es gut. Ich war klar und entspannt, auch wenn ich gerne mit Micháli, dem Micháli der ersten Tage, jetzt und hier zusammengewesen wäre.

Bis auf ein paar Stimmen von der anderen Seite der Promenade war alles still. Ein Spaziergang zum Hafen. Ein Gang durch die fast menschenleere Uferpromenade. Ein Blick die breite Steintreppe zum Busplatz hinauf, am Kiosk vorbei, am Kartenhäuschen und an der Taxibootbox. Ich hörte Motorengeräusch. Ich sah zwei Mopeds an mir vorbeifahren. Ich sah vier Männer darauf sitzen. Ich hörte ihre Stimmen. Chóra Sfakíon ist überschaubar, durchsichtig von überall her nach überall hin. Ich wette, dass die Männer mich beobachtet hatten. Ich vermutete, dass sie etwas von mir wollen würden und war mir dennoch sicher, nicht in Gefahr zu sein.

Ob meines fortgeschrittenen Alters? Neiiiiiiin, es war doch eher dunkel und alle Konturen somit etwas verschwommen. Sie würden mich in Ruhe lassen, weil es klar und eindeutig aus mir herauskam. Sie fuhren ans Ende der Bucht bis zur Fähre. Ich schlenderte weiter bis zum Anlegeplatz der kleinen Boote, an dem auch der Sfakía-Express lag, auf dem Micháli ab und an seine Nächte verbrachte. Es war dunkel und hell zugleich. Tauchte doch die Hafenbeleuchtung mit ihren gelblichen Lampen alles in ein schummeriges Licht. Michális Porsche stand am Wasser, unterhalb eines aufgebockten Fischerkahns. Auf dem Sfakía-Express war alles dunkel, alles ruhig. Nicht einmal ein Schnarchen war zu hören. Einzig das Schwappen der Wellen an die kleine Hafenmauer begleitete den leisen Ton des Windes.

Blumen - ich brauchte Blumen! Die Auswahl war spärlich. Ich konnte mich zwischen trockenen Gräsern und trockenen Gräsern entscheiden. Ein Distelgewächs stand dazwischen. Deren Spitze ergab mit ein paar der sich hier im Wind wiegenden Gräser einen guten, kleinen, liebevoll zusammengestellten Trockenstrauß. Er machte sich gut am Lenker von Michális kleiner Porsche.

Der Porsche - die Porsche - das Porsche?

Alles wäre möglich. Da ich Michális rosafarbenes Moped jedoch für ein kleines Frauenzimmer halte, wähle ich die weibliche Form dieses Namens - die kleine Porsche also.

In diesem Moment, in dieser Nacht, hier in dieser Situation, an diesem Ort, war ich voller Liebe für alles. Für mich und die Welt, für das Leben und ebenso für Micháli, auch wenn ich keine Ahnung davon hatte, ob wir je wieder ein Wort miteinander wechseln würden. Ich schlenderte zurück, verabschiedete mich in Gedanken vorsichtshalber von ihm und freute mich auf den kommenden Tag.

Einer der Mopedfahrer kam zurück. Ich schätzte ihn als eines der Auslaufmodelle der Schürzenjägergang hier ein. Das mag jetzt etwas gemein klingen, doch bin ich mir sicher, dass es hier in jeder Altersklasse mindestens einen davon gibt. Sein Alter hätte schon mit dem meinen zusammengepasst, doch er als Mann wollte so gar nicht in meinem Raster hängenbleiben. Dazu fühlte ich mich zu dem entsprechenden Hippiemodell dieser Vereinigung hingezogen, und damit waren alle anderen hier für jetzt und alle Zeit für mich tabu.

Er hielt an, auch er benutzte den Satz:

„Where are you going to?"

Auch er wollte mich des Nachts auf ein Glas Wein einladen. Er machte wohl drei Angebote dahingehend, die ich alle, eins konsequenter als das andere, ablehnen musste.

„Excuse me, but I'd like to stay alone now!"

Er war wohl der letzte Wachmann, der letzte wache Mann in Chóra Sfakíon zu dieser späten Stunde. Alle anderen schienen mir schon zu Bett gegangen.

Diese kleine Welt hier bei Nacht alleine zu begehen, ist einfach erbaulich. Da kommt eine Kraft in dich hinein, die einfach unbeschreiblich ist. Alle positiven Schwingungen der Welt kommen ohne jede Ablenkung auf dich zu. Ob man für die Aufnahme bereit sein muss, kann ich nicht sagen. Ich habe sie genommen mit allem was da war und schwebte so geradezu engelsgleich über die Terrasse des Xenia die Treppen hinan, direkt in mein Zimmer.

Hose, Wanderschuhe, Socken, Catsuit, BH, Haarklemme, meine rote Bauch-Tasche und ein schmückendes Element, das dieses Mal aus einem Ritterhemdchen aus grobmaschig gestricktem, feinen Seidengarn bestand.

Ich neige zum Überschwang, zur leichten Übertreibung bei der Anschaffung mir gefallender Dinge. Vor wohl fünfzehn Jahren kaufte ich hier in Loutró ein paar dieser kleinen Leibchen, alle in einem Naturton, für mich und meine Mädels zu Hause. Da ich jedoch die einzige war, bin, der sie wirklich stehen, habe ich sie damals allesamt behalten.

All meine anderen Sachen packte ich ordentlich in meinen großen Reiserucksack. Ich sortierte etwas um. Füllte die beidseitig angebrachten schwarzen Leinentaschen mit dem, was ich mit größter Wahrscheinlichkeit nicht mehr anziehen würde, und schaffte somit etwas Raum für meinen kleinen, schwarzen Handgepäckrucksack, der mir bitte nie und nie wieder verloren gehen sollte. Der Satz: „Man braucht immer etwas, worauf man sich freut.", der beide Taschen ziert, passte so sehr zu alledem, was ich hier tat, und so brachte ich sie, gut lesbar, beidseitig an meinem grünen Reiserucksack an.

Als alles gepackt war und ich bettfertig, rauchte ich vor dem Zähneputzen meine Gute-Nacht-Zigarette auf dem Balkon. Mein Blick ging über die Bucht hinüber zur großen Fähre, zurück zum Bootshafen, an dem der Sfakía-Express lag, und schwenkte weiter, den Lampen folgend bis zur Taxibootzentrale. Ich sandte gute, wohlwollende Gedanken hinüber zu meinem Micháli. Alles ruhte friedlich eingetaucht in das schummrige Licht dieser Nacht.

Um acht war ich wieder wach. Ich ging auf den Balkon, schaute aufs Meer, schaute in Richtung Taxibootbox und hatte den Eindruck, als ob Micháli am anderen Ende der Bucht auf einem seiner Stühle säße, mit Blick in meine Richtung. Unten das Blau seiner Jeans, darüber das helle Beige seines Hemdes und darauf der hoch sitzende Kopf mit seinem dunklen Haar. Genau konnte ich das natürlich nicht erkennen, doch nach Gestalt und Farben zu urteilen, hätte er dort sitzen müssen. Ich vermutete vor seinen Augen ein Fernglas und in seiner Hand die typische selbst gedrehte Zigarette. Das erste auf meiner Liste für meine nächste Reise nach Kreta würde ein kleines, weitsichtiges Fernglas sein.

Um neun verließ ich das Hotel. Ich wollte nach den Abfahrtzeiten der Busse schauen. Um halb zehn saß ich in der Taverna-Obrosgialos vor meinem Lieblings-Yaurti und klärte mit Ludwig per Handy unsere Abfahrtsmodalitäten. Gegen halb elf begegnete ich Micháli wieder. Er saß am Ende der Promenade in einem der beiden Korbstühle, als ich nach der Bezahlung meines Zimmers mit dem Rucksack die Terrasse des Xenia verlassen hatte. Wir lächelten uns an.

„Time for a little goodbye?", fragte ich, und er sagte:
„Ne!", was auf griechisch ja zum Glück „Ja" heißt.
„Ne" heißt „Ja", und „Óchi" heißt „Nein".

Ich stellte meinen Rucksack ab. Er fragte nach einem Kaffee. Ich nickte und setzte mich ihm gegenüber auf den zweiten Korbstuhl.

„When do you start?"
„The next moment. Time is open. The first bus to Frangokástello leaves at four p. m., and so I try to go by car earlier."

Dabei hob ich den linken Daumen. Wir waren gut miteinander. Er fragte, wo ich genau hinwolle und wann ich wieder zurück sei. Ich zählte ihm die möglichen Orte auf und sagte, dass ich in vier bis fünf Tagen wohl wieder da sein würde. Wir äußerten beide unsere Freude darüber, uns in ein paar Tagen hier wieder zu begegnen. Vom gestrigen Abend sagten wir beide nichts. Wir tätschelten unsere Hände und verabredeten, an den Abenden kurz miteinander zu telefonieren. Er wolle mich anrufen, und ich solle ihn dann zurückrufen - because his phonecall was more expensive than mine.

Deutsch-griechische Finanzhilfe, das machen wir doch gerne mal. Angela Merkel tat es doch auch, und so wollte ich genau wie sie zum Abschied ein Gruppenfoto der Verhandlungspartner. Ich hockte mich hinter seinen Korbstuhl und machte mit lang ausgestrecktem Arm ein Foto von uns beiden.

„And now again with a smile, Micháli!"

Und das bekam ich dann auch noch.
Er nahm mich in den Arm, küsste mich auf den Mund und sagte: „See you in a few days, Baby."

Was mochte in diesem Mann vorgehen?

Natürlich war dieser Abschied im Guten tausend Mal besser als jeder andere. Ich konnte entspannt reisen, er konnte entspannt in Chóra Sfakíon bleiben, und wir konnten uns, so wir beide es wollen würden, hier im Guten erneut begegnen.

Es war wieder Sonntag.
Ich war jetzt eine Woche auf Kreta,
und es kam mir vor wie eine kleine Ewigkeit.

Mit meinem Reiserucksack auf dem Rücken machte ich mich auf den Weg. Er würde mir nicht nachspionieren, zumindest ging ich nicht davon aus, dennoch wählte ich die sichere Variante. Am Ende der Uferpromenade ging ich die Steintreppe zum Busbahnhof hinauf. Ich rief Ludwig an und teilte ihm mit, dass ich jetzt losgelaufen sei und nun die Straße Richtung Frangokástello weiterlaufen würde, bis ich ein geeignetes Plätzchen zum Trampen gefunden hätte. Ich würde so auffällig da sein, dass er mich nicht übersehen könne. Wie gut, dass ich jetzt nicht wirklich trampen musste. Diese verabredete Sache gefiel mir gut, besser, am besten. Ich ging gemächlichen Schrittes die Straße bergan. Nahm die erste Kurve, kam am Hospital vorbei, ging die zweite Kurve und setzte mich auf eine flache Steinmauer vor einem Haus jenseits dieser Kurve. Hier saß ich gut im Schatten hoher Bäume. Meinen Reiserucksack legte ich neben mich auf die kleine Mauer. Ich kontrollierte meine Lippen. Das Rot reichte aus. Die hochgesteckten Haare saßen gut, und mein Lächeln war wie immer - bezaubernd.

Ein Auto, zwei Autos, vielleicht auch drei oder fünf waren jetzt um die Mittagszeit an mir vorbeigefahren. Ob mich eines mitgenommen hätte? Beim wohl siebten Wagen hielt ich den Daumen raus. Es war ein schwarzer Golf. Der Fahrer wirkte auf den ersten Blick sympathisch und reagierte mit einer sanften Bremsaktion auf die auf der Mauer mit baumelnden Beinen und ausgestrecktem Daumen sitzende Frau.

Er stieg aus und fragte: „Wohin des Weges?", worauf ich mit einem Lächeln und „Frangokástello" antwortete.

Er sagte noch etwas von schönem Zufall, hob meinen Rucksack auf die hintere Sitzbank seines Fahrzeuges und bot mir mit einer leichten Handbewegung an, auf dem Beifahrersitz Platz zu nehmen. Ob der schwarze Onyx meines silbernen Ohrschmucks einen gewissen Einfluss auf das Anhalten dieses schwarzen Fahrzeugs genommen hatte, weil Gleich und Gleich sich doch gerne gesellen, kann ich nicht sagen. Auf jeden Fall stoppte der Fahrer, der meinem Wanderkollegen Ludwig recht ähnlich sah, sehr spontan. Er sah Ludwig nicht nur recht ähnlich, es war gar Ludwig himself. Welch ein doch wirklich glücklicher Zufall! Wir waren voller Freude.

„Alles klar?"
„Alles wunderbar!"

Ludwig freute sich sehr auf unsere Fahrt in seine Vergangenheit. Und auch ich würde sicher einigen Orten wiederbegegnen, die ich von früheren Reisen her kannte. Er fragte:

„Na, wie ist es dir seit gestern Abend ergangen?"

Ich berichtete von diesem und jenem und dass ich Chóra Sfakíon und Micháli mit einem guten und aufgeräumten Gefühl verlassen hätte.

„Das freut mich für dich und für mich, denn mit einer durch und durch unbelasteten Person ist das Reisen einfach angenehmer. Da lenkt nichts ab, und wir können uns voll und ganz auf die Schönheit unserer Insel konzentrieren."

21.

Frangokástello war unser erstes Ziel. Wir ließen es aus! Wir erinnerten uns beide gut an den breiten hellen Sandstrand, an dem man so unendlich weit ins Meer hineingehen kann, ohne dass der Po dabei nass werden musste. Ein idealer Badestrand für Familien mit Kindern. Als Erstes würden wir schon von Weitem das im 14. Jahrhundert erbaute, nah am Meer stehende, venezianische Kastell sehen können, dessen mächtige Außenmauern so gut erhalten sind. Zum Übernachten war uns der Ort zu nah, zum Verweilen zu wenig erbaulich.

Auch Plakiás ließen wir aus. Wir machten einen kurzen Stopp oberhalb des Ortes im Bergdorf Mírthios. Ludwig meinte, dass ich diesen Blick einfach genießen und einfangen müsse. An der Durchgangsstraße gibt es einige Tavernen mit Blick auf die weite Bucht von Plakiás. Ludwig trank eine Mischung aus Soda und Bier, ich ein schnelles Wasser. Direkt an der Straße hatte ich einen Souvenierladen gesehen, in dem ich mich unbedingt nach Ersatz für meinen verloren gegangenen Olivenholz-Ohrclip umsehen wollte. Nichts, es war so gar kein Olivenholz-Schmuck da, nur ein paar Salatgabeln.

Unsere nächste Rast machten wir auf dem Weg zum Strand von Préveli. Mitten im Nichts war eine kleine Bar an einem von Bambus umgebenen Wasserlauf. Es war der Fluss, der am Ende seines Laufes, von Palmen gesäumt, am hellen Sandstrand von Préveli ins Meer fließt. Ein ruhiges Plätzchen. Zwei Tische, acht Stühle, eine lange Bank und einige Stehplätze an einer aus Holz und Bambus erbauten, überdachten Thekenanlage. Bunt gefüllte Flaschen gesellten sich hier zu einem Buddha als Blickfang. Beim Orangensaft tauschten Ludwig und ich unsere Brillen. Ludwigs Ersatzbrille, ein Spontankauf nach dem gestrigen Vermissen seiner Gleitsichtsonnenbrille, hatte changierendes Spiegelglas. Sie stand ihm trotz dieses Notkaufes gut zu Gesicht. Für mein unten herum eher schmales Gesicht war sie, wie die meisten Brillen, eher ungeeignet. Brav setzte ich meine Bienen-Sonnenbrille wieder über meine Gleitsichtbrille, die darunter gänzlich verschwand. Werner Höfer hatte wahrscheinlich bei meinem Gleitsichtbrillenkauf Pate gestanden. Das strenge rechteckige Modell mit dem braunen, mittelbreiten Hornrand erinnerte sehr an das seine und steht mir dennoch ausgesprochen gut. Werner Höfers Frühschoppen am Sonntagmittag war in meiner Familie für die politisch Interessierten ein Muss. Opa, Katharina und Papa saßen vorm Fernseher. Mama kochte das Sonntagsessen. Ich wuselte um sie herum. Unser kleiner Bruder saß auf Papas Schoß und genoss das familiäre Beisammensein.

Auch Préveli ließen wir aus.

Wir wollten weder baden noch am Strand verweilen. Wir kannten dieses Idyll beide. Wir wollten reisen. Nach der wortreichen Abstinenz mit Micháli genoss ich die ausgiebigen Plaudereien mit Ludwig sehr. Bis hierher kannte ich alles. Von Préveli aus folgten wir einer kleinen Straße direkt am Meer. Hier war ich noch nicht gewesen. Ich kannte die Strecke mit dem Bus, der auf der breiteren, von der Küste weiter entfernt liegenden Straße fuhr. Vor Jahren waren meine Schwester und ich über Bále, der Busumsteigestation nach Plakiás, weiter nach Spíli gefahren, einer kleinen Gartenstadt am Fuße einer hohen Felswand. In der Ortsmitte von Spíli befindet sich ein venezianischer Löwenbrunnen mit etlichen Löwenköpfen, aus deren Mündern üppig das Wasser einer Quelle oberhalb der Stadt sprudelt. Ein schöner Platz zum Verweilen. Über Akoúmia fuhr der Bus weiter nach Ágia Galíni, dem ehemals kleinen Fischerdorf, dessen Häuser schon lange den ganzen Hang erobert haben und diesen Ort zu einem kleinen Städtchen hatten heranwachsen lassen.

Wir folgten also der kleinen Straße am Meer, die uns nach Ágia Fotíni führte. Ein idyllisches Plätzchen. Direkt am Wasser eine Taverne auf betoniertem Grund. Eine einfache, weiß getünchte, flache Betonmauer bildet die Begrenzung der Außenterrasse zum Meer hin. Ein überschaubares Gebäude mit Tavernen-Innenraum, in deren Außenmauer die Theke integriert ist. Klappe zu - Lokal geschlossen. Hier und heute war geöffnet. Kleine quadratische Tische mit weißen Platten auf blauen Beinen, dazu blaue Holzstühle mit geflochtener Sitzfläche. Rechts und links im Wasser einige Felsgebilde. Vor der Taverne, zum Meer hin, gegossene Betonplatten. Auf diesen am Tage von der Sonne aufgeheizten Flächen am Meer ließen sich sicherlich wunderbar die letzten Strahlen der Sonne genießen. Sonnenuntergang mit Fußbodenheizung und von Meerwasser umspülten Füßen, wie herrlich müsste denn das sein? Dazu ein Glas Wein, leise griechische Klänge, das Plätschern der Wellen - ein Traum!

Ludwig und ich bestellten uns einen griechischen Salat. Als Tagesmahl immer wieder zu empfehlen. Er macht zufrieden und lässt genügend Raum für die ausgiebigen Speisen am Abend. Zudem handelt es sich dabei um absolute Trennkost. Selbst wenn man das Brot zum Abschluss in das Gemisch aus Olivenöl, Schafskäse, Tomatenwasser, Salz und Pfeffer tunkt, passiert nichts. Schafskäse gilt als neutral, Brot zählt zu den Kohlehydraten.

Wir empfanden diesen Ort als ungemein richtig für uns, und so fragten wir den Ober beim Café-Frappé nach einem Zimmer.

„Full up. But if you like to come next time, here is our card."

Wahrscheinlich ist es hier wirklich erforderlich, frühzeitig zu buchen. Die Zimmerzahl ist gering, der Ort paradiesisch. Mehr Erholung als hier kann ich mir kaum vorstellen. Es ist schön, es ist ruhig. Der Ort bietet alles, was ein ruhebedürftiger Mensch braucht. Ludwig und ich waren jetzt nicht gerade ruhebedürftig, und dennoch wären wir gerne geblieben. Wenn ich jetzt an meine Schwester denke oder an mich, mit dem Bedürfnis des intensiven Schreibenwollens, empfinde ich diesen Platz als außerordentlich passend. Wir gingen über ein paar Holzplatten zurück zum Auto. Erst jetzt fielen mir die Tamarisken auf, mit den darunter stehenden Liegen auf grobem Kies.

Wie gesagt: Alles zur Erholung vorhanden!

Bevor ich das erste Mal nach Kreta reiste, waren mir diese Bäume nie aufgefallen. Wahrscheinlich hatte ich sie sogar vordem noch nirgends gesehen. Hier sah ich sie immer wieder nah am Meer stehen. Tamarisken kommen mit dem salzigen Meerwasser zurecht. Ihre hellgrünen, nadelartigen, fisseligen Blätter haben punktförmige Drüsen, mit denen sie in der Lage sind, Salz auszuscheiden. Sie wirken immer etwas unordentlich. Ihre Äste scheinen quer durcheinander zu wachsen, und oft machten sie mir den Eindruck, als ob sie das nächste Jahr nicht überstehen würden. Pustekuchen! Die Nadelblätter werden gelb und fallen zu Boden. Die dunklen Äste wirken schuppig und vertrocknet. Doch sobald es wieder Sommer wird, sprießen sie, die zartgrünen fisseligen Blätter, und spenden uns schönsten Schatten an griechischen Küsten und Stränden. Sie gedeihen im gesamten Mittelmeerraum, in salzhaltigen Trockengebieten Asiens und Afrikas, in Wüsten und Halbwüsten, Steppen und Gebirgen, entlang von Flüssen und an Quellen.

Wir fuhren weiter auf der schmalen asphaltierten Küstenstraße, die keinerlei Markierung aufwies. Rechts und links felsiges Gestein mit trockenem Grasbewuchs und büschelartigen Sträuchern. Das Meer leuchtete mal rechts von uns und dann wieder von vorne. Die Sonne schien allgegenwärtig. Die Straße stieg an und ab, ganz wie die Natur es vorgab. Wir erreichten Lígres-Beach.

Ein Parkplatz - ein Haus - ein Strand.

Auf den ersten Blick dachte ich: „Hm!", was beim Anblick dieses Parkplatzes auch nicht unbedingt verwunderlich ist. Viele Autos. Ludwig bat mich, nach einem Zimmer zu fragen. Ich ging durch die seitliche Schiebetür ins Lokal, das sich als überdachte, zum Meer hin offene Terrasse entpuppte. Wirklich schön. Keine Frage. Die meisten Tische waren zu Gruppentischen zusammengestellt und von Einheimischen besetzt. An Sonntagen gehen die Kreter mit ihren Familien gerne zum Essen aus. Väter, Mütter und Kinder, Enkel und Großeltern. Olimasien - alle zusammen. Ich fragte nach einem Zimmer und wurde an den schönsten Griechen verwiesen, den ich je gesehen hatte. Er war um die dreißig, cirka einsdreiundachtzig hoch, hatte langes, leicht welliges schwarzes Haar, deren vordere Partie er zu einem Zopf am Hinterkopf zusammengebunden hatte. Man hätte blind sein müssen, wenn man ihn hätte übersehen wollen. Er trug ein indisch anmutendes Gewand und hatte ein Lächeln, das die Engel im Himmel vor Begeisterung hätte dauersingen lassen müssen.

22.

Es gab ein Zimmer für uns. Direkt an der Terrasse mit einem Doppel- und einem Etagenbett. Für einen Dauerurlaub wäre dieses Zimmer nicht so geeignet, für ein oder zwei Nächte jedoch völlig ausreichend. 25 Euro für die Nacht für zwei - ein angenehmer Preis. Als ich zum Wagen zurückkam, grinste Ludwig:

„Ein schöner Mann, nicht wahr?!"
„Ja!", erwiderte ich lachend.
„Ein wirklich schöner Mann. Wahnsinn!
Darum hast du mich also alleine dort hineingeschickt."

Wir bezogen das Zimmer. Ludwig überließ mir das Doppelbett. Er breitete seine bunten Reisetücher auf dem unteren Etagenbett aus und verabschiedete sich für seinen Schlaf an den Strand. Bevor ich mich an die Balustrade der Terrasse setzte, tüddelte ich ein wenig im Zimmer herum. Ich brauche das einfach, um richtig anzukommen.

Die auf der Terrasse stehenden Tische mit gelb-, blau- und rotkarierten Tischtüchern sind mit Glasplatten belegt. Darunter Fotos, die das gesellige Beisammensein hier auf der Terrasse dokumentieren. Ich genoss das Sitzen in der Sonne, hatte mir Wasser und Wein bestellt und schrieb in meinem Tagebuch. Neben mir lag unser Zimmerschlüssel, an dem ein kleiner grüner Plüsch-Frosch hing.

Der Strand, wohl fünf Meter unterhalb, ist über eine Steintreppe zu erreichen. Man verlässt die Terrasse, ein paar Stufen abwärts, geht ein paar Meter über einen betonierten Steg und steigt dann, nachdem man ein aus drei Baumstämmen errich-

tetes und mit Tauen zusammengehaltenes Tor durchschritten hat, die letzten Steinstufen zum Strand hinunter.

Ich folgte diesem Weg. Legte den Schlüssel zu Ludwig und seinen Sachen und schlenderte mit den Füßen am Wassersaum den Strand entlang. Mein Blick fiel immer und immer wieder auf grüne Steine. Ich sammelte die schönsten zusammen, bis meine Hände keinen weiteren mehr aufnehmen konnten. Am Ende pflückte ich einen grünen, gummiartigen Stängel dazu, der farblich wunderbar zu meiner Steinkollektion passte. Man konnte ihn kaum im Grün der Steinsammlung ausmachen. Ludwig öffnete gerade wieder die Augen, als ich den Schlüssel zurücknehmen wollte. Sein Strandschlaf war vorüber. Wir blinzelten uns an und verabredeten uns zum Abendessen am letzten Tisch auf der Terrasse „in front of our room".

Ich bin immer so stolz auf meine Sammelsurien und so breitete ich die grünen Fundstücke auf der zum Wasser gerichteten Seite unseres Tisches aus. Wir genossen den Sonnenuntergang, bestellten zu essen und lernten uns im Wortetausch über die kleinen und großen Querelen unserer bisherigen Leben besser und tiefer kennen.

Ich wollte immer und immer nur Familie,
und Ludwig wollte genau das immer und immer nicht.

Ich hatte, wenn ich den Worten meiner Himmelsbotin Glauben schenken durfte, diesen starken Familienwunsch von unserer Mutter und unserer Großmutter übertragen bekommen, die ihn beide nicht nach ihren Sehnsüchten hatten leben können. Unsere Großmutter Elisabeth verstarb im Alter von 34 Jahren an Gallensteinen und musste ihre drei kleinen Kinder, acht-, sechs- und zweieinhalbjährig, zurücklassen. Somit konnte sie für ihre Kinder durch Krankheit und Tod keine gute Mutter mehr sein.

Unserer Mutter waren ihre Depressionen im Wege, die sie seit meinem zehnten Lebensjahr zwei Mal im Jahr für wohl zwei Monate überkamen. Ich erinnere mich so gut an ihre erste Herbst-Depression, an ihre erste große Traurigkeit, weil ich ihr ein paar Tage vor meinem zehnten Geburtstag gesagt hatte, dass wir ihn nicht zu feiern bräuchten, weil es für sie doch sicher viel zu anstrengend sein würde. Meine große Schwester wurde drei Wochen später dreizehn und unser kleiner Bruder im Februar drauf eins. Diese große Traurigkeit, verbunden mit ihren Pflichten als Laden- und Geschäftsfrau, hielten sie ihrem Gefühl nach davon ab, eine durchgängig gute, beschützende und zuverlässige Mutter zu sein, sein zu können. Sie war uns drei Geschwistern außerhalb ihrer Depressionen immer eine so wunderbare, liebende und verständnisvolle Mutter, wie es kaum besser hätte sein können, und wir lieben sie dafür heute immer noch, auch wenn sie uns an ihrem sechsundfünfzigsten Geburtstag aus freien Stücken verlassen hat.

Ist die Seele krank, das Leben nicht mehr zu ertragen, scheint manchem der Freitod die einzige Hoffnung auf ein Ende dieser Seelenqualen zu sein. Aus freien Stücken ist da nichts wirklich gewählt, auch wenn keine Fremdeinwirkung vorhanden ist.

Ihre Auszeiten prägten und forderten uns Kinder unterschiedlich. Jedes verhielt sich nach seinen Fähigkeiten. Bei mir rief es das Umsorgen der Mutter, das des kleinen Bruders und das des Ladens hervor. Nie fühlte ich mich fürs Essen und Trinken zuständig, dafür fehlt mir von jeher jegliches Gen. Ich pflege die Seelen und sorge für ein schönes und wohliges Zuhause.

Den Laden unserer Mutter habe ich schon immer geliebt. Von klein auf stand ich an ihrem Rockzipfel. Dekorierte was das Zeug hielt und verpackte mit sechs Jahren meinen ersten Plastik-Lkw. Ich erinnere mich genau, wie das blöde Ding immer wieder vom Papier rollen wollte, bis meine Mutter mir den Trick verriet. Sie legte den Kipplaster auf den Rücken, und schon war es machbar. Der Kipper kippte nicht mehr hoch, und die Räder rollten nicht mehr fort. Ich fühle noch ihren warmen weichen Körper, wie sie da so hinter mir steht, die Arme rechts und links an mir vorbei zum Laster greifend und mir mit Rat und Tat behilflich ist. Eine wahrlich herrliche Mama.

Für mich war unser Laden an der Seite unserer Mutter das Paradies. Und ein großer Teil meines Paradieses ist dieser Laden auch heute noch. Unsere Mutter mochte ihren Laden. Sie war gerne die Ladenfrau Olga, und dennoch hielt sie diese Arbeit von ihrem tiefsten inneren Wunsche fern. Sie wollte die liebevoll umsorgende, gute Mutter und Ehefrau in einem kleinen friedlichen Familienhaushalt sein, nicht mehr und nicht weniger.

Durch die auf mich unbewusste Übertragung meiner mir vorangegangenen Familienfrauen, Oma Elisabeth und Mutter Olga, wollte auch ich Familie - Familie um jeden Preis. Der Wunsch, eine gute Mutter zu sein, sein zu können, hatte auch bei mir oberste Priorität. Ohne das Zueinandergehören, das Zusammenspiel der ganzen Familie, Vater, Mutter, Kind bzw. Kinder, war wirkliches Glück in meinem Denken und Fühlen für mich nicht möglich, nicht vorstellbar. Ihr Zusammensein - ihre Einheit - war für mich die absolute Voraussetzung für die Anwesenheit von Glück - zumindest bis zum August 2011.

Meine Vorstellungen dahingehend waren deutlich anders als die unserer Mutter. Ich wusste ja, dass das Ladenleben meiner

Mutter uns Kindern nicht geschadet hatte. Dazu war der Vater meiner Kinder mit seinem handwerklichen Geschick, seinem ausgeprägten Koch-Gen und seiner großen Freude und Lust am Vatersein ein hervorragender Hausmann. Ich war gerne Mutter und Ladenfrau und statt des Koch-Gens von Natur aus mit einem außerordentlichen Räum-Gen ausgestattet, das mich gewisse Unzulänglichkeiten im Haushalt am Abend gerne und ohne Stress in Ordnung bringen ließ. Alles hätte so gut sein können. Wir hätten das perfekte Familienleben haben können. Wir hatten es, zehn Jahre und immer wieder, ausgenommen der Zeiten, da mein Familienmann außerhäusig liebte.

Das schwächte mich immens. Ich bemerkte sein Fremdgehen. Ich versuchte, damit zu leben. Ich konnte es nicht. Ich brach zusammen. Meine verzweifelten Worte, er möge das jeweilige Verhältnis bitte beenden, beinhalteten immer die Aussage, dass ich so keine gute Mutter mehr sein könne - keine gute Mutter und keine gute Ladenfrau, als die ich doch für das Familien-Einkommen zuständig war. Wenn bei mir nichts mehr ging, ich in beiden Rollen nicht mehr funktionieren konnte, beendete er seine jeweilige Liebschaft, mit mehr oder weniger schmerzhaften Gefühlen für ihn, und reichte mir die Hand für eine erneute Phase monogamen Zusammenseins als Mann und Frau.

Ein komisches Spiel, ein mehrfach wiederholtes. Jedes Mal nahm ich ihn beim Wort. Jedes Mal empfand ich die Familie als gerettet. Jedes Mal glaubte ich an Für-immer-und-Ewig. Jedes Mal berappelte ich mich schnell, und jedes Mal wurde ich von Tag zu Tag stark und stärker, glücklich und glücklicher - bis ich meinem Mann wohl wieder zu glücklich und zu stark erschien, dass er mich, aus welchem Grunde auch immer, erneut zu schwächen suchte.

Hätten wir dieses Muster erkannt, hätten wir um das Spiel zwischen stark sein und schwächen müssen gewusst, um die unbewussten Machtkämpfe beider Parteien, hätten wir sie vielleicht auflösen können und wären heute immer noch diese wahrlich gute Familie. Leider war dem nicht so. Leider kam mir diese Erkenntnis erst viele Jahre nach unserer Trennung, und so begann das Spiel der Untreue so oft von neuem und von vorne, bis unsere Kinder in die Welt hinausgezogen waren und wir als Eltern nicht mehr so wirklich gebraucht.

Wohl sieben Mal, ich weiß es nicht mehr genau, musste ich durch diese Hölle. Alle meine Eingeständnisse nützten nichts. Am Ende, nach zweiundzwanzig Ehejahren, verließ die Vaterfigur unserer Familie, gleich nach dem Auszug unserer Kinder, das Familienschiff, und ich musste, ob ich es nun wollte oder auch nicht, alleine weiterrudern. Elf Jahre ohne Steuermann, ohne Bootsmann, ohne Chef der Kombüse und elf Jahre mit dem Gefühl, unseren, wenn auch inzwischen erwachsenen Kindern, keine gute Mutter mehr sein zu können. Elf Jahre hoffte ich, dass unser Familienmann an Bord zurückkehren würde, unser Familienschiff wieder komplett zu machen, damit das Glück die Chance bekäme, neu bei uns einzuziehen.

Ich mochte unseren Kindern keine Last sein und wusste gleichzeitig, dass ich es ihnen durch meine Traurigkeit dennoch war. Nie hätte ich mir träumen lassen, dass ich eines Tages der eine Teil eines getrennten Elternpaares sein würde, das Überbleibsel einer vierköpfigen Familie in einem großen Familienhaus, in ausschließlicher Begleitung eines getigerten Katers.

Prägungen und Übertragungen haben oftmals einen so starken Einfluss auf uns, dass wir alleine nicht in der Lage sind, dieser Nummer zu entkommen. Wer Glück hat, trifft seinen

Heiler, einen Befreier, der genau das passende Instrument hat, uns dort herauszuhelfen.

Ich hatte Glück!

Am tiefsten Punkt meines Seins, kurz bevor ich dem Leben nichts mehr abgewinnen konnte, traf ich auf meine Heilerin. Ich hatte den Tipp von meiner Schwester bekommen, die mit nicht beweisbaren Theorien so gar nichts am Hut hat.

Sie sagte: „Elisabeth, ich habe da eine Frau kennengelernt, die etwas macht, was ich nicht verstanden habe und mit dem ich auch nichts anzufangen weiß, und dennoch glaube ich, dass du dort einmal hingehen solltest."

Ich folgte ihrem Wink, ergriff den Strohhalm,
traf diese Frau - meine Heilerin - und war binnen
zweieinhalb Stunden zurück im lebendigen Leben.

Seitdem nennt Susanne mich ihre Wundergeheilte.

Kurz nach der Geburt unseres ersten Enkelkindes, 10 Jahre nach seinem Weggehen, bestand unser Familienmann bei Familienfeiern auf das Einbringen seiner neuen Lebensgefährtin in unseren Familienkreis. Für unsere Tochter war das kaum und für mich gar nicht auszuhalten. Es passte nicht zu unserem Familiengefühl. Unserem Sohn war es einerlei. Er hielt es für normal, dass der Vater auch zu Familienfeiern unserer Familie von seiner neuen Partnerin begleitet werden würde. Beide Männer bewegten sich nicht. Als ich mich um des Familienzusammenhaltes selbst dort noch bewegen wollte, überstieg ich eindeutig die Möglichkeiten meines Ichs. Es passte nicht zu meinem Denken. Es passte nicht zu meinem Fühlen. Es passte überhaupt nicht zu allem, was mich je ausgemacht hat. Die Grenze meines Machbaren war erreicht. Mein Körper, meine Seele, mein Alles brachen zusammen, als ich diesen Punkt überschreiten wollte, als ich für den Familienerhalt, den Familienfrieden etwas tun wollte, mit dem mein Denken und Fühlen so absolut nicht übereinstimmten.

Mein Leben hätte hier zu Ende sein können, denn kleiner machen ging nicht. Phönix aus der Asche oder Tod? Ich war kurz vor meinem sechsundfünfzigsten Geburtstag. Mein Vater war mit fünfundfünfzigeinviertel an Krebs verstorben. Meine Mutter hatte sich vier Jahre später, an ihrem sechsundfünfzigsten Geburtstag das Leben genommen. Da denkt man als Kind so früh verstorbener Eltern sowieso nicht, dass man diese Zahl je überschreiten werde. Auch die Gefühle meiner drei Jahre älteren Schwester fuhren am Tag ihres sechsundfünfzigsten Geburtstages Achterbahn, und unserer Mutter hatte das Überschreiten des Lebensalters ihrer Mutter an ihrem vierunddreißigsten Geburtstag auch sehr zu schaffen gemacht.

Ich hatte wirklich Glück! Ich traf auf meine Himmelsbotin. Ich bekam es hin, sie anzurufen. Sie erkannte meine Not und machte mir schnell einen Termin frei. So schlecht war es mir selten ergangen, auch wenn ich vordem häufiger mal gedacht hatte, dass der nächste Brückenpfeiler meiner sein könne und ich schon einiges an äußerst unglücklichen Gefühlen durchlebt hatte.

Reicht dir ein Engel die Hand, kannst du sie nehmen,
dann hast du Glück, dann kannst du weiterleben.

Wahrscheinlich ist das der Punkt. Kurz bevor du aufhörst, deinem Denken und Fühlen zu folgen, kriegst du die Kurve – oder auch nicht. Sich selbst zu verraten, seine tiefsten Überzeugungen aufzugeben, für welchen Kompromiss, welches Ergebnis auch immer, kann nicht gesund sein.

Ludwig hingegen wollte keine Familie, nie. Er sorgte mit seinem Bedürfnis nach absoluter Freiheit dafür, dass die Sehnsucht seiner Eltern, insbesondere die seines Vaters, nach genau dieser Freiheit erfüllt wurde. Ob es sich bei ihm auch um einen „Übertragungsfehler" handelt, weiß ich nicht, möglich wäre es jedoch allemal. Heute ist er frei von Aufgaben und Taten, die er für andere erledigen musste und lebt, genau wie ich, sein Leben nach seinen Wünschen. Er lebt seine Zweisamkeit, und er lebt seine Lust am Reisen und an Kreta im Einvernehmen mit seiner Margarete. So gerne ich auch die Mutter und Familienfrau in unserer Vierergemeinschaft war, so sehr nahm mich die Übertragung meiner Vorfahren nach dem Weggang meines Ehemannes auch gefangen. Freiwillig hätte ich meine Familie nie aufgegeben. Doch hatte ich eine Wahl?

Wir alle haben unsere Prägungen, kleinere wie größere. Erkennen wir sie, werden sie uns bewusst, können wir uns von ihren Fesseln befreien, die Rätsel unseres Handelns auflösen und wunderbar, zufrieden und glücklich leben.

Ich bin froh über meine Begegnung mit Ludwig, und ich bin dankbar für unseren tiefen Seelenaustausch. Wir verstanden uns auf Anhieb. Wir lernten viel voneinander.

Wir gingen zu Bett. Er auf die untere Matratze des Etagenbettes und ich auf die breite, ausladende Elternmatratze, genau wie es unseren Prägungen von jeher entsprach.

Des Nachts rauchten wir, in unsere Bettlaken gehüllt, unterhalb vier von der Decke herunterhängenden Suppenkellen eine Wieder-Einschlaf-Zigarette. Dabei begleiteten uns auf der menschenleeren Terrasse unseres Nachtquartiers der Klang eines Windspieles, das Rauschen der Wellen und die sanften Töne des Windes. Am Morgen saßen wir wieder an der Balustrade und aßen Joghurt mit Früchten zu unserem Nescafé. Wir hatten es wirklich gut miteinander.

23.

Micháli hatte wie versprochen am Abend angerufen, durchgeklingelt wäre irgendwie passender. Ich verließ kurz unseren Platz auf der Terrasse, entfernte mich in eine ruhigere Ecke und rief ihn zurück. Am Telefon war die Konversation noch beschwerlicher als im direkten Gegenüber. Wir waren freundlich, wir waren wohlwollend. Er fragte, wo ich sei. Ich versuchte es zu erklären. „I miss you. Glad to see you in a few days. All good? Kisses a lot. Kaliníchta", sagte er. Was konnte er auch manchmal für ein Herzchen sein!

Kann man sich in ein Bettlaken verlieben?

Man kann! Das Bettlaken dieser Nacht war so weich, so besonders, so kuschelig, dass ich es am liebsten für immer und ewig bei mir getragen hätte. Als zweite Haut, als Trostspender, als spontan genutzte Hülle, als überdimensionales Kuscheltuch. Warum nur hatte ich nicht nach seinem Erwerb gefragt? Warum hatte ich die Frage als albern eingestuft? Warum waren mein Mut und meine Traute kleiner gewesen, als mein Wunsch groß? Mit Sicherheit hätte man es mir gerne für einen kleinen Obolus überlassen. Ich denke immer wieder an das Tuch dieser Nacht, das dermaßen häufig gewaschen und an der Luft getrocknet worden sein musste, dass sich all seine Steifheit im Wasser gelöst und vom Wind des Meeres hatte fortwehen lassen. Wünsche, Sehnsüchte, Freuden, ob kleine, ob große, bedeutende oder nebensächliche - egal - sind sie erfüllbar, machbar, lebbar, sollten wir ihnen nachgehen und sie nicht durch unser eigenes Denken beschneiden! Fragen kostet nichts, und auch ein Nein muss man sich abholen.

Wir zahlten unsere Rechnung und machten uns auf nach Ágia Galíni. Wieder fuhren wir meist direkt an der Küste entlang. Wir blickten auf einsame Strände, in kleine Buchten und auf weitläufige Strandabschnitte. Oft hatte ich den Eindruck, dass es sich hier um einen einzigen langgezogenen Strand handelt, der dann und wann von mehr oder weniger üppigen Felsen unterbrochen wurde. Hier müsste es möglich sein, der Küste folgend, nah am Wasser entlangzuwandern, ohne allzu große Umwege über die Berge gehen zu müssen. Vielleicht werde ich es eines Tages ausprobieren, alleine oder gar mit meinem Lieblingsreisebegleiter Ludwig zusammen.

Ich fotografierte mehrere Ansammlungen von Sonnenschirmen und Sonnenliegen, die mal ganz türkis, mal rot-orange, mal rot und grün unter Palmwedeln oder auch blau, auf dem Rücken liegend, daherkamen. Wir passierten den Strand von Triopétra, der mit drei markanten, aus dem Wasser ragenden Felsen endet.

Mal war der Weg asphaltiert, mal nackter, sandfarbener, abgetragener Fels. Braungelbe Disteln wuchsen zwischen kargem Gestein. Ein Boot stand aufgebockt vor einem alten Zaun unter Bäumen. Eine lange Treppe führte eine Felswand hinunter, an deren Ende zwei Boote im Wasser lagen. Ludwig stoppte abrupt und sagte: „Das musst du sehen!"

Hinter einer grünen Wand aus unterschiedlichen Gewächsen standen auf einer ordentlich betonierten Fläche braun gestrichene Holzstühle an weißen Tischen unter einem Dach aus Tamarisken. Zum Meer hin ein kleiner Zaun, der ebenfalls völlig umgrünt war. Die Seiten des Fußbodens lagen voll von trockenen, braunen Tamariskennadeln. Kurz darauf erblickten wir den auf einzelne Steine geschriebenen Hinweis: Hotel Ágios Pávlos. Die drei Ooos hatte der Beschrifter eingespart. Hierfür hatten ihm die Ovale der aufgestellten Steine völlig ausgereicht. Nicht schlecht!

In Ágios Pávlos, das außer dem Namen nichts mit der kleinen Kirche am Strand vor Ágia Rouméli gemein hat, war Schluss mit der Küstenfahrt. Wir fuhren über Ágia Triáda bis zur großen Straße, die uns rechts nach einigen Kilometern wieder hinunter an die Küste nach Ágia Galíni führen würde. Es ging kurvenreich durch die Berge. An einigen Stellen schwarz gebrannte Bäume und Sträucher vom Flächenbrand des Sommers. Die Straße asphaltiert. Die Gegend karg und felsig. Die verrußten Bäume als Mahnmal am Straßenrand. Gespenstisch, wie auf einem fremden Planeten.

An der großen Straße eine Tankstelle.

„Da tanken wir doch gleich einmal.
Haben wir noch etwas in unserer Reisekasse?"

Wir hatten vor unserer ersten Übernachtung ein gemeinsames Portemonnaie beschlossen. Jeder hundert Euro hinein und fertig! Ludwig stellte die Frage, ich antwortete mit „Ja!" Nach dem Tanken, je Liter 1,93 Euro, war jedoch Nachschub erforderlich. Ich konnte direkt nachlegen. Ludwig brauchte einen Geldautomaten.

In Ágia Galíni würden wir fündig werden. Wir fuhren hinunter zum Hafen, dem Hauptplatz von Ágia Galíni. Die rechteckige, weite Fläche, die hauptsächlich als Parkplatz genutzt wird, endet direkt am Wasser. Ausflugsschiffe. Fischerboote. Ockergelbe und türkisgrüne Fischernetze. Bänke mit Blick aufs Meer.

FISHING TRIP WITH ELIZABETH BOAT
EVERY DAY FROM 10:30 - 16:30 O' CLOCK

Es war immer noch da, mein Boot.

Bei meinem ersten Besuch in Ágia Galíni, in Begleitung meiner Schwester, stand neben diesem Hinweisschild ein kleiner Holztisch mit einem Stuhl dahinter. Ich setzte mich damals darauf, und meine Schwester fotografierte mich für ein Beweisfoto für unsere Lieben zu Hause, damit auch sie sehen konnten, dass ich hier auf Kreta ein eigenes Schiff besaß.

In meinem Laden zu Hause gibt es eine Karte mit einer Katze darauf, die in genau dieser Position am Meer sitzt. Ihr Tisch eine Obstkiste, ihr Stuhl ebenso. Ihr Blick bereit für ein Informationsgespräch über die Modalitäten ihrer Schifffahrtsangebote. Für mich bin ich das, die Elisabeth Katz, in einer ihrer früheren Gestalten.

Wir parkten. Wir schauten den Hafen, mein Schild, die Fischernetze, das Meer. Zur anderen Seite blickten wir auf den Felsen, der bis in die höchsten Höhen bebaut war. Eine begrünte Terrasse neben und über der nächsten. Ganz rechts auf zweiter Ebene Madame Hortense, ein Restaurant mit großer Terrasse, auf der wir damals einen illustren Abend verbracht hatten. Meine Schwester plauderte auf Französisch mit

der französischen Besitzerin. Sie hatte eine gewisse Ähnlichkeit mit der Madame Hortense aus dem Film Alexis Zorbas in der Verfilmung mit Anthony Quinn aus dem Jahre 1964. Darunter eine Cocktail-, Café- und Wein-Bar mit ebenso großer Außenterrasse und dem Namen Zorbas. Wir können wohl davon ausgehen, dass zwei der Hauptfiguren aus dem 1946 erschienenen Buch von Nikos Kazantzakis als Namensgeber für diese beiden Lokale Pate gestanden haben.

Über den beiden Häusern ist das Hotel Akteon, daneben ein Hotel mit Namen Selena und wieder daneben der Roofgarden eines weiteren Restaurants. Die meisten Gebäude sind weiß getüncht, mit überwiegend blauen Holzelementen. Hoch oben in letzter Reihe steht ein üppig bewachsenes Haus mit heller Außenfassade, ockergelben Wand-Elementen und türkisgrünen Fensterläden, genau wie die Farben der Fischernetze hier unten am Hafen. Erofili - rent rooms. Es fällt ins Auge und macht neugierig.

Ludwig und ich machten uns auf und marschierten Kurve um Kurve den Berg hinan, um dieses Haus zu finden. Gemächlichen Ganges, Schritt für Schritt gingen wir die schmale Straße hinauf. Oben angekommen, erkannten wir das Gebäude sofort. Auch hier war alles in den drei Farben Creme, Gelb und Türkis gestrichen. Gegenüber eine Bar mit einem Pool, sehr klug. Hinter dem Haus, von der Straße aus gesehen davor, ein paar Sitzplätze neben einer doppelflügeligen Eingangstür. Auch sie war vollkommen umgrünt. Dahinter ein weiter flacher Raum mit glattgewetztem Betonfußboden. Rezeption, Frühstücksraum und kühler Aufenthaltsort an sonnenreichen Tagen in einem. Seitlich führt eine Treppe hinauf zu den Zimmern. Fünf hohe, schmale, doppelflügelige Türen verbinden diesen schattigen Raum mit der davorliegenden großzügigen Terrasse, die über und über mit rosa Bougainvilleen bewachsen war.

Als wir wieder unten am Hafen zurück waren, gingen wir etliche Stufen hinauf ins Innere von Ágia Galíni. Man kann es wirklich so sagen. Treppen, kleine Gassen, Geschäfte aller Art und dazwischen kleinere und größere Lokale. Wir wählten eine Café-Bar am Kreuzplatz. Hier konnten wir nach rechts und links die Straße hinauf- und hinunterschauen und hatten gleichzeitig den Blick auf die Treppe hinunter zur Fahrstraße des Ortes. Kaffee, Wasser, Keks und Orangensaft. Während Ludwig die Pause genoss, schaute ich in den umliegenden Läden nach Olivenholz-Ohrclips. Keine da. Dafür erwarb ich Kaugummis, zwei weitere Blöcke für meine Notizen und etwas Obst.

Ludwig erkundigte sich nach dem nächsten EC-Automaten. Wir fanden ihn an einer Kurve am Ende des Ortes. Geld gab es für Ludwig dennoch keines. Maschin kaputt. Von Ágia Galíni fuhren wir weiter bis Timbáki. Hier führte uns die große Straße direkt durch den Ort. Beidseitig Geschäfte mit allem, was der Kreter so braucht. Von Fernsehapparaten über Lampen, Handys, Möbel, Brautkleider bis hin zu Wassertonnen und Gummischläuchen in Schwarz, Blau, Gelb und Grün war alles zu haben. Direkt gegenüber den Gummischläuchen ein Geldautomat. Er funktionierte, und Ludwig war glücklich, wieder flüssig zu sein. Das gab ihm eindeutig ein besseres Gefühl. Dieser Mann braucht es einfach, autark zu sein, unabhängig und frei. Hundert Euro in unser Portemonnaie, den Rest in sein Reservoir.

24.

Am Hinweisschild von Kalamáki bogen wir nach dorthin ab. Wir waren beide unabhängig voneinander immer wieder gerne hier gewesen. Ein kleiner Ort mit langer Strandpromenade. Folgt man an deren Ende immer weiter dem breiten Sandstrand, kommt man automatisch zum Kómo-Beach, kurz vor Pitsídia. Ich war gespannt, ob meine Lieblingstaverne vom ersten Besuch hier in Kalamáki noch da sein würde und ob sie inzwischen einen neuen Wirt gefunden hatte. Sie befand sich mit ihrer großen Terrasse vor der eigentlichen Promenade, genau an der Ecke auf der anderen Seite der Straße, die direkt am Strand endet. Sie hatte ein Geländer aus dicken, blau gestrichenen Holzbohlen und lag bestimmt einen Meter über Straßenniveau. Am hinteren Ende befand sich die Küche. Eine einfache, stabile Holzkonstruktion bildete das Gerüst für das mit eternitartigen Platten eingedeckte Dach. Einige Betonstufen führten hinauf. Direkt vor dieser Terrasse war der Aufgang zum Psiloritis, einem gelben Haus mit guten Zimmern und weiten Innenterrassen. War ich in Kalamáki, wohnte ich dort.

Die Terrasse war noch da, immer noch verwaist. Dickblättriges Grünzeug, unserer Fetthenne ähnlich, umgab von jeher die Terrasse. Längst wucherte es die Betontreppen hinauf und lies uns kaum einen Fußbreit Raum zum Hinaufsteigen. Verwaist, verwaist, verwaist eben. Wieder hatte ich den Wunsch, diesem Fleckchen Kreta Leben einzuhauchen. Meine Schwester und ich sagten es uns jedes Mal, wenn wir hier waren, dass dies doch bitte unsere Taverne sein möge.

Wir gingen ein Stück die Strandpromenade hinauf, und auch wenn wir diesen Ort eigentlich mochten, verdarben uns die vielen Lokale mit ihren Lounge- und Cocktailbestuhlungen

die optische Freude. So war unser Kreta nicht. Hier sollten sich gerne andere vergnügen. Wären wir hier die Bestimmer, würden wir eine Möbelsatzung erlassen und eine Rückbestuhlung veranlassen. Jenseits unserer verwaisten Taverne, also an der anderen Seite der Terrasse, fanden wir ein geeignetes Plätzchen oberhalb des kleinen Strandes am Anfang des Ortes.

Als meine Schwester und ich das erste Mal ohne wirklichen Plan hierhergekommen waren, war dieser Strand das erste, was wir von Kalamáki erblickt hatten. Wir waren zu Fuß von Ágia Galíni gekommen, hatten in Kókkinos Pírgos, nach einem Drittel der Strecke, direkt am Hafen in einer sonst menschenleeren Taverne eine Kaffeepause gemacht. Nach dem zweiten Drittel genossen wir einen Strandschlaf auf den Liegen einer am Tag verwaisten Nacht-Bar. Nach sieben Stunden überlegten wir, ob wir weiterhin unten am Strand entlanglaufen sollten oder besser oberhalb der Klippen. Wir entschieden uns für den Strand, der dann jedoch nach einer weiteren Stunde abrupt vor einer ins Wasser ragenden Felswand endete. Kurz zuvor stürzte meine Schwester auf großen, von Wasser umspülten Steinplatten und landete mit ihrer rechten Hand direkt auf einem Glückspfennig. Hm! Was tun? Wir hätten die Strecke zurückgehen können, um oberhalb der Felsen einen gangbaren Weg zu finden. Danach stand uns jedoch mit unseren 13 Kilogramm schweren Rucksäcken so gar nicht der Sinn. Ich stellte meinen Rucksack ab, zog die Wanderschuhe aus, band mir mein Kleid hoch, und watete durchs Wasser.

„Ich glaub es nicht!", rief ich aus tiefster Freude.
„Katharina, wir haben es geschafft!"

Zwei, drei, vier Meter durchs Wasser gewatet, und schon standen wir trockenen Pos hier am Strand von Kalamáki.

Ist es nicht einfach wunderbar? Immer wenn wir an unsere vermeintlichen Grenzen stoßen wollen und dann plötzlich eine Erlösung aus der Misere daherkommt, überfällt uns das Glück in großem Maße, und schon stehen all unsere Honigkuchenpferde freudig wiehernd bereit. Vielleicht lieben wir diese verlassene Taverne auch deshalb so sehr, weil sie damals unser erster Anlaufpunkt nach dieser so langen, langen Wanderung war.

Eine große Tamariske, eine mit ein paar Holzpfählen und dickem Tau begrenzte Terrasse mit grobem Schotter, ein paar braune rechteckige Holztische mit dazu passenden Stühlen sollte der Ort unserer jetzigen Pause sein. Maria, die blonde Tavernenwirtin, saß am äußersten Eck im Schatten. Ich hielt sie für eine Touristin. Ludwig und ich sagten: „Hallo", und sie fragte uns wie selbstverständlich auf Deutsch, ob sie uns etwas bringen könne. Nachdem sie den Orangensaft serviert hatte, kamen wir nett ins Gespräch. Sie hatte jahrelang in Deutschland gelebt, sei als Zehnjährige mit ihren Eltern dorthin ausgewandert und nun seit ein paar Jahren zurück. Im Sommer lebe sie mit ihrem Mann in Kalamáki, im Winter zögen sie nach Heráklion. Sie vermieteten ein paar Zimmer, vermittelten dazu Ferienhäuser anderer Besitzer und hätten hier dieses Speiselokal am Strand mit dem idyllischen Plätzchen am Wasser. Ihr Mann sei ein leidenschaftlicher Koch. Trotz der griechischen Finanzkrise ginge es ihnen, wie den meisten Kretern, noch recht gut, auch wenn die Steuerlast wöchentlich zunehme. Kreta sei zum Glück immer noch eine recht beliebte Reiseinsel.

Wir fuhren an Pitsídia vorbei
hinunter bis nach Kalí Liménes - den Guten Häfen.

Bis zum einsam gelegenen Kloster Odigítrias ist die Straße asphaltiert. Danach folgten wir der Schotterpiste durch die

Berge bis hinunter ans Meer. Ein seltsamer Ort. Schon von weitem sahen wir die vier auf einer vorgelagerten Insel errichteten Öltanks, die der Lagerung von Rohöl dienen. Tanker transportieren das meist aus Libyen stammende Öl hierherüber. Ein langer bleifarbener Strand kommt in Sicht. Zwischen der schmalen Straße und dem breiten Strand befindet sich ein Grünstreifen aus Tamarisken und anderem Grün. Darunter Zelte und einfache Hütten aus allerlei Materialien. Eine Taverne mit Toiletten und Duschräumen ist das Kernstück des Campingplatzes. Wir setzten uns an einen der Tische direkt am Strand und bestellten unseren griechischen Mittags-Salat. Wirklich schön ist es hier nicht, auch wenn es gleichzeitig doch irgendwie schön ist, skurril und schön. Die graue Farbe des Kieselstrandes ist ebenso wenig berauschend wie die recht unschönen Hüttenbauten der Wochenendcamper. Die Öltanks erinnern an ein Industriegebiet. Es ist wild, es ist unordentlich, es ist ursprünglich, und wahrscheinlich ist es diese Ursprünglichkeit, die diesem doch eher unschönen Ort die Schönheit der Einfachheit verleiht.

Ich denke da an: Zwölf Uhr mittags - High Noon, einen Western aus dem Jahre 1952 in Schwarz-Weiß. Ich sehe im kargen Nichts dieses Filmes einen Mann in lässiger Haltung an einen Telegraphenmast gelehnt stehen. Ein Bein abgeknickt, den Fuß am unteren Ende des Telegraphenmastes aufgestützt. Wartend, lässig oder gelangweilt, steht er da, seinen Cowboyhut gegen die Sonne tief ins Gesicht gezogen. Er wartet, auf einem Hölzchen, einem Zahnstocher gleich, herumkauend, auf seinen Widersacher. Der Wind weht wie von Geisterhand vertrocknete Busch- und Grasbüschel über die Ebene. Es passiert nichts, und dennoch ist da Spannung pur.

Kein Mensch am Strand. Mit uns in der Taverne saßen fünf oder sechs Motorradfahrer in ihren Lederkombis. Warum sieht

das für mich immer nur so albern aus? Dreieckstüchlein um den Hals, ein paar Tätowierungen am Arm und überhaupt. Nichts scheint da so richtig erwachsen werden zu wollen. Was bin ich hier denn gerade wieder für ein Vorurteilskasper? Weg damit!

Am Strand fotografiere ich einen einsam da so herumliegenden, goldfarbenen Fußball, eine Zweipersonendusche und zwei Kunstoffsonnenschirme. Letztere einmal mit den Öltanks im Hintergrund und einmal ohne, nur mit dem Meer und dem blauen Himmel dahinter. So ist das mit den Realitäten. Sie sind nicht immer die, die man uns vorgaukelt, oder die, die wir zu sehen glauben. Wir verließen das spröde Kalí Liménes, die Guten Häfen am Ende der Welt, und machten uns auf nach Léntas.

Wir fuhren die kleine Küstenstraße weiter, an der uns nichts touristisch hergerichtet schien. Auch hier war alles ursprünglich und rau. Eine kleine Schafherde graste am Straßenrand. Bananenstauden wuchsen unter Folien-Gewächshäusern. Ein ausrangierter Überlandbus stand abgestellt auf einem Platz am Straßenrand, der als Müllabladeplatz zu dienen schien. Rechts begleitete uns fortwährend das glitzernde Meer, vom hellen Sonnenlicht durchgängig beschienen. Trockene braungelbe Grasflächen. Kleine Buchten. Ein Briefkasten, aus einem leeren grünen Plastikkanister gefertigt, zierte die Einfahrt eines kleinen, grau verputzten Wohnhauses, auf dessen Dach eine Satellitenantenne befestigt war. Daneben stand ein grüner, eindeutig fahruntüchtiger Kleinstlaster auf drei Rädern. Auf dessen Ladefläche lagerten Holzkisten. Der Lenker im Führerhäuschen war der eines Fahrrades. Putzig.

Schotterwege. Nichts als Schotter unter den Rädern unseres Gefährts. Vier Kilometer vor Léntas, in Dytíko, stießen wir wieder auf asphaltierte Straßen. Spontan, spontaner, am spontansten machten wir in der ersten Parkbucht Halt. Wir betrachteten unser Drumherum und beschlossen, im Haus direkt vor unserer Nase nach einem Zimmer zu fragen. Von außen sah das nicht so toll aus, doch hatte diese Herberge alles, was wir brauchten. Mein Ludwig, Ludwig, mein Ludwig bekam seinen Spät-Nachmittags-Schlafplatz am Strand, ich meine oberhalb liegende Terrasse, wir ein großzügiges sauberes Zimmer mit Bad und zwei getrennten Betten und unser Auto einen Parkplatz in unserer Nähe. Ludwig war schnell an den Strand verschwunden. Ich wusch meine Tagesklamotten durch, hängte sie auf einen grünen Plastik-Bügel vor die weiße Hauswand an den dafür vorgesehenen Haken und genoss die letzten Sonnenstrahlen schreibend auf der Terrasse oberhalb des Strandes.

Das Haus gegenüber unseres Nachtquartiers war über und über mit Bougainvilleen bewachsen. In der ersten Etage ein Speiselokal mit großer Außenterrasse, im Erdgeschoss ein Laden mit vielen bunten Sachen. Schmuck aller Arten neben Schmuck aller Arten, außer Olivenholz-Ohrclips, die gab es auch hier nicht. Die Betreiber, übrig gebliebene Hippies unserer Tage, gekleidet wie damals, nur mit älter gewordenen Gesichtern. Bevor wir zum Abendessen nach Léntas aufbrachen, wollte Ludwig seinen Sonnenuntergang filmen. Er stand mit etlichen Personen auf einem Flachdach neben dem Parkplatz unseres Autos. Alle guckten durch ihre Linsen. Alle warteten auf die ein, zwei, drei richtigen Momente, die einen guten Sonnenuntergang ausmachen. Erst wollte auch ich, doch schnell bemerkte ich, dass das Schauspiel derer, die das Schauspiel der untergehenden Sonne beobachteten, für mich viel interessanter war.

25.

Léntas wollte gerade Grau in Grau fallen, als Ludwig und ich einen letzten Blick in die Bucht, auf den Strand und das Wasser dieses kleinen beschaulichen Ortes warfen. Wir kannten Léntas bei Licht und bei Sonne, und so reichte der kurze Abendblick, um unsere Erinnerungen aufzufrischen. Léntas war nie der Ort für den typischen Tourismus gewesen. Von Anfang an hatte Léntas sein Herz den Hippies geschenkt und die Hippie-Generation diesem kleinen Küstenort das ihre. Sie sind sich bis heute treu geblieben, die alten und nachwachsenden jungen Freigeister und der kleine Küstenort und seine Bewohner.

Wir aßen in Ludwigs Erinnerungstaverne, ein paar Treppen aufwärts, auf einer aufgebockten Terrasse, von der wir einen guten Blick auf den kleinen Dorfplatz hatten. Menschen in der gegenüberliegenden Abendbar. Menschen auf dem Dorfplatz. Menschen an den Nachbartischen unseres Essplatzes. Wir bestellten unterschiedliche kleine Speisen. Wir hatten uns einfach nicht entscheiden können zwischen all den kleinen Leckereien, und so nahmen wir von allem etwas, was keine Kohlehydrate hatte. Das Beste von allem war das aufgeschnittene und mit Spinat und Schafskäse gefüllte Hühnerfilet mit den dazu gereichten Okraschoten.

Stockfinster war's, als wir an unserem Nachtquartier in Dytíko zurück waren. Alles war still. Kein Mensch mehr wach. Ich fotografierte mit dem Blitz das Ortseingangschild von Dytíko und die Schmuckstände im Innen- und Außenbereich unseres Nachtquartiers gegenüberliegenden Ladens. Ich war erstaunt, wie deutlich alles auf den Fotos erkennbar war. Ein Blitz und schon war die Finsternis ausgehebelt. Die Regale waren komplett abgeräumt. Alles war in Sicherheit gebracht, alles war leer. Daran hätte ich kein Vergnügen. Rausräumen, reinräumen, rausräumen und wieder rein. Und wieder einmal war ich froh darüber, dass das in meinem ostfriesischen Ladenleben zu Hause nicht erforderlich war.

Wir schliefen gut und tief und ruhig. Ob das an unseren so weit auseinanderstehenden Betten lag, an all der frischen Luft und dem Meeresklima oder an unserem erlebnisreichen Tag? Würde ich Ludwig jetzt dazu befragen, plädierte er mit Sicherheit für das Auseinanderstehen der einzelnen Schlafplätze, bei denen störende Schwingungen nicht so zum Tragen kämen. Noch musste ich darüber lächeln, später würde ich diese These bestätigt finden.

Zum Abschied ein Foto, das sich zum spektakulärsten Bild meiner diesjährigen Kreta-Reise mausen sollte. Die Aufnahme eines an einem angerosteten Haken im Schatten hängenden hellgrünen Plastikkleiderbügels, vor grob verputzter, weiß getünchter Wand. „Na, wenn's mehr nicht braucht - bravo!" Ob unseres früh geplanten Aufbruches hatten wir unser Zimmer vor dem Abendessen bezahlt. Wir fuhren ohne Frühstück, hatten fürs Nötigste ein paar Nektarinen und Wasser an Bord und folgten nun, der Sonne entgegen, weiter der Küstenstraße Richtung Osten.

Eigentlich war hier nichts, außer Straße, Meer und Felsen. Plötzlich erblickten wir, ohne jede erkennbare Anbindung an einen Ort, ein recht modernes, großzügiges Hafenbecken, in dem gezählte 42 Boote im Wasser lagen. Direkt in den Armen eines Felsvorsprungs lag diese Hafenanlage geradezu eingekuschelt da. Eine betonierte Straße führt zum Hafenbecken. Parkmöglichkeiten, ausreichend vorhanden. Der Einlass für das Zuwasserlassen der Boote, großzügig gestaltet. Ein langer, parallel zur Küste im Wasser verlaufender Betonkegelwall schützt im Zusammenspiel mit der daraufzulaufenden ins Meer gebauten Mauer die ruhenden Boote vor zu viel Brandung. Die schmale Hafeneinfahrt lässt nur wenig Wellenwasser hinein.

Nun änderte sich unsere Fahrt gewaltig. Nix mehr mit Wasser gucken und oh wie plätscher und oh wie schön alles blau-türkis und im Sonnenlichte glitzernd. Hier nun kam die harte Realität der Berge.

Wir fuhren Richtung Krótos über Vasilikí, Vagioniá, Stávies, Dionísio, Panagía, Stérnes, Ágia Fotía und Charákas quer durch die Berge bis Pírgos und entfernten uns dabei immer weiter vom Meer. Diese kretischen Ortsnamen muss man sich jetzt wirklich nicht merken oder richtig aussprechen können. Sie beschreiben einzig unseren ungefähren Weg über die Berge, durch diese Berglandschaft.

Felsen, Felsen, Felsen, nichts als Felsen.

Dazwischen Ziegen aller Couleur. Von Weiß bis Schwarz und in allen erdenklichen Brauntönen. Wovon sie sich ernährten, war uns ein Rätsel. Es sah so aus, als ob hier so gar nichts wachsen würde. Steinwüste, Felsenwüste - als etwas anderes konnte man diese Gegend wirklich nicht bezeichnen. Bei genauerer Betrachtung erkannten wir jedoch flache Gras- und Dornengewächse, die meist Ton in Ton mit dem Erdreich waren.

Ich fragte mich, wessen Idee der Straßenbau durch diese einsame Bergwelt wohl gewesen sein mochte, wer ihn finanziert hatte und zu wessen Nutzen die Fahrwege sein sollten. Hier war nix und niemand, außer den Ziegen in großer Zahl und

uns. Natürlich war es nett, diese spezielle Welt auf so einfache Art erkunden zu können, doch erforderlich schienen mir die breiten Schotterpisten nicht. Wir sahen keine Landwirtschaft, keine Bienenzucht, keine touristischen Ziele, keine Ausgrabungen und auch keine dringende Notwendigkeit für die Einheimischen, den Weg durch die Berge mit dem Auto nehmen zu müssen. Das mit den Realitäten hatten wir ja schon geklärt, sie sind nicht immer so, wie sie sich für uns darstellen. Hier wurde ich neugierig auf das Weshalb und Warum dieser Straßenführung.

Nach einigen Kurven kamen wir an einer kleinen, kunstvoll errichteten Mauer vorbei, die sicherlich ein Hinweis auf irgendetwas war, was wir leider nicht ergründen konnten. Es waren drei Schriftfelder zu sehen. Das erste schien ein Wegweiser zu sein, mit Pfeilen und griechischen Buchstaben. Das zweite beinhaltete die Jahreszahl 2006, und das dritte glich einem Kreuz oder Kreuzgang oder vier Feldern, die durch zwei sich kreuzende Straßen geteilt waren.

Wir fuhren weiter. Die Sonne warf den Schatten unseres Wagens an die Felswände. Dann und wann gab es ein paar Bäume. Irgendwann wurden wir von zwei weißen Geländewagen überholt. Von Reisenden wie wir oder von den Hütern der hier Dornenbüsche verzehrenden Ziegen? Der Weg ging bergan und bergab bis auf den Grund des Bergmassivs und schwups wieder bergan in die höchsten Höhen der Berggipfel. Hier oben war der Fels grau, jetzt im Herbst mit bräunlich trockenem Bewuchs. Vor uns lagen in hellerem Grau massive Felswände mit tiefen Schluchten und höhlenartigen Öffnungen. Steinadler ließen sich von Windböen tragen. Sie schienen aus der Schlucht zu kommen, kreisten über den Gipfeln und ließen sich im Sturzflug fallen. Ein Schauspiel ganz besonderer

Faszination. Wir standen da und schauten und schauten und schauten. Wohl an die dreißig Vögel lagen mit ihren ausgebreiteten Flügeln auf dem Wind.

Die Fahrt ging weiter. Weiter auf kurvenreichen, doppelt breit ausgebauten Schotterstraßen. Immer wieder lagen Ziegen wie selbstverständlich über die ganze Wegbreite verteilt. Sie waren hier zu Hause. Sie hatten das Recht. Sie lagen da. Sie hoben ihre Köpfe. Sie schauten beobachtend, und wenn es unbedingt erforderlich war, machten sie uns den Weg zur Durchfahrt frei. Eine nach der anderen stand auf, langsam und gemächlich, ohne jede Hektik. Griechisch halt. „Síga, síga, óchi Stress" - ganz wie ich es bei meinem ersten Besuch hier auf Kreta kennengelernt hatte. Wir fuhren entsprechend. Wir genossen die Ruhe, tauchten ein in das gemächliche Tempo dieser karstigen, meist menschenleeren Bergwelt

Plötzlich war da wieder das Meer. Rechts von uns in tiefem Blau. Erst aus großer Höhe zu sehen, dann immer näher kommend, bis wir einen einsamen Strand mit unter großen Bäumen stehenden, meist familientauglichen Wohnwagen ausmachen konnten. Dauercamper? Wochenendurlauber? Erholungsoase für kretische Städter?

Ein Hund. Ein paar Autos. Zusammengemixte Sitzgruppen. Kleine, runde, alte, edle Bugholztische, die ich sofort hätte mitnehmen können, mit dazu passenden Bugholzstühlen, im Zusammenspiel mit weißen Kunstofftischen, weißen Plastikstühlen und dazugemixten Metallrohrsesseln mit beiger und roter Bespannung. Vor und auf ordentlich gemauerten, viertelhohen Steinwänden, Grün- und Blumengewächse in ausgedienten Metallkonserven und tönernen Blumentöpfen. Alles war picobello. Die alten, üppigen Tamarisken, denen das Meerwasser aus besagten Gründen nichts anhaben kann, sorgen auch hier für angenehmen Schatten. In der Nähe des Hauses, auf deren Terrasse wir unser spätes Frühstück genießen durften, gab es Holzunterstände mit langen Tischreihen, Wachstuchdecken und weiteren Plastiksesseln. Hier war Platz für mindestens fünfzig Gäste. Ludwig bekam zwei Scheiben fertig geschmierten Honigbrotes, ich Joghurt mit Früchten im Plastikbecher aus der Kühltheke und wir beide dazu einen Nescafé aus kleinen, weißen, dickwandigen, runden Tassen.

Ich weiß bis heute nicht, wie dieser Ort heißt, doch wenn ich unseren Recherchen trauen darf, müsste es sich um Trís Eklíssies handeln, den einzigen Ort, den meine Schwester und ich beim Skizzieren der Karten an diesem Platz für möglich hielten.

Nachdem wir uns wieder auf den Weg gemacht hatten, präsentierte Ludwig mir eine weitere Attraktion. So etwas hatte ich noch nicht gesehen. Der Weg hinaus, der Fahrweg, die Schotterstraße also, führt durch zwei hohe Felswände hindurch, die gerade mal einem Fahrzeug Platz bieten. Ein gewaltiger Anblick, der von allen Seiten, mit und ohne Auto darinnen, aufs Bild musste.

Wir fuhren weiter durch die Berge. Der Baumbewuchs wurde stärker. Mitten in einem Olivenhain eine kleine Kirche. Hier entstand ein wunderschönes Foto. Mein Schatten fiel, inmitten grüner Olivenbäume, direkt auf eine fast senkrecht stehende große, flache Felsplatte. Mit in die Hüfte gestemmter Hand, schoss ich hier mein wohl schönstes Schattenbild. Mal Scheinriesin, mal von Wellen umspülte Schattenfrau, mal tanzender Derwisch, mal im Duo mit Ludwig. Immer wieder ein Vergnügen. Immer wieder mein Augenschmaus.

Weiter ging es über Schotterstraßen, über von Bergen und Himmel umgebenen Wegen. Es ging bergauf und bergab. Es folgte Kurve um Kurve. Wir sahen Adler am Himmel und Ziegen auf den Fahrwegen. Wir hatten Sonne. Wir hatten Zeit. Wir hatten Wasser und Obst. Wir hatten das Gefühl einer niemals enden wollenden Fahrt. Wir konnten miteinander schweigen oder reden. Wir konnten schauen und träumen, und wir hatten uns viel zu erzählen.

26.

Die Zivilisation kündigte sich mit weiten Formationen Olivenbaum bepflanzter Flächen an. Plötzlich standen wir mitten in einem kleinen Ort, der für uns auf seinem Mittelplatz in drei Richtungen folgende Straßenschilder bereithielt: Irákleio 57 km, Vagioniá 4 km - Krótos 8 km, Léntas 15 km - Vasiliká Anogeía 5 km. Na, da wussten wir doch endlich wieder, wo wir uns befanden! Gegenüber der Straßenschilder ein Postfachkasten mit 22 Fächern, eine riesige Eiche und ein Wartehäuschen für Busfahrende. Wir mussten uns in Apesókari befinden, das sich nicht wirklich auf unserer vorgesehenen Reiseroute befunden hatte.

Nach einer am Wegrand blühenden leuchtend roten Hibiskusblüte fuhren wir in Pírgos ein. Wir hatten Glück. In Pírgos war Markttag. Neben unserem Parkplatz eine Schule, auf deren Schulhof bunt gekleidete Kinder rumtollten und mit Bällen spielten.

„Einen Kaffee?" - „Einen Kaffee!"
„Ein bisschen bummeln?" - „Ein bisschen bummeln!"

Unsere Harmonie war schon wunderbar. Unsere gleichen Interessen und Bedürfnisse ebenso. Man könnte meinen, dass es da schnell mal langweilig werden würde mit uns beiden. Das Gegenteil war der Fall. Alle Energie blieb bei uns. Nichts wurde verschwendet durch unnötige Rangeleien, Diskussionen, Einigungsverfahren oder Gedanken darüber, ob der eine den anderen denn nun auch genügend lieben und begehren würde oder umgekehrt. Das war nicht das, was wir voneinander wollten oder erwarteten. Wir fühlten so etwas nicht einmal ansatzweise füreinander. Wahrscheinlich ist das das große Wunder unseres Miteinanders. Von Kopf bis Fuß sympathisch, mit großem Gedankenpotential und keinerlei Interesse an irgendeinem Besitz aneinander oder irgendeiner Körperlichkeit. Wir konnten philosophieren. Wir konnten gemeinsam schweigen. Wir konnten uns spontan in den Arm nehmen, um eine gemeinsame große Freude auszudrücken über uns oder etwas, was wir gemeinsam sehen und erleben durften. Wir konnten gemeinsam genießen. Wir konnten einander sein lassen, wie wir waren. Mit uns war es immer irgendwie gut. Solch ein Miteinander ist einfach nur erholsam.

Wir bummelten durch die Einkaufsstraße der vom Markt belebten kleinen Stadt. Ludwig nahm alsbald Platz vor einer Café-Bar. Ich bummelte weiter bis ans Ende der Marktgasse und fotografierte alles, was anders war als in meiner Welt zu Hause. Alles war anders. Die scheußlichen, kleinen, rothaarigen Frackträger mit ihren Happy-Birthday-Schildern, die mit Porzellanrosen umschmückten Kerzenständer, die schwarzen und weißen Plateau-Turnschuhe, die derben Arbeitsschuhe, die Heiligenbilder, ein orange-weiß-kariertes Handtuch für 50 Cent, das ich erst fotografierte und dann kaufte. An einem Kleiderständer hingen ausschließlich schwarze und schwarz-weiß-blau gemusterte Kunstfaserkleider im Einheitsschnitt. Die in aller

Öffentlichkeit ausgebreiteten BHs in allen Größen und Farben, in Hülle und Fülle, erstaunten mich ein wenig auf dieser griechisch-orthodoxen Insel. Die Frauen waren fast ausschließlich in Schwarz gekleidet, die Männer mit einfachen Stoffhosen und karierten Hemden oder in Jeans mit schwarzen T-Shirts.

Touristen waren kaum auszumachen. Schön war die einfache Darbietung sämtlicher Obst- und Gemüsesorten. Mal befanden sie sich in schlichten Holzkisten auf dem Straßenpflaster stehend, mal auf oder vor einem verbeulten Pickup, mal auf aufgebockten Holzplatten. Einige wurden bei hochgeklappter Heckklappe direkt aus dem Auto heraus angeboten. In einem Minitransporter hing eine einfache Gemüse-Waage. Es gab Auberginen, kretische Bananen, dicke Bohnen, grüne Bohnen, rote Bohnen, Kartoffeln, Knoblauch, Kohl, Lauch, Melonen, Oliven, Orangen, Paprika, Tomaten, Weintrauben, Zitronen, Zucchini und Zwiebeln. Dazu Setzlinge aller Art. Käse gab es auch, doch Fleisch und Fisch habe ich hier nicht gesehen. Das Scheußlichste aller Scheußlichkeiten war ein rosa gekleidetes Puppenkind, in rosafarbenem Buggy, mit weißblondem Haar, rosa Haarschleife und quietschrotem Kussmund, das an seinen Füßen orangefarbene Schuhe trug. Der blau-weiß gepunktete Plastikfisch auf Rädern mit Schiebestange war allerdings auch nicht viel hübscher. Einige Meter weiter gab es eine große Ansammlung von Töpfen und Haushaltswaren.

27.

Unser nächstes Ziel war Tsoútsouros, 14 km von Pírgos entfernt. Wieder fuhren wir durch die weite Bergwelt. Irgendwie schienen die Schotterpisten unserem Ludwig Spaß zu machen - noch. Wir hätten auch den etwas schnelleren, aber weiteren Weg über die asphaltierte Straße nehmen können, doch das war nicht das, was wir wollten. Wir wollten dort entlang und hin, wo wir mit dem Bus nicht einfach so hingekommen wären.

Namen wie Mourniá, Ethiá oder Achentriás standen auf den Schildern der kleinen Orte, die wir hier oben in den Bergen streiften. Wildnis, Einfachheit, keine Schnörkel. Hier war nichts bunt, nichts farbig, kein Rot, kein Blau, kein Grün. Alles sand-, stein- und erdfarben. Einzig der auf dem Fahrweg herumliegende Plastikbecher für Frappé to go mit seiner roten Beschriftung und seinem roten Deckel war hier Farbklecks. Als wir ihm nach einem falschen Abzweig wieder und wieder begegneten, musste er einfach aufs Foto.

Staub - Schotter - Piste - sonst nichts.

Plötzlich standen wir mit unserem jetzt eher grau anmutenden Fahrzeug direkt am breiten Strand von Tsoútsouros. In die Richtung, aus der wir gekommen waren, wies ein Schild nach Achentriás, 10 km.

In Tsoútsouros war nichts los. Der Kieselstrand war, bis auf eine kleine Gruppe von vielleicht 10 Personen, leer. Dabei hätte er mit seinen Ausmaßen Hunderte aufnehmen können. Wasser, Strand und eine Reihe Tamarisken. Eine flache Betonmauer, eine Straße, ein Bauhof. Am Ende des Strandes sahen wir eine unbesetzte weiße Holzbar mit korallfarbenen Elementen. Daneben eine Aussichtsplattform für den Bademeister. Von hier führte ein Holzsteg zum Wasser. Beidseitig davon standen hölzerne Stehtische mit uneinklappbarem Sonnenschutz. Fertige und halbfertige Häuser waren auf der gegenüberliegenden Straßenseite zu sehen. Weiter vorne einige Lokale. Ihnen gegenüber ein recht neu wirkendes, großes Hafenbecken mit Sport- und Fischerbooten. Zum Meer hin eine hohe, mit kindlich bunten Fischen bemalte Betonmauer, als Schutz gegen die Macht der Wellen. Am anderen Ende des Ortes konnten wir etliche weißgetünchte Häuser ausmachen.

Wir aßen unseren griechischen Salat in einer Taverne gegenüber des modernen Hafenbeckens. Ludwig legte sich wie immer zum späten Nachmittagsschlaf unter einen Schattenbaum an den Strand. Ich folgte meiner Leidenschaft des Steinesammelns. Heute sollten es Herzsteine sein, die mir fortwährend ins Auge fielen. Immer und immer wieder. Alle Steine, die durch ihre Dreiecksform einem Herzen ähnlich waren, sammelten sich wie automatisch in meinen Händen. In mehrere Reihen übereinandergelegt ergaben sie ein Foto gut erkennbarer Ansatzherzen. Hatte ich etwa Sehnsucht? Sehnsucht nach Liebe? Sehnsucht nach Nähe? Sehnsucht nach Micháli? - Maybe.

Wir verließen Tsoútsouros. Ich hatte es schon verdammt gut mit meinem Reisefreund Ludwig, der liebend gerne den Wagen fuhr und sich so sicher auf den Wegen unseres Kretas auskannte. So durfte ich einfach auf dem Beifahrersitz mitfahren, die Füße aus dem Fenster hinaus auf den Seitenspiegel legen und Gegend betrachten, genießen und ablichten.

Wir träumten davon, viel mehr Zeit auf Kreta verbringen zu wollen und unsere Ortskenntnisse für die Führung kleiner

Reisegruppen zu nutzen. Die Gruppen immer nur so groß gewählt, dass wir mit nur einem Auto unterwegs sein konnten. Damit der Spaß für den Einzelnen bezahlbar bliebe, sollte es sich um ein schlankes, langes, energiesparsames Fahrzeug handeln, in dem 8 Personen großzügig Platz fänden. Reisen, wandern, erholen - immer mit genügend Freizeit für jeden einzelnen. Gruppenreisen mit straffem Programm fehlt einfach die Luft zum Durchatmen.

Eine schöne Kirche am Straßenrand mit zwei Glockentürmen, Kreuzgitterfenstern und ochsenblutroten Säulen, Türen und Ziegeldachelementen. Dahinter zur Rechten immer das weite Meer. Es folgten eine Schaukel, ein erneutes Hafenbecken und eine traumhaft schöne Terrasse am Wasser.

Árvi 13 km stand auf einem Schild. Ein Hinweis mit für mich bedeutsamen Buchstaben und Zahlen.

Unser erstes Kind, ein Sohn, würde bald 31 Jahre alt werden. Da konnte ich doch nur an ihn denken, wenn diese Zahlenkombination im Zusammenhang mit dem Wort Árvi so auf einem Schild geschrieben stand.

Ich war bei seiner Geburt fünfundzwanzig und sehnsuchtsvoll in dem Gefühl, Mutter werden zu wollen. Mein Vater war einen Monat vor der Geburt unseres Sohnes im Alter von 55 Jahren an Krebs gestorben, und dieser kleine Junge kam daher als unser aller Tröster und Nachfolger dieses so eigensinnigen Mannes, dem auch ich so ähnlich bin. Wir alle haben schmale Köpfe, hohe Wangenknochen, kleine Ohren und Locken, wobei die Haare unseres Sohnes doppelt so viele Umdrehungen aufweisen wie die seiner beiden Vorfahren - meinem Vater und mir.

Unser Sohn kam zu Hause zur Welt. Er wurde gestillt, bis ich mit unserem zweiten Kind schwanger war. Im fünften Schwangerschaftsmonat ermahnte mich mein Arzt, das Stillen einzustellen, da er sonst vorzeitige Wehen befürchte. Unser Erstgeborener war zu diesem Zeitpunkt 15 Monate alt. Ich entwöhnte ihn schweren Herzens, liebte er doch meinen Busen, seine Arvis so sehr, dass er das Trinken aus der Nuckelflasche immer wieder verweigert hatte. Flaschen waren ihm ein Gräuel. Es bedurfte großer List und Tücke, ihn umzugewöhnen. Wenn ich's recht überlege, kamen nach dem Busen gleich Glas und Tasse. Stillkinder lieben Busen, und diesen kleinen Mann faszinierten sie besonders. Saß er auf jemandes Schoß, schaute er Männern wie Frauen gleichermaßen gerne oben in den Ausschnitt hinein und fragte interessiert:

„Hast du auch Arvis?"

Arvi, das am meisten geliebte und gebrauchte Wort unseres kleinen Lockenkopfes.

Wir sind nicht nach Árvi gefahren. Árvi wurde in unserem Reiseführer als einfacher, nicht sonderlich gepflegter, von Wind und Wellen angenagter Ort beschrieben, der vor hohen Felswänden direkt auf niedrigen Klippen gebaut worden war. Aus lauter Liebe zu seinem Namen werde ich eines Tages dennoch dort hinfahren.

Wir kamen nach Keratókambos, einem direkt am Wasser liegenden, ruhigen Ort mit langem, schmalem Kieselstrand. Bis ans Wasser gebaute Terrassen lassen lustwandeln, lustsitzen und lustschauen. Ausgeblichene, grüne Geländer und Straßenlaternen in Verbindung mit den gleichfarbenen Tamarisken und Bänken lassen verweilen. Hier sitzen, lesen und schauen, in völliger Ruhe, lässt die Zeit pausieren. Keratókambos scheint kein Ort des großen Tourismus zu sein. Einzelne Häuser säumen die asphaltierte, schmale Straße direkt am Meer. Einzelreisende wie wir werden sich dann und wann hierher verirren. Wie in den meisten Orten gibt es auch hier wunderschöne Plätze. An einem dieser Plätze nahmen wir unseren Nachmittagskaffee.

Also, eine schmale Straße am Meer. Wir blicken auf den schmalen Kieselstrand und die lange öffentliche Terrasse mit dem grün-verblichenen Geländer. Tamarisken säumen den Weg. Plötzlich wird die Straße enger. Ein Haus, linksseitig der Straße, die dazugehörige Terrasse am Wasser, rechtsseitig. Die Terrasse bezieht ihren Schatten durch ein Sonnendach aus weiß gestrichenem Holz. Mengen an Blumentöpfen zieren die Hauswand. Sie dienen als Begrenzung zwischen Straße und Terrasse. Auf dem Fußboden sind sechseckige helle Fliesen in Grau und Beige im Wechsel streifenförmig verlegt. Ein weißes Geländer, passend zum Dach, begrenzt die Terrasse zum Meer hin. Vor der Terrasse ragen ein paar Betonplatten ins Wasser. Sie dienen als Bootsanleger und laden mit ihren weißen Liegen Sonnenhungrige zum Sonnenbaden ein. Die rechteckigen Tische haben blaue Beine, weiße Unterdecken und großkarierte, blau-weiße Zierdecken unter durchsichtigen Glasplatten. Die Holzstühle, allesamt blau wie das Meer, mit blau-beige-geblümten Kissen belegt.

Würde ich einst ein paar Tage in Keratókambos verbringen, würde ich genau hier sitzen, schreiben, lesen und schauen wollen und die hier recht spärlich einkehrenden Menschen bei Gefallen in ein Gespräch verwickeln. Die auf den Glasplatten stehenden Aschenbecher sind blau. Die unter dem Holzdach auf ihren Einsatz wartenden Rollos, blau-weiß-gestreift. Insgesamt fänden an die fünfzig Personen auf dieser Terrasse Platz.

Bevor wir diesen Ort wieder verließen, folgten wir der schmalen Straße bis zu ihrem Ende. Wir sahen ein paar Häuser neueren Datums. Sehr gepflegt mit guten Gärten. Ludwig hätte gerne eines dieser Häuser bewohnt. Mir waren sie ein wenig zu ordentlich. Weiter zum Osten hin soll sich ein langer Sandstrand mit ockerfarbenen Felsen und wunderschönen, hohen Dünen befinden. Ein weiterer Grund, wiederzukehren.

Wir bogen am Supermarkt in eine schmale Gasse. Direkt vor uns fuhr ein älteres griechisches Paar auf einem sonderbaren Gefährt. Es hatte drei Räder. Vorne war es Motorrad, in der Mitte Kutschbock und am Ende Unimog. Auf der hölzernen Sitzbank fanden zwei Personen Platz. Die Ladefläche war mehr breit als lang. Das ausgeblichene, grüne Fahrzeug knatterte eine Weile vor uns her, bis die Straße breiter wurde und wir überholen konnten. Wir verließen Keratókambos bergan mit einem Blick zurück auf seine Gärten, seine meist weißen Häuser und seinem etwas überdimensioniert wirkenden neuen Hafen. Das Meer blitzte wie immer, der Himmel war wolkenlos blau, und wir waren fein zufrieden.

Ludwig erzählte mir von seiner Liebe zu Margarete, mit der er jetzt seit etwas über einem Jahr richtig zusammen sei. Sie kannten sich nun drei Jahre, waren immer wieder miteinander gereist und hatten sich in diesen Zeiten schätzen und lieben gelernt. Sie sei eine Frau, die ihn gut lassen könne, wie er ist, und das sei für ihn von unschätzbarem Wert. Er habe mehr freie Zeit zur Verfügung als sie, und sie gönne es ihm, wenn er in diesen Zeiten seiner Reiselust fröne. Sie hege keine negativen Gedanken, wenn er alleine unterwegs sei.

Von unserem gemeinsamen Sein erzählte er ihr hier und heute dennoch nichts. Warum sollte er ihr Futter für beunruhigende

Gedanken liefern. Es reichte völlig aus, ihr im Nachhinein von unseren Reisetagen zu berichten. Das war empathisch und klug. Andererseits hätte er ihr unser Miteinander aber auch gleich erzählen können. War doch nichts darin enthalten, auf das ein Partner hätte eifersüchtig sein können oder müssen. Ein Liebender gönnt und vertraut und will nur freiwillig zurückgeliebt werden.

Wir Menschen behaupten immer wieder gerne, dass man „Es" uns doch hätte erzählen können, egal wie schlimm „Es" auch sein möge. Doch wie oft folgten daraufhin endlose Diskussionen, gepaart mit Eifersucht, Misstrauen und Kontrollzwang - unnötige, nervenaufreibende, nichts einbringende Theaterstücke unterschiedlichster Dramentiefe.

Freigeister haben da nur zwei Möglichkeiten, wenn sie in Frieden mit ihrem geliebten Partner leben wollen, ohne sich selbst dabei zu beschneiden oder aufzugeben. Entweder trainieren sie sich und ihren Partner auf Vertrauen und Wahrheit, oder sie schweigen zu bestimmten Themen und Vorkommnissen, um endlosen, nichts einbringenden Diskussionen aus dem Weg zu gehen. Dass ein Partner sich zum Schweigen entscheidet, muss uns nicht verwundern. Neigen wir Frauen doch im besonderen Maße dazu, die Gedanken unserer Männer erforschen und sie nach unseren Vorstellungen in ihrem Verhalten verändern zu wollen. Ein Leben lang, bis dass der Tod oder was auch immer uns dann scheiden möge.

Nachdem mir eine Freundin nach dem Weggang meines Familienmannes die Frage gestellt hatte, ob er mir denn wirklich immer alles hätte sagen können, antwortete ich wie selbstverständlich: „Natürlich!" Im Nachhinein bin ich mir da nicht mehr so sicher. Wusste ich doch einfach zu wenig um seine inneren Grenzen des sich Genervt-Fühlens. Ich halte mich nach wie vor für einen großzügigen und großmütigen Menschen, doch wer bitte legt das Maß fest? Was dem einen weit erscheint, ist dem anderen vielleicht ungemein eng. Wo der eine noch Redebedarf hat, glaubt der andere längst alles gesagt, gehört und auch verstanden zu haben ..., ein weites Feld!

Wir sahen hohe, trockene, braune Gräser, Oberlandleitungen, quadratmeterweise Gewächshäuser mit Bananenstauden, Olivenhaine, Granatapfel-, Apfelsinen- und Zitronenbäume, weiße Sternblumen, freistehende Bananenstauden, das Hinweisschild nach Mírtos und immer wieder das Meer, den Himmel und die Felsen. Bis Mýrtos waren es noch 14 km, hier war der Name mit einem Y geschrieben.

Am Straßenrand, mal wieder eine hübsche Kirche. Dieses Mal war der Grundton cremefarben mit bordeauxrotem Kuppeldach und einem kreisrunden Türmchen in der Mitte, mit acht hohen, schmalen, karierten Fenstern mit Bleiverglasung.

Es folgten eine Handvoll Häuser, eine schmale Asphaltstraße weit oberhalb des Meeres, eine in den Abgrund gekippte Ansammlung diffusen Mülls, weitere Bananenstauden-Häuser und Olivenhaine im Wechsel - und plötzlich waren wir in Tértsa.

28.

Tértsa im Keller.

Nein, so ging das hier natürlich nicht los. Erst einmal stellten wir unser Auto ab. Dann schauten wir uns ein wenig um, bemerkten das bunte Bunt in Bunt, staunten und nahmen Platz. Eigentlich staunte nur ich. Das kann ich gut und leicht mal. Und eigentlich nahm auch nur Ludwig Platz. Ich musste mich erst einmal umschauen, um zu wissen, was es hier alles so gab. Ankommen, Atmosphäre schnuppern, Schwingungen spüren, Witterung aufnehmen und da sein. Das mit der Witterung ist natürlich Unsinn, klingt aber doch gut.

Tértsa ist klein. Ein kleiner Ort direkt am Wasser, dominiert von einer wunderschönen, fast quadratischen Terrasse direkt am Strand. Zuerst müssen die Bäume dagewesen sein. Fünf alte Tamarisken bilden das Dach dieser Terrasse. Drumherum eine verputzte, tischhohe Mauer, die von außen mit großen unregelmäßigen, hellen Steinplatten verziert ist. Der Boden aus gegossenem Beton mit kreisrunden Ausschnitten für die Baumstämme ist glatt gewetzt. Unterhalb der Baumkronen ist ein schützendes Dach gegen den Regen und die herunterrieselnden Nadeln angebracht. Rechteckige Tische mit altrosafarbenen Tischdecken und jeweils vier dunkelbraunen Holzstühlen mit Sisalgeflecht laden zum Sitzen ein. Große Pflanzen begrünen diesen offenen Raum.

Die ganze Atmosphäre wirkte auf uns sehr privat, etwas altbacken vielleicht. Überall waren persönliche Dinge dekoriert. Da hatte jemand ein Händchen fürs Dekorieren bewiesen. Und auch wenn unser Geschmack ein anderer war, empfanden wir es als heimelig.

Nach vorne zum Meer hin befindet sich ein mit Palmwedeln überdachter Vorplatz mit Holzfußboden und gelbumwobenen Chromsesseln an weißen Tischen. Direkt davor steht eine Ansammlung gelber und orangefarbener Liegen am Strand. Dazwischen befinden sich Tische mit einzelnen Stühlen unter Palmwedel-Sonnenschirmen.

Ich musste das erst einmal alles ablaufen. Ging zum Wasser. Erfreute mich am Schattenwurf meiner Gestalt. Sah, wie er vom Wasser und von der Gischt der Wellen umspült wurde. Ich lief bis ans Ende der Bucht.

Wie fast überall auf Kreta bestimmen auch hier die Felsen den Beginn und das Ende eines Lebensbereiches. Eine kleine Bucht - ein kleines Dorf, eine große - ein großes. Rechts neben dieser zauberhaften Terrasse am Strand stehen einige grau verputzte, heruntergekommen wirkende Bauten. Ein- und zweistöckig, ehemals weiß getüncht mit Rissen und teils abgefallenem Putz. Heißwassertanks und Antennen auf den Dächern. Unrat hinter den Häusern. Holzpaletten auf einer Terrasse gestapelt. An einer Leine Wäschestücke zum Trocknen. Wären es Hosen, Kleider, T-Shirts oder Sporthemden gewesen, hätte es wahrscheinlich noch nett ausgesehen, bei dieser fleischfarbenen Unterwäsche in großen Größen empfand ich es jedoch eher als unschön. Es ratterte in meinem Kopf. In Gedanken hatte ich schnell mal alles entmüllen, neu streichen und herrichten lassen.

Links am Strand sah ich einen hübschen, achteckigen Pavillon aus braunem Holz, als Bar für Strandgäste. Schräg dahinter eine weitere kleine Taverne mit zum Strand hin ausgerichteter Außenterrasse. Ich tippte auf ein Fischrestaurant.

Ich setzte mich zu Ludwig an den Tisch in einen der gelben Chromsessel. Beim Zahlen fragte er den Wirt nach einem Zimmer für eine Nacht. Kein Problem. Fünfundzwanzig Euro für ein großzügiges Zimmer mit Doppelbett im Kellergeschoss. Wir wollten zwar kein Doppelbett, aber für eine Nacht, wer weiß, vielleicht würd's ja doch geh'n. Ludwig nahm wie immer seinen Strandschlaf. Ich wusch mir die Haare und nahm unser neues Zuhause ein.

Diese unendliche Einfachheit. Die dauernde Anwesenheit der Sonne. Die mit Bougainvilleen bewachsenen Häuser. Die weite Fläche mit gelbbraunen Gräsern direkt an der kleinen Gasse vor unserer Zimmertür. Alles stimmte mich friedlich. Ich nutzte die letzten Sonnenstrahlen zum Trocknen meiner Haare. Trug einen Stuhl zum unbewohnten Haus neben dem unsrigen, dem letzten in dieser kleinen Sackgasse, und hielt meine Haare kopfüber in die Sonne. Hinter mir ein Gehege mit Hühnern und Gänsen.

Am frühen Abend aßen wir auf der großen, überdachten Terrasse. Micháli ließ durchklingeln wie am Abend zuvor und zuvor, und ich rief gleich zurück, genau wie am Abend zuvor und zuvor. Ist da etwas, was der vermeintliche Liebste nicht wissen soll, lässt man ihn nicht unnötig warten, und so rief ich um unser aller Frieden willen immer schön zeitnah zurück. Er fragte jedes Mal, wo ich gerade sei, wunderte sich niemals darüber, wie weit ich an jedem Tage gekommen war, und sagte mir:

„I miss you and kisses a lot and Kaliníchta."

Auch ich war nicht ohne Sehnsucht. Ludwig blieb das nicht verborgen, und so sagte er mit einem Augenzwinkern, ob meine Sehnsucht unsere Reise denn auch noch weiter zulassen würde?

„Natürlich!"

War doch alles gut so, wie es gerade war. Micháli leicht sehnsuchtsvoll in Chóra Sfakíon und ich hier, ebenfalls mit kleiner Sehnsucht ausgestattet, mit Ludwig in großer Eintracht und Freude auf Reisen.

Männer saßen vor einem Fernseher draußen auf der Straße zwischen Außenterrasse und Haupthaus. Die einzige Straße des Dorfes, der Siedlung führt direkt hier hindurch bis zu den Fassaden der von mir beschriebenen Häuser am Strand. Ludwig setzte sich zu den Männern und schaute mit ihnen europäische Pokalspiele. Ich ging die kleine Straße hinauf und wieder hinunter. Erfreute mich der vielen blühenden Pflanzen in ihren diversen Gefäßen und bemerkte, dass die mir so renovierungsbedürftig vorgekommenen Strandhäuser von ihrer Vorderseite weitaus passabler und gepflegter daherkamen als ihre rückwärtigen Ansichten. Anschließend setzte ich mich auf die Terrasse, gleich hinter die Fußball guckenden Männer, und schrieb weiter in meinen Tagebüchern. Nachdem der Gemeinschaftsfernseher abgeschaltet und das letzte Licht erloschen war, suchten Ludwig und ich unser Nachtquartier auf.

Wir gingen zu Bett. Ludwig auf die ganz rechte Seite unseres Doppelbettes, ich auf die ganz linke. Wir versuchten einzuschlafen, was aber irgendwie nicht recht zu gelingen schien. Nach wohl zwei Stunden flüsterte ich:

„Ludwig, schläfst du?", und er flüsternd fragend zurück: „Nein, Lisbeth, schläfst denn du?"

Wir schliefen beide nicht und einigten uns auf ein Treffen in drei Minuten an der Mauer unseres Nachbarhauses, an der ich am späten Nachmittag meine Haare getrocknet hatte. In unsere Zudeck-Bettlaken gewickelt trafen wir uns zum Nach-Mitternachts-Rauchen am Ende der kleinen Sackgasse. Ob das wohl geradezu entzückend war? Zwei Mumien bei Nacht an eine Mauer gelehnt, flüsternd und rauchend am Ende einer kleinen Gasse, vor einem eingezäunten Revier mit allerlei Hühnern und Gänsen. Ludwig rauchte sowieso gerne und viel, und mich würde diese zweite Gute-Nacht-Zigarette vielleicht einen Tick schlaffähiger machen.

Mann, war das schön. Bis auf das Meeresrauschen jenseits der großen Terrasse, das Zirpen einiger Zikaden und dem kleinen Wind, der die Halme unseres Nachbargrundstückes streifte, war alles still.

„Psst!" - „Jaaa!" - Wir waren wirklich ganz, ganz leise.

Als wir wieder in unserem Doppelbett lagen, erklärte Ludwig mir das mit den Schwingungen noch einmal, denen wir bei zu nahem Liegen einfach nicht ganz ausweichen könnten. Ich hatte seine Theorie dahingehend bisher schon mehr oder weniger belächelt, doch durch diesen lebendigen Beweis der halb schlaflosen Nacht von Tértsa, im Kellergeschoss unserer Unterkunft, wollte ich nie wieder daran zweifeln. Wir beschlossen, bei der nächsten Zimmerwahl keine Ausnahme mehr zuzulassen und unbedingt auf getrennte Betten zu bestehen. Zum einen waren wir uns einfach zu und zu sympathisch, und zum anderen wollten wir definitiv nichts miteinander beginnen. Waren wir doch beide mit liebenden Gefühlen anderweitig verankert bzw. verwickelt. Er ankerte liebevoll bei Margarete, und ich war in meine undefinierbare Liebelei mit Micháli verwickelt. Wir erzählten und erzählten und erzählten in nächtlichem Flüsterton und waren darüber zum Glück dann auch irgendwann eingeschlummert.

„We are really a wonderful dreamteam!"
„Yes, we are!"

Sachen gepackt. Zimmer geprüft. Alles ins Auto. Gefrühstückt. Joghurtvariante in eckiger Chromschale mit Honig und Wassermelone genossen. Optisch war diese Variante eher uninteressant, geschmacklich sehr lecker. Auf der Terrasse saß der Schnattermann vom gestrigen Fernsehabend. Er hatte schon beim Abendessen am Nachbartisch gesessen und in einem fort geredet, genau wie jetzt wieder. Zum Glück nicht mit uns, obwohl seine Worte nicht zu überhören waren. Auch ich erzähle wirklich gerne, besonders wenn ich in meinem Laden bin oder mit einzelnen Personen auf guter Welle. Monologe hingegen sind mir ein Gräuel. Es wird immer Menschen geben, die mehr, und andere, die weniger zu sagen haben, immer Menschen, die lieber zuhören als erzählen. Das ist auch in Ordnung so. Mir gehen einzig die Extreme auf den Geist, die nichtssagenden Muffelköpfe und die Monologführer wie dieser Mann vom Nachbartisch. Er ließ zwischen seinen einzelnen Gedanken keine Sekunde verstreichen, um seinem Gegenüber Raum für einen Einsatz zu lassen. Selbst das Luftholen schien er auszulassen. Er erzählte sein Kreta-Wissen mit dem Beigeschmack, was ich alles kann, was ich alles weiß und wie toll ich das doch alles draufhabe. Eine Lässigkeit, die ich so einfach nur zum Kotzen finde. Die Inhalte, die Informationen mochten gut gewesen sein, doch wollte das irgendjemand in dieser Darbietungsform hören?

Wir haben diesen beschaulichen Ort dennoch genossen. Beim Wirt, der an der anderen Straßenseite vor seinem Haus in griechischer Manier auf einem kleinen Stuhl saß und seinen Kaffee trank, zahlten wir unsere Rechnung. Auf der anderen Seite des Tavernen-Eingangs saß seine Mutter oder auch Großmutter

und schälte Zwiebeln. Zwei Eimer auf dem Stuhl vor sich. Auf dem Tisch eine Tasse Kaffee, ein Glas Wasser und eine rosafarbene Fliegenklatsche. Sie saß entspannt und freundlich da in ihrer schwarzen Kleidung. Ihre grauweißen Haare trug sie streng zurück zu einem Knoten gebunden. Sie tat ihre Arbeit und lächelte uns freundlich zu.

Dieses Mal hatte Ludwig aus unserer Reisekasse bezahlt. Er ging ein paar Meter vor mir den kleinen Schotterweg zu unserem Kellerquartier zum Auto. Ich schlenderte hinterher. Plötzlich rief er:

„Lisbeth, willst du wohl aufmerksam sein!"

Ich guckte erstaunt. Er zeigte mit seinem Finger auf den Boden. Da lag hübsch drapiert auf einer wuscheligen, hellbeigen Ähre unser kleines, schwarzes Portemonnaie auf dem Weg. Farblich wunderbar farblos Ton in Ton mit dem schwarz-grauen Schotter und sehr fotowillig. Ein letzter Blick auf die ländliche Idylle und die am Wege liegenden Grundstücke - das Feld mit den großblättrigen Pflanzen mit Rankhilfen, den einfach zusammengezimmerten Unterstand fürs Auto und allerlei Unrat, unser Nachbargrundstück mit den sich im Wind wiegenden hohen Gräsern und auf das so üppig mit Sternblumen und Bougainvilleen bewachsene Haus. - Tértsa Adieu.

29.

Von Tértsa aus fuhren wir die kleine Küstenstraße entlang direkt bis Mírtos, der kleinen Stadt am Ausgang eines fruchtbaren Tals. Genius hatte mir vor ca. zwei Wochen, am Anfang meiner Reise auf der Fahrt von Heráklion nach Ágios Nikólaos, auf der letzten Sitzbank eines griechischen Überlandbusses, so schwärmerisch davon erzählt. Zu diesem Zeitpunkt erinnerte ich nicht, dass ich selbst schon einmal dort gewesen war. Jetzt beim Anblick des Ortsschildes kam die Erinnerung daran vollends zurück. Meine Schwester und ich hatten damals für zwei Tage im Big Blue, dem ersten Haus gleich hinter dem Ortseingangsschild, übernachtet.

Schon von weitem sahen Ludwig und ich die vielen weißen Häuser am langen, grauen Strand. Drumherum kahle Sandsteinfelsen. Am Straßenrand eine kleine, weiße Kirche mit hellblauen Tür- und Fensterlaibungen und einem noch hellblaueren Dach. Am Anfang der Dachwölbung ein weißer Betonbogen. Darauf ein schlichtes, weißes Kreuz. Im Bogen eine braun gerostete Glocke mit geflochtener Schnur, die bis zum Sockel der Kirche hinunterreichte. Das sind diese idyllischen Flecken, die uns hier immer und immer wieder begegnen, die uns innehalten lassen, die unser Auge erfreuen und die einen Teil des Charmes dieses griechischen Eilandes ausmachen. Vor der kleinen Kirche ein großer Ficus Benjamini, daneben ein mächtiger Olivenbaum, dahinter der dunkle Fels und immer wieder der strahlend blaue Himmel.

Vor der Küste einzelne dicke, vom Wasser rund gespülte Felsbrocken. Rechts sahen wir das Big Blue, das wohl höchste Gebäude von Mírtos. Es ist an den Hang gebaut und hat vier übereinanderliegende Terrassen mit jeweils drei Zimmern. Unterhalb der kleinen Straße am Strand blickten wir auf hellgrüne Sonnenliegen, große Tamarisken und Palmwedel-Schirme. Wir parkten gleich hier am Ortseingang von Mírtos und schlenderten durch die kleinen Gassen dieses vollkommen idyllischen Städtchens. Hier ist wirklich alles nur schön, genau wie Genius es mir erzählt hatte. Es gibt keine hohen Häuser. Alles klein bei klein. Überall sahen wir Bäume und anderen Bewuchs. Massentourismus ist hier nicht möglich. Für Pauschalbuchungen fehlt es an hohen Häusern und großen Hotels, und das ist auch gut so. Mírtos scheint ein intaktes Eigenleben zu haben. Hier leben die Menschen das ganze Jahr und nicht nur in den Sommermonaten, in denen Reisende hier Quartier nehmen. Sucht man Ruhe, sucht man Schönheit und Beschaulichkeit, ist man hier richtig. Der Ort bietet immens viele Plätze zum Verweilen. Kleine Straßencafés im Innern, beschauliche Tavernen am Wasser. Bänke unter Bäumen, zum Sitzen, Schauen und Träumen. Hektik scheint mir hier ein Fremdwort zu sein, ebenso wie Lärm, Masse und Schmutz.

Unsere Fotoapparate mochten nicht stillstehen.
Ein Motiv nach dem anderen wollte aufs Bild.

Ein gelbes Liliengewächs vor grob verputzter Mauer, neben der ein blauer Plastikeimer an die Wand genagelt hing. Unser Blick über eine abfallende Straße hinunter zum Meer, der seinen Weg durch einen Bogen aus üppigem Grün fand. Eine lange Tischreihe mit karierten Tischdecken und Holzstühlen mit leuchtend gelb, rot, blau und grün gestrichenen Lehnen und geflochtenen Sitzflächen, die unter begrüntem Dach eine schmale Gasse füllten. Stühle, die ihre Schatten auf grauen Betonboden warfen. Zwei mintgrüne Außentüren in zartgelb gestrichener Außenfassade. Ein rot blühender Hibiskusbaum, unter dem vor einer weißen Wand drei braune Holzstühle

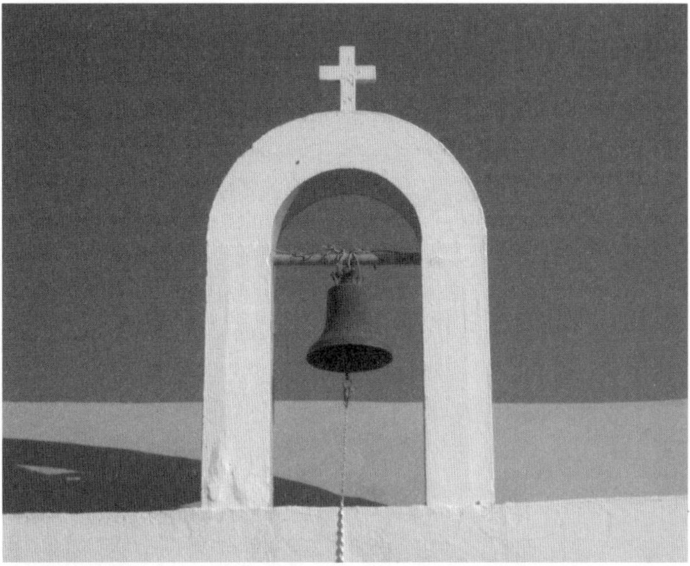

Menu
TODAY
LAMB
SPECIAL

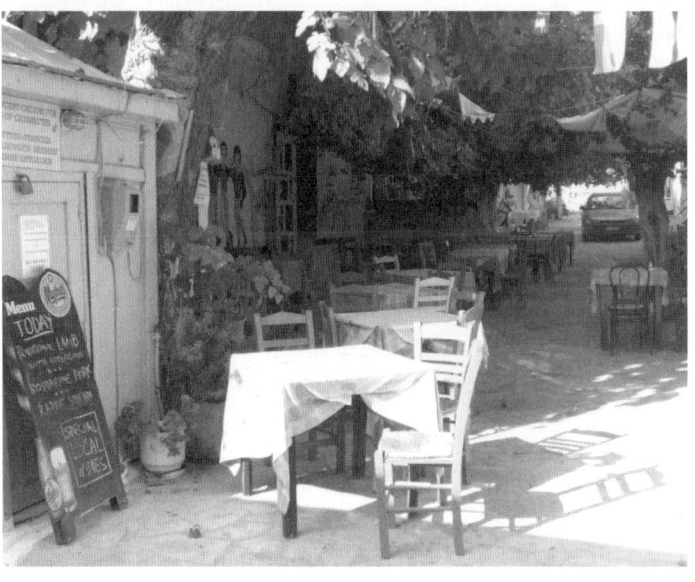

neben einer maisgelben Haustür standen. Der nächste Hibiskus zierte eine aus groben Felsbrocken errichtete alte Mauer, weiß getüncht, mit integriertem schlichten Holzgatter, und ein heimeliger Sitzplatz auf einer verborgenen Terrasse, an deren Anfang große, Sonnenlicht durchflutete Blätter herunterhingen, lud zum Verweilen ein.

Stühle und Bänke warten hier an schattigen Plätzen vor fast jedem Haus, so als sei der Verweiler gerade nur kurz mal aufgestanden, um bald wiederzukehren. Natürlich macht das Atmosphäre. Natürlich strahlt das Ruhe aus. Die Pflanzen gerade gegossen und von vertrockneten Blättern und Blüten befreit. Die schmalen Wege frisch gefegt. Daneben ein Wasserschlauch, grob zusammengelegt für den nächsten Guss. Es war ordentlich und dennoch nicht klein- oder spießbürgerlich, zumindest fühlte es sich für mich nicht so an. Was wusste denn ich vom Denken der hier ansässigen Griechen? Wollte ich jetzt mal Parallelen ziehen, könnte ich mich an meine ostfriesische Heimat erinnert fühlen. Auch dort ist alles ordentlich, alles gepflegt, alles ruhig, und dennoch ist alles so ganz anders als hier in Mírtos. Sind es vielleicht die vielen oder wenigen Sonnentage und die daraus folgende Leichtigkeit oder Schwere, die den Unterschied machen, oder ist es der so andere Menschenschlag? Ich lebe gerne in Ostfriesland. Ich fühle mich wohl dort, doch wirklich frei und richtig fühle ich mich nur in meinem Laden, in meinem Haus mit seinem Davor und seinem Dahinter und auf Kreta.

Wir passierten einen Minikiosk mit Eis und Zigaretten, der kein Innen für den Verkäufer hat. Es war eher ein Schrank mit danebenstehendem Stuhl. Hier und heute war der Stuhl unbesetzt, der Schrankkiosk geschlossen. Dann gab es da so etwas wie einen überdimensionalen Briefkasten aus gelb verblichenem Holz mit kleinem Spitzdach, der als Aushang, als Litfaßsäule für traurige oder auch erfreuliche Ereignisse dient.

„WE HAVE FRESH FRUITS AND VEGETABLES, LOCAL CHEESE, HONEY AND TRADITIONAL CRETAN PRODUCTS!"

stand auf einem gelben Schild mit rotem Rand und aufgemaltem Olivenzweig neben dem Eingang eines kleinen Super-Market. Solch einen kleinen Laden hätte ich auch gerne bei mir zu Hause um die Ecke. Mehr als das hier im Laden Angebotene brauche ich nicht. Er erinnerte mich an die kleinen Spar- und Edeka-Läden meiner Kindheit und Jugend. Vor der Tür, auf grüne Holzkisten gestapelt, frisches Obst und frisches Gemüse, im Laden selbst, alle erforderlichen Grundnahrungsmittel.

Nun war es dringend Zeit für eine Getränkepause. In einer der kleinen Gassen nahmen wir Platz. Wir setzten uns an einen der kleinen, runden, blauen Tische auf kleine, griechische, blaue Stühle. An der gegenüberliegenden Wand hing ein richtiger gelber Postkasten, der von einer üppigen, bei uns üblichen fingerblätterigen Zimmerpflanze umwachsen war. Orangensaft, Wasser, Kaffee, Zigaretten. Ludwigs verspiegelte Brille lag auf dem Tisch. Wir spiegelten uns mal wieder in deren Gläsern, und ich versuchte, dieses Wunder mal wieder aufs Foto zu bannen, was wieder nicht recht gelingen wollte. Wir saßen da, wir redeten und schauten. Plötzlich lief da einer vorbei, den ich kannte. Wiedererkannte muss ich richtigerweise sagen. Es war Genius, der Genius, mit dem ich vor elf Tagen die ersten Worte auf meiner diesjährigen Kreta-Reise gewechselt hatte.

Ach, wie schön. Zum einen sowieso und weil ich doch gerne ein Erinnerungsfoto von diesem netten Menschen gehabt hätte. Was hatte er noch gesagt, als er mir von seiner Fahrt nach

Mírtos erzählte? Ja, sie sei eine der schönsten kleinen Städte Kretas. Wie recht er doch damit hatte. Ich erzählte Ludwig die Geschichte, stand auf und schaute, wo Genius abgeblieben war. Gleich gegenüber, hinter einem Stopp-Schild mit einem Wegweiser nach rechts, saß er mit ein paar Leuten am Tisch einer kleinen Taverne, just in der Richtung, in die das Verkehrsschild zeigte. Halblaut rief ich: „Genius!" Er drehte den Kopf in meine Richtung. Alle am Tisch drehten den Kopf in meine Richtung. Er rief: „Elisabeth!", strahlte und stand auf.

Wir gingen aufeinander zu und nahmen uns zur Begrüßung in den Arm. Ich sagte am Tisch ein allgemeines Hallo, begrüßte seine Frau und fragte, ob ich mich kurz dazusetzen dürfe? Er erzählte, dass sie all die Tage hier in Mírtos gewesen seien, unterbrochen von ein paar Wanderungen in die nähere Umgebung. Ich erzählte ein wenig von meiner bisherigen Reise und bestätigte seine Aussage über dieses so herrliche Fleckchen Stadt. Zum Abschied bat ich um ein Foto, was er und seine Frau mir gerne gestatteten. Ich halte auch solch kleine Wiederbegegnungen für eine gewisse Art von Glück. Irgendwie war die erste Begegnung mit Genius vorher auch noch nicht recht rund gewesen, jetzt hatte ich ihn und seine Frau im Kasten.

Meine vielen Fotos sind mir nicht nur wichtig der Bilder und Motive wegen, sie sind auch ein großer Teil meiner Erinnerungshilfe, mein ausgelagertes Foto-Gedächtnis sozusagen. Viel Geschriebenes, viel Fotografiertes und vieles gut im Kopf behalten. Eine wunderbare Mischung, die mit gefühlten Erinnerungen dann gerne mal ein Buch ergeben.

Gestrüppte Bohnen in einer Tüte zum Beispiel, das Abgezogene in einer anderen daneben. Zum Trocknen über den Balkon gehängte T-Shirts. Eine Ziege grasend in einem wilden

Hinterhof und ein Mann alleine auf einer Bank am Meer. Das alles waren die Auffälligkeiten auf meinem Weg zurück zum Auto.

Ludwig wollte durch die kleinen Gassen gehen, ich entlang der Wasserkante. Mírtos bietet wahrlich viel Erholungswert. Nichts künstlich Aufgebauschtes. Keine Animierlokale. Nichts, was Halligalli-Touristen mögen würden. Hier war alles nur für mich. Auch hier könnte ich gut ein paar Tage alleine verbringen, ohne mich fehl am Platz zu fühlen. Vielleicht sollte ich für meine nächste Kreta-Reise eine Mírtos-Woche einplanen. Nur um da zu sein, um zu lesen, um zu schreiben, um Leute zu gucken, um dieses Kleinstadtleben zu probieren.

Schwester, hier würdest du dich gut erholen, und alle anderen auch, die einfach nur entspannen möchten und dennoch gerne das Flair einer kleinen Stadt dazu um sich herum.

Ich ging gemächlich über die Strandpromenade Richtung Ortsanfang. Ein Lokal folgt dort dem nächsten. Die Stühle und Tische sind schon unterschiedlich, alle jedoch im typisch kretischen Stil. Lounge- und Cocktailbestuhlungen hatten ihren Weg zum Glück noch nicht hierher gefunden. Jedes Lokal hat seine überdachte Terrasse mit Blick aufs Meer. Palmen ragen zwischen den Überdachungen gen Himmel. Menschen waren nur wenige zu sehen. Eine lange Tafel, quer zum Meer ausgerichtet, fiel mir besonders ins Auge. Blaue und weiße Stühle, eine blaue Stange als Geländer, befestigt an den aufstrebenden weißen Holzlatten für die Unterkonstruktion des Daches. Auf der langen Tafel ein helles Tischtuch, bedruckt mit mächtigen orangeroten Erdbeeren und dazugehörigem Grün. Dahinter wieder das blaue Meer, das etwas hellere Blau des Himmels. Daneben zur Rechten grauer Fels. Dieser Anblick war für mich

Weite, Leichtigkeit und Freude zugleich, so, als ob es auf dieser Welt keinerlei Sorgen gäbe. Dort, wo die Straßen auf die Uferpromenade zulaufen, ist jedes Mal ein freier Platz mit ungehindertem Blick aufs Meer. Dazu 'ne Palme, 'ne Bank und 'ne Laterne.

Plötzlich ein Strandlokal, an das ich mich gut erinnern konnte. Kafé Moze. Ich weiß nicht, ob es schon immer so geheißen hat. Ich weiß nur, dass es noch genau so dastand wie damals, als meine Schwester und ich das erste Mal hier in Mírtos Quartier genommen hatten. Alles in den Farben der griechischen Flagge, blau und weiß. Davor Steintürme aus naturfarbenen Sandsteinen, wohl fünfundzwanzig, flach übereinandergestapelt zu einem mannshohen Gebilde. Mittig durchbohrt, von einer langen Eisenstange gehalten. Nach oben hin werden die Steine kleiner und flacher. Den Abschluss bildet jeweils ein senkrecht stehendes Oval. Von Weitem konnte man diese Türme für den Hinweis auf eine Bäckerei halten. Sie erinnern schon sehr an aufeinandergestapelte Brotlaibe. Ob sie hier einzig als Dekoration des Lokals dienen oder auch als Kunstwerke zu erstehen sind, kann ich nicht sagen. Tolle Objekte sind es allemal.

Nun war ich wieder am Ortsanfang angekommen. Unter den hohen Tamarisken am Strand standen ein paar einladende Holztische mit blau-weiß karierten Tischdecken, davor die schon erwähnten türkisgrünen Sonnenliegen unterhalb des Big Blue.

Ludwig saß oben an der Steintreppe, die zur Straße hoch- und zum Wasser hinunterführt, und rief mir freudig entgegen:

„Bin schon da!" - Hase und Igel lassen grüßen.

30.

Wir verließen Mírtos und fuhren weiter über eine große Straße mit weißem Randstreifen recht zügig über Áno Viános, Mártha, Skiniás, Demáti und Mesochorió zurück nach Pírgos. Hier nahmen wir in unserem „Stammlokal" einen Mokka, genossen die ohne Markt menschenleere Einkaufsstraße und statteten den Waschräumen des kleinen Lokals einen Besuch ab. Der Weg führte uns über eine bemerkenswerte Wendeltreppe, mit einem Durchmesser von höchstens einem Meter, in die erste Etage. Ich war begeistert! War sie doch genau von der Art und Zierlichkeit, wie ich sie mir für mein ostfriesisches Familienhaus schon immer gewünscht hatte. Von hier an fielen mir diese kleinen Wendeltreppen an jeder Ecke auf, selbst auf der Ladefläche eines vorbeifahrenden Lkws, der gleich zwei davon transportierte.

Weiter ging es über Asími, Ágia Déka, Míres und Festós nach Pitsídia. Wir waren auf dem Rückweg, keine Frage, und so schauten wir ausschließlich auf die am Wegrand stehenden Bäume, Gräser und Häuser, ohne die einzelnen Orte näher zu betrachten. Im Städtchen Míres, nicht zu verwechseln mit Mírtos, hätte ich gerne haltgemacht, ein bisschen geschaut, ein bisschen verweilt, doch Ludwig rauschte hindurch, einfach so, ohne den Blick nach rechts und links zu wenden. Laut Reiseführer ist Míres ein lebendiges kleines Städtchen mit Cafés, Läden und Handwerksbetrieben, auf dessen Hauptstraße an Samstagvormittagen der größte Straßenmarkt Süd-Kretas stattfinden soll. Die Ausgrabungen von Festós, die nach den Ausgrabungen des Palastes von Knossós die zweitgrößte minoische Palastausgrabung hier auf Kreta ist, kannten wir beide von früheren Reisen, und so freuten wir uns einfach nur auf unseren Mittagssalat auf dem Dorfplatz von Pitsídia.

Pitsídia ist ein kleines Dorf, ca. 2 km vom Meer entfernt, in dem alle Straßen auf einen beachtlichen Mittelplatz zulaufen. Der Platz, gepflegt, mit großen, unregelmäßigen Sandsteinplatten gepflastert, blütenreich umpflanzt. Eine mächtige Platane spendet, von einigen Neuanpflanzungen unterstützt, Schatten. An der herumführenden Straße stehen gepflegte Häuser, von denen uns eines besonders ins Auge fiel. Die Pension Petros, über und über mit Bougainvilleen bewachsen, war uns eine einzige Augenweide. Schon bei meinem ersten Besuch hier hatte ich meinen Blick kaum davon lassen können. In drei der am Mittelplatz stehenden Häuser befinden sich Tavernen. Die eine steht direkt am Dorfplatz, die anderen beiden nebeneinander an der angrenzenden Straße. Alle drei Tavernen teilen sich den großen Mittelplatz für ihre Tische und Stühle.

Wir wählten unseren Platz unter einem der kleineren, von rosa blühenden Bougainvilleen durchzogenen Bäume. Das Sonnenlicht ließ die Blüten fast durchsichtig erscheinen. Unser Platz gehörte zur Taverne Markos. Wir bestellten griechischen Salat, eine Art Frikadellen und Tzatziki. Dazu für Ludwig ein kühles Bier und für mich ein dünnes Alster. An der Außenmauer der erhöhten Terrasse der Nachbartaverne hing früher ein in die Jahre gekommener Postkasten.

Beim letzten Karteneinwurf, den meine Schwester und ich hier vor Jahren tätigten, zweifelten wir im Nachhinein sehr daran, ob dieses Uraltmodell von Briefkasten noch regelmäßig geleert werden würde. Unser Gefühl sollte recht behalten. Die damals hier eingesteckten Karten kamen erst nach gut einem halben Jahr bei unseren Freunden in Ostfriesland an. Heute ist die ehemals nur verputzte Mauer mit einem Sandsteinmosaik verziert. Der neue gelbe Postkasten hängt an der anderen Seite des Dorfplatzes unter einem der kleineren Bäume.

Ich erzählte Ludwig von meinen Erinnerungen an Pitsídia. Meine Schwester und ich waren das dritte Mal auf Kreta unterwegs. Dieses Mal zu Fuß und mit dem Rucksack, per Fähre oder auch mit dem Bus. Wir waren von Kalamáki zu Fuß über Kamilári nach Pitsídia gelaufen und wollten hier eigentlich Quartier nehmen. Es war noch recht früh am Tag. Wir waren im Dunkeln gegen sieben Uhr in der Früh in Kalamáki losgelaufen. Um acht hatten wir beim sonntäglichen Morgenläuten der Kirchenglocken Kamilári erreicht und waren auf den einzigen Menschen dieser Wanderung gestoßen. Ein Mann auf einem Esel, klapper, klapper, klapper, und schon war er wieder aus unserem Blickfeld verschwunden. Oberhalb des Dorfes führte uns eine schmale Asphaltstraße weiter und weiter bis Pitsídia. Kein weiterer Mensch, kein Auto, kein weiterer Esel. Nur Katharina und ich inmitten schönster Olivenhaine mit von der Morgensonne beschienenen, gelb leuchtenden, hohen Gräsern darunter. Die Zikaden hatten ihr Morgenstelldichein gegeben, und wir wanderten leise summend, Schritt für Schritt mit unseren Reiserucksäcken auf dem Rücken diesem uns noch unbekannten Ziele entgegen. Vom Gefühl her kamen wir durch die Hinterpforte in den Ort. Wir durchliefen die kleine Gasse, die uns an einem Tante-Emma-Laden vorbei direkt zu diesem Dorfplatz geführt hatte. Wir strahlten. Wir fühlten uns gut. Wir hatten uns ein ordentliches Frühstück verdient. Auch damals schon hatte es uns der Yaurti me Meli angetan. Wir liefen ein wenig durch den Ort, doch irgendwie wollten wir nicht recht bleiben.

So ging es weiter nach Mátala. Mit neuem Wasser ausgestattet, liefen wir schnurstracks die Hauptstraße von Pitsídia direkt nach Mátala hinunter. Wir hätten auch den Bus nehmen können. Doch um der Fitness willen wollten wir es zu diesem Zeitpunkt noch nicht. Noch wollten wir uns selbst bewegen.

Kurz vor Mátala kamen wir an unsere Grenzen. Ich erinnere, das erste Mal den Firmennamen Die Zwei Brüder gelesen zu haben - D Z B. Eine Tankstelle, eine Autowerkstatt, ich weiß es nicht mehr genau. Zumindest waren wir gleich danach in Mátala. Wir wollten uns ein Zimmer suchen, waren aber nicht in der rechten Stimmung dazu. Vielleicht war uns der Trubel in der Basar-Gasse des Ortes auch zu groß. Zu viele Verkaufsstände, zu viele Menschen. Wir schauten auf die kleine Bucht, gingen links herum bis hoch oben auf die Außenterrasse einer geschlossenen Abend-Bar und setzten uns dort in die Sonne. Der Blick über die Bucht war wunderbar. Wir sahen auf das glitzernde Meer und auf die andere Seite der Bucht, auf die berühmten Höhlen von Mátala, die einem überdimensionalen Termitenbau ähneln. Ein, zwei, drei Stunden Nachmittagsruhe taten uns gut. Nun sollte ein Zimmer daher, doch die Schieflage der Hormone meiner Schwester ließ bei ihr nichts mehr zu. Alles war doof. Selbst die Höhlen von Mátala wollte sie nicht mehr mit anschauen. Ich wollte schon, und so parkte ich sie mit unserem Reisegepäck in einer schattigen Taverne am Eingang der Höhlenanlage. Ich schaute. Ich fotografierte. Ich nahm unangenehme Gerüche wahr. Waren das noch die Nachwehen der hier in den sechziger Jahren lebenden Hippie-Generation und ihrer nachfolgenden Rucksack-Touristen, oder wusste man heute immer noch nicht, dass es hier in der Nähe ordentliche Toilettenhäuschen gab.

„Und nun?", fragte ich.
„Hier ist es blöd!", entgegnete sie.
„Woll'n wir zurück nach Pitsídia?"
„Ja!" - „Gut, vielleicht geht ja noch ein Bus?"

Es ging kein Bus mehr, der letzte war um 18 Uhr gefahren.

Sie wollte dennoch nicht in Mátala bleiben, und so gingen wir zu Fuß wieder eine gute Stunde zurück nach Pitsídia. Wir konnten von Glück sagen, dass unsere Füße so gut an ihre Wanderschuhe gewöhnt waren und dass unsere Rücken die aufgeschulterten Rucksäcke nicht mehr wirklich spürten. Da drückte nichts, und da tat nichts weh. Es war nur eine kleine hormonelle Quakerei in der Luft, die wir lauthals singend mit allem, was uns an Liedern einfiel, vertrieben. Leere Wasserflaschen dienten uns als Schlagwerkzeug. Sie gaben uns den Takt an für unseren flotten Schritt, immer der Nase nach, auf der Straße von Mátala zurück nach Pitsidía.

Am Ende sangen wir:

„Schwähester Ziiion freuheuheuheuheue Diiich,
der Weheg nach Pitsídia hat bald ein End,
er dauert nicht mehr eeewigliiich."

Doch - wir waren wahrlich froh, als dieser Weg ein Ende hatte.

Wir nahmen das erstbeste Zimmer im erstbesten Haus, das uns nach Ansicht und Lage gefiel. Es mag Unsinn sein, doch irgendwie glauben wir besser schlafen zu können, wenn uns das Haus, in dem unsere Betten stehen, auch von außen her gefällt. Ist die gesamte Straße dazu noch nach unserem Gefallen, ist eine gute Nacht quasi garantiert.

Das damalige Haus unserer Wahl hatte eine hellgrüne Außenfassade mit dunkelgrünen Lamellen-Holzläden vor den Fenstern. In der ersten Etage befand sich eine große Terrasse mit wunderbarem Bewuchs von allerlei Grün und Bunt. Die Straße, heimelig. Es war ein einfaches Haus mit acht Zimmern an einem langen schmalen Flur. Vier auf jeder Seite. Am Ende des Flures, zur Straße hin, blickten wir auf einen kleinen Balkon, dessen Tür weit offen stand. Ein zarter Luftzug kam uns entgegen, als wir das erste Zimmer auf der linken Seite, gleich neben einem der drei Gemeinschafts-Badezimmer am quer dazu verlaufenden Flur bezogen. Zwei Duschbäder, ein Wannenbad. Wie schön. Ganz einfach, so wie wir es mögen. Ruhig und schlicht und unser. Dass das Bad außerhalb der Zimmer lag, mochten wir inzwischen auch. Es ließ uns uns so jung fühlen. Ein bisschen so wie in jungen Jahren, wenn wir uns auf Klassenfahrten in Jugendherbergen die großen Gemeinschaftsbäder mit allen anderen Mädchen hatten teilen müssen.

Meine Schwester duschte zuerst. Dann duschte ich. Nach so vielen Kilometern des Herumtragens unserer wohl 13 Kilogramm schweren Rucksäcke war das allemal nötig. Wir zogen uns an, machten uns hübsch und gingen hinunter zum Essen in ein kleines Lokal in einer der kleinen Seitenstraßen Pitsidías.

Es war herrlich.

Je anstrengender ein Tag, umso mehr genießen wir den Abend und die Ruhe danach. Ist das so? Brauchen wir die Extreme, um wirklich genießen zu können? Brauchen wir das Schlechte, um das Gute richtig schätzen zu lernen? Brauchen wir das Leid, die Trauer und die Sorgen, um im jeweiligen Gegenteil davon den wahren Wert erst richtig ermessen zu können? Was ist die Wahrheit? Was sind unsere wirklichen Empfindungen? Und wie weit trickst sich der Mensch mit solchen Erklärungen immer wieder selber aus? Mit Sicherheit können wir Schlechtes besser ertragen, wenn wir ihm einen Sinn geben und sei es nur den, dass wir das Gute danach intensiver und dankbarer wahr- und annehmen können. Ich behaupte ja immer, dass ich das Glück auch genießen könnte, wenn es immer und immerfort nur einfach so da wäre. Wissen kann ich das natürlich nicht, und dennoch glaube ich es trotzdem.

Wir saßen, wir aßen
und gingen danach glücklich auf unser Zimmer.

Pustekuchen, glücklich! Der ganze Stall war voller Mücken. Wir hatten nicht daran gedacht, die Fenster zu schließen, und wir hatten darüber hinaus vergessen, die Lampe über dem Spiegel zu löschen.

Wie dumm!
Wie unaufmerksam!
Wie folgenschwer!

Wir klatschten die Mücken mit Taschenbüchern, Zeitschriften und Handtüchern, doch nichts half wirklich vollständig. Immer, wenn wir dachten, alle Biester erwischt zu haben, krochen wieder neue und neue und neue aus den Lamellen der Kleiderschranktüren heraus. Wir waren wirklich wohlerzogene Frauen, doch fielen uns in dieser Nacht etliche Fluch- und Schimpfworte ein.

Klug ist, wer bei Zeiten erkennt, dass eine Schlacht verloren ist.

So zogen wir uns Wärmendes über unsere Nachthemden, schlüpften in unsere dicken Socken und gingen mit unseren Bettdecken, einer Flasche Wein und etlichen Rauchwaren gewappnet auf den großen, überdachten und sehr bewachsenen Gemeinschaftsbalkon auf gleicher Ebene. Wir haben kaum geschlafen in dieser Nacht, vielleicht ein wenig gedöst, und dennoch war dies eine der unvergessensten Nächte all unserer gemeinsamen Urlaube zusammen.

Ludwig und ich bezahlten unsere Mittagsspeise, fuhren auf meinen Wunsch hin noch kurz am alten Tante-Emma-Laden vorbei und dann zurück auf die Hauptstraße nach Kalamáki. Nach kurzer Fahrt standen wir auf dem Parkplatz oberhalb des Strandes von Kómo.

31.

Direkt neben dem Parkplatz befinden sich zwei Ausgrabungsstätten, die mir in früheren Jahren nie aufgefallen waren. Vielleicht hatte es sie damals noch nicht gegeben. Vielleicht war ich immer nur zu Fuß am Wasser entlang von Kalamáki zum Strand von Kómo gelaufen. Und vielleichter hatte ich den Parkplatz oberhalb des Kómo-Beaches somit vordem nie bemerkt.

Ludwig drängte es an den Strand zum Sonnenliegenschlaf. Ich brauchte für meine Schreibzeit Tisch und Stuhl, Trinkwasser und Schatten. Direkt am Treppenabgang, oberhalb des Strandes, neben einem Getränkestand, gab es das alles für mich, mit gutem Blick auf den Strand, das Meer und meinen Reisebegleiter Ludwig. Mir ging es wahrlich gut. Ich schrieb, schaute das Meer, die Wellen, den Himmel und sehnte mich, ohne jede Ahnung, wie unser Wiedersehen sein würde, nach Micháli. Seine abendlichen Klingelzeichen, unsere kleinen Plaudereien ließen Gutes erahnen, doch was wusste ich schon von seinen momentanen Befindlichkeiten, seinen wirklichen Gefühlen.

Nach einer guten Stunde ging ich zu meinem noch schlafenden Ludwig hinunter an den Strand. Ich schlenderte mit hochgebundenem Kleid bis ans Ende der Bucht und wieder zurück.

Bei diesem Strandgang schauten meine Augen weder nach grünen Steinen noch nach herzförmigen, sondern auf solche, die sich als Ersatz für meine so vermissten Olivenholz-Ohrclips eignen könnten. Rund oder oval, circa einen cm im Durchmesser, nicht zu dick. Ich versuchte immer zwei möglichst ähnliche Steine zu erwischen, was mir in einigen Fällen gelang. Zwei rund, flach und schwarz, je zwei in grünem Ton, in oval, in braun, in mehrfarbig gesprenkelt und gestreift. Was die Natur im Laufe von Jahrtausenden doch alles so hervorbringen kann! Das Finden der Steine war mir eine angenehme, meditative Beschäftigung. Sollte ich in den nächsten Jahren wirklich zweimal im Jahr für einen Monat nach Kreta reisen, dürfte es für mich ruhig ein paar Betätigungsfelder geben.

Was hatten wir denn da bisher?

- Griechisch-Lernende.
- Geschichten-Schreiberin.
- Ohrclip-Stein-Sammlerin.
- Lesende Café-Haus-Besucherin.
- Servicekraft bei Georgos und Vanna.
- Wanderführerin für neue Kreta-Reisende.
- Taxibootbegleiterin in Michális Taxiboot.
- Reiseausarbeitung und Reisebegleitung mit Ludwig.

Auf halber Höhe gibt es am Kómo-Beach eine Strandtaverne, genauso wie am Ende der Bucht, direkt vor dem hohen Felsen. Oberhalb, keine zweihundert Meter von der Felskante entfernt, befindet sich der Campingplatz von Kómo und zwei Kilometer weiter, auf der anderen Seite der Fahrstraße, Pitsídia.

Ich setzte mich zu Ludwig auf die Nachbarliege, teilte mit ihm die letzten Schlucke Wasser, eine Zigarette und ein paar Worte.

Er hatte gut geruht, ich ein wenig geschrieben und lustgewandelt, und so waren wir beide bereit für den nächsten, fast letzten Abschnitt unserer spontan entschiedenen, gemeinsamen fünftägigen Reise.

32.

Wir fuhren über eine gut ausgebaute Straße nach Plakiás, einem von andauernden Winden durchströmten Strandbad. Es ist wirklich so, hier steht der Wind niemals still. Hohe Schilfgewächse begleiteten uns auf dem letzten Stück Weg dorthin.

In Plakiás sollte unsere letzte Übernachtung sein. Ludwig wollte im ersten Haus am Platz ein Zimmer nehmen, einem großen Hotel, mit frag mich nicht wie vielen Zimmern. Ich schaute etwas ungläubig. Das waren doch nicht wir. Das war doch nicht der Ludwig, mit dem ich in den letzten Tagen in so wunderbar einfachen Häusern und Umgebungen genächtigt und verweilt hatte. Nun, er wollte in diesem Haus nach einem Zimmer fragen. Er hatte es in so guter Erinnerung. Er stieg aus. Er fragte nach den Zimmerpreisen und kam mit einem Ergebnis von 70 Euro zurück. Irgendwie wollte er es mir schmackhaft machen, von wegen Fahrstuhl und Pool und Frühstücksbuffet. Ich fühlte mit meiner Hand an seine Stirn. Vermutete Fieber. Fragte, wozu wir denn plötzlich einen Pool und einen Fahrstuhl bräuchten, und meinte dennoch, wenn es ihm zur Freude wäre, sollte er es nur buchen. Zum Glück war es ihm nicht wirklich zur Freude bzw. nicht so besonders wichtig.

Wir fuhren langsam die Uferstraße bis ans Ende des Ortes. Im fast letzten Haus am Strand fanden wir im Kreta-Mare-Hotel ein Zimmer für 50 Euro, mit Fahrstuhl und allem.

Hier am Ende von Plakiás ist es wunderbar ruhig. Der Blick vom breiten Balkon endet rechts an einem dunklen, weit ins Meer hineinragenden Fels, hinter dem gerade die Sonne untergegangen war. Das frühe Abendlicht, bläulichsilber, Ton in Ton mit allem. Eine schmale Straße mit hohem Schilf und einigen Tamarisken führt unterhalb des Hotels weiter bis ans äußerste Ende der Bucht. Was danach kommt, haben wir nicht erkundet. Von unserem Balkon aus blickten wir auf einen großzügigen Strand mit grauen Kieseln, blauen Liegen, weißen Tischchen und blau-weiß gestreiften Sonnenschirmen. Die Wasserlinie verläuft hier unregelmäßig mit tiefen Einschnitten ins Meer. Davor liegen größere und kleinere Felsblöcke im Wasser, verteilt wie die Teigfetzen in einem Zupfkuchen.

Ein russischer Zupfkuchen besteht aus einem dunklen Rührteigboden mit darüber gegossener dickflüssiger Quarkmasse, in die Fetzen des dunklen Teiges hineingezupft werden. Die Spitzen dürfen gerne aus der Käsemasse herausragen.

Das Kreta-Mare-Hotel bietet geräumige Zimmer mit kleiner Küchenzeile. Die Betten haben Rückenlehnen mit hellem Kunstlederbezug, darüber hängend Leselampen aus Messing mit geprägten weißen Schirmen. Auf den Betten, geschmackvolle Tagesdecken. Noch standen die Betten zusammen. Zum Glück ließen sie sich leicht auseinanderschieben.

Wir richteten uns ein. Ich belegte die kleine Küchenzeile mit meinem Kram. Sie sah jetzt fast so aus wie mein Küchentisch zu Hause zwei Tage vor meiner Abreise. Meine rote Bauchtasche thronte über allem, dahinter mein schwarzer kleiner Ich-hab-dich-ja-so-lieb-Rucksack und davor mein Krimskrams-Täschchen mit einem kleinen Marienkäfer darauf, der durchgehend schnell mal gute Laune holen geht.

Über gute Laune hatten Ludwig und ich uns an all den Tagen unseres Zusammenseins nicht beklagen müssen, war alle Zeit genügend davon da gewesen. Ludwig brauchte jetzt eine Dusche, ich ein paar Minuten Augen zu, bevor wir uns zum Abendessen auf die Promenade begeben wollten. Die Betten waren wunderbar. In dieser Spitzenqualität hatten wir sie bisher nicht genießen dürfen. Schwups - und schon war ich weggeschlummert.

„Hungrig?" - „Hungrig!

Wir hätten direkt ins Nachbarhaus unseres Hotels einkehren sollen. In eine Taverne mit überdachter, erhöht liegender, heimeligen Holzterrasse. Doch irgendwie hatten wir zu diesem Zeitpunkt noch keine Ahnung vom heutigen Plakiás. Wir hatten unsere Erinnerungen von früheren Reisen. Vielleicht hatte auch nur ich meine romantischen Erinnerungen an die Zeit, als ich mit meiner Schwester hier in einem kleinen Lokal, direkt am Wasser, im alten Teil von Plakiás zu Abend gegessen hatte. Zwischen den auch hier im Wasser liegenden rundgewaschenen Felsblöcken lag damals ein kleines weißes Holzboot, das wir als das unsere gedacht hatten.

Ich bat Ludwig um einen Spaziergang durch den Ort, bevor wir uns zum Essen niederlassen würden. Wollte einfach alles anschauen. Ludwig war nicht danach, und so einigten wir uns auf einen Kompromiss. Er ging in ein Internetcafé, seine Mails checken, ich, Plakiás betrachten. Es hatte sich nicht viel verändert, und dennoch schien mir alles moderner und mehr geworden. Ich war mir allerdings nicht sicher, was davon tatsächlich anders oder was in meiner Erinnerung an meinen ersten Besuch hier verblasst war.

Die Strandtavernen schienen größer und zahlreicher. Hier und da lief ein Fernseher. Die Schmuckläden waren alle noch da. Wieder wunderte ich mich, wer diese hochpreisigen Ringe und Ketten wohl kaufen mochte. In einer abseitsgelegenen Villa befand sich immer noch der anheimelnde kleine Laden, der von Weitem schon damals auf mich wie Traumland wirkte. Ich schaute durch das Dunkel auf das verschwommene Licht mit seinen bunten Elementen. Wie bei meinem ersten Hiersein zog es mich wieder magisch dorthin. Ich ging durch das Gartentor den langen Weg bis zur überdachten Terrasse, wandelte durch die Räume, betrachtete in Ruhe und genoss das dort Ausgestellte. Ausgewählte Kleinode, Silber- und Perlenkombinationen, kunstvolle Figuren, Ringe, Ketten, Armbänder, gerahmte Bilder, verträumte Kleider und Tücher. Vor Jahren erwählte ich dort für mein Mädchenkind ein zartes Perlenarmband mit Rubinsplittern. Heute suchte ich vergebens nach einem Ersatz für meine vermissten Olivenholz-Ohrclips. Statt ihrer durfte es ein weiteres Rosentuch sein.

Da war Ludwig - da war ich.

Wir gingen in das Lokal, vor dessen Terrasse damals im Wasser das Boot der „Schwestern Fürchterlich Bella und Blondi" gelegen hatte. Wir saßen sogar am selben Tisch der Schwestern Katharina und Elisabeth. Das Lokal füllte sich bis auf den letzten Platz. Ohne die vielen Menschen hier ist der Außenbereich dieser Taverne immer noch die heimeligste Terrasse Plakiás', doch so gefüllt war sie nicht unsere. Das Essen war gut, auch wenn uns alle vorherigen Speisen dieser Reise mehr Wohlgefühl bereitet hatten. Sicher war es unser Gefühl, unsere Abneigung gegen alles, was viel und voll daherkam.

Wir hatten uns einen Tisch mit Blick aufs Wasser gewählt, ein wahrlich schöner Platz, bis sich eine Mutter mit ihren beiden halbwüchsigen Kindern an unserem Nachbartisch niederließ. Drei unterschiedliche, gleichermaßen durchdringende Stimmen plapperten in einem fort nichtssagendes Zeug. Ludwig und ich beruhigten uns gegenseitig. Schoben es auf unser Alter, auf unsere Intoleranz, auf unseren Konservatismus, auf unser Alles, was wir doch eigentlich gar nicht sein wollten. Urplötzlich vernahmen wir unterhalb unseres Terrassen-Tisches agressivstes Fauchen und Gnurren zweier Katzen, von einer Intensität und Lautstärke, wie es uns vordem nie begegnet war - und schon waren Ludwig und ich wieder vollkommen da, ganz wir, absolut wohlwollend und fein zufrieden.

Es gibt Menschen, die verbringen hier Woche um Woche, jedes Jahr, immer und immer wieder. Die wandern nicht. Die reisen nicht. Die sind einfach nur hier und halten Plakiás für den schönsten aller Orte. So das Männer-Paar an unserem zweiten Nachbartisch. Ihre Begeisterung war wunderbar, auch wenn Ludwig und ich sie nicht teilen konnten. Allein der andauernde Wind hätte uns von hier fortgeweht. Wir sollten einfach mehr darauf achten, einsamere Plätze zu wählen. Lieben wir es doch, unseren Raum mit nur wenigen Menschen zu teilen.

Auf der hochgelegenen Terrasse der Taverne vor unserer heutigen Herberge hätten wir es so vorgefunden. Dumm gelaufen, doch so kann's geh'n. Dazu fiel mir die Jugendherbergsgeschichte mit meiner Schwester ein, die ich Ludwig auf unserem Nachhauseweg erzählte.

Bále - Umsteigestation - hinunter nach Plakiás.

Wir standen dort mit unseren Strohhüten gegen Sonnenstich. Die rothaarige Elisabeth und die blonde Katharina - „Bella und Blondi" eben. Der Bus war uns gerade vor der Nase weggefahren. Das kommt schon mal vor. Wir wussten, dass die gegenüberliegende Straße hinunter nach Plakiás führt. Direkt am Anfang, rechts der Straße, steht eine kleine weiße Kirche, zu der ein paar Stufen hinaufführen. Wir beschlossen zu laufen. Das konnten wir inzwischen wirklich gut. Während ich noch die Kirche anschaute, kleine Schwestern sind neugierig, hielt ein blauer, etwas verbeulter Pickup neben meiner schönen Schwester.

„You'd like to go to Plakiás?"
„Ja, bitte. - Né, parakaló."

Hier hörte ich das erste Mal „Élla, élla!", was griechische Männer zu und zu gerne benutzen, auch wenn sie es nicht wirklich eilig haben. Wir nahmen neben einem Hund und allerlei Gerümpel auf der Ladefläche unsere Plätze ein und hatten damit die rasanteste Fahrt, die uns je von einem Ort zum anderen brachte. Der Fahrer hatte einen wahrhaft schnittigen Fahrstil, wir unsere Hintern dadurch immer nur ansatzweise am Grund der Ladefläche. Mit dem Festhalten war das nicht so einfach. Zum einen versuchten wir es mit jeweils einem ausgestreckten Bein, das wir gegen die gegenüberliegende Begrenzung der Ladefläche stemmten, zum anderen, uns mit den Händen irgendwie, irgendwo festzuhalten. Dem Fahrer schien es große Freude zu machen, ordentlich in die Kurven zu gehen. Trotz seines Imponiergehabes und unserer großen Anstrengungen konnten wir uns vor Lachen kaum halten. Das verbrannte mit Sicherheit Kalorien in großer Zahl.

Wir hatten uns zur Jugendherberge fahren lassen. War uns doch trotz unseres Erwachsenseins nach günstigen Übernachtungspreisen. Seit unserer Jugend hatten wir nicht mehr in solchen Häusern geschlafen. Eine gepflegte Anlage, vielleicht zehn Minuten zu Fuß von der Uferpromenade Plakiás' entfernt. Nette Herbergseltern, angenehme Miturlauber unterschiedlichster Altersklassen. Wir zahlten unsere Schlafplätze sofort, stellten, nachdem wir im Mädchenhaus unsere Betten ausgewählt hatten, befreit unsere Rucksäcke ab und setzten uns auf einen Kaffee in den Schatten. Es war alles gut, alles sauber, alles ordentlich. In unserem Zimmer gab es fünf Etagenbetten, von denen nur eins der unteren belegt war. Wir gingen in den Ort, genossen den Nachmittag und den Abend, speisten in besagtem Lokal am Wasser und wanderten fröhlich mit unseren leuchtenden Taschenlampen zurück zur Herberge. Kurz nach 22 Uhr lagen wir in unseren Betten. Wir waren nicht ganz ohne Wein, leicht heiter. Unsere Zimmergenossin schlief bereits, als wir uns leise bettfertig machten. Ein flüsterndes „gute Nacht", und schon hätten wir schlafen können.

Wir lernen bei allem, was wir tun, dazu. Neues im Allgemeinen und Neues über uns selbst und über andere ebenso. Katharina weiß seither, dass sie nicht mit fremden Personen in einem Raum schlafen kann. Nicht, weil sie misstrauisch ist oder sich durch die anderen Personen gestört fühlt. Nein, sie selbst mag nicht stören, und das ließ sie in dieser Nacht so gar nicht zur Ruhe kommen.

Ach, wie war das auch wieder süß. Mitten in der Nacht, ich musste wie immer zur Toilette, schlich ich mich sachte ins Badezimmer. Nachdem ich mich leise zurück zu meinem Bett bewegt und mich entsprechend leise wieder in dasselbige hineingelegt hatte, erreichte die flüsternde Stimme meiner großen

Schwester mein kleines Ohr. Ich habe wirklich kleine Ohren, und sie ist wirklich meine große Schwester, auch wenn ich etwas länger gewachsen bin als sie.

„Hast du schon geschlafen?"
„Ich glaube schon."

Sie könne einfach nicht einschlafen, sei immer
noch hellwach und habe bisher kein Auge zugetan.

„Wie spät ist es denn?"
„Kurz nach drei."
„Na!", flüsterte ich,
„dann lass uns doch einfach aufstehen
und von hier verschwinden."

Selbst im Dunkeln fühlte ich ihr Strahlen, das trotz dieser bekloppten Situation aus reinstem Glück bestand. Leise, leise, ganz leise packten wir alles zusammen, machten kleinste Katzenwäsche und verschoben das Zähneputzen nach außerhalb. Wie klug, dass wir unsere Betten im Voraus bezahlt hatten. Wie gut, dass niemand unsere Ausweise einbehalten hatte, und wie hilfreich, dass wir uns immer und immer wieder gegenseitig so wunderbar retten und aus der Patsche helfen können.

Warm genug angezogen, mit festgezurrten Schuhen und all unserem Hab und Gut auf dem Rücken, liefen wir mit Hilfe der gelben Straßenlaternen, des Mondscheins und des Leuchtens unserer kleinen Taschenlampen glücklich den von hohen Schilfgräsern gesäumten Weg von der Jugendherberge zur Uferpromenade Plakiás' ans Wasser. Wir lachten. Wir waren ein wenig verrückt. Wir hatten noch zwei Äpfel, ein paar Kekse, uns beide, Kaugummis und genügend frisches Leitungswasser zum Trinken und Zähneputzen dabei.

Was also sollte uns passieren?

Wir stellten unsere Rucksäcke in die Nähe der Bushaltestelle auf die Terrasse einer geschlossenen Cocktail-Bar. Die Sessel waren äußerst bequem. Der Ort menschenleer. Der ewige Wind ließ die Wellen an den Strand bersten, die Blätter der Bäume rascheln und die Taue der Fahnenmasten gegen dieselbigen schlagen. Um sieben fuhr der erste Bus. Das sollte unser sein. Bis dahin hieß es, durchzuhalten und nicht zu erfrieren. Sitzen, hüpfen, die Straße rauf- und runterlaufen. Wasser trinken, Äpfel essen, eine rauchen, Kekse genießen und die Zeit verstreichen lassen.

Plakiás - du bist schön - aber nicht unser.

Ist schon komisch mit den Orten. So, wie wir sie erleben, sind sie für uns. Und keine daraus folgende Aussage kann Allgemeingültigkeit haben.

„Allens rein individuell."

Auf diese Worte konnten Ludwig und ich uns gut einigen, als wir tüchtig müde, froh und glücklich am Ende dieses Tages in der hinteren Bucht von Plakiás in unsere so wunderbaren Hotelbetten fallen durften. Schnell schliefen wir ein.

33.

Ohne Wecker aufzuwachen, ist schon ein wunderbarer Luxus. Ich darf das zu Hause auch, jeden Tag. Wilma ist eine Frühaufsteherin. Sie macht mit Freuden unseren Laden auf. Wir folgen unserem Biorhythmus, beide. Ihr Wachwerden ist in der Früh, meines um viertel vor neun. Sie geht um die Mittagszeit. Ich bleibe bis zum Feierabend. Genau wie es unseren Tagesrhythmen entspricht.

Oh, wie hatte ich gut geschlafen in dieser Nacht, in diesem Bett, auf dieser außerordentlich guten Matratze. Ich öffnete die Augen, schaute auf das offene Fenster mit seinem langen blau-weiß-schwarz gestreiften, halb durchsichtigen Vorhang. Er war zu zwei Drittel zugezogen und gab den Blick frei auf die helle Außenwand des Balkons und den lachsfarbenen Holzrahmen der Schiebetür. Durch den Vorhang sah ich das weiße Geländer, das dunkelblaue Meer und den darüber beginnenden hellblauen Himmel.

Eigentlich nichts Besonderes, und dennoch waren dieser Bildausschnitt und dieses schlichte Farbenspiel für mich so schön, dass ich es dort fotografierte und hier jetzt erwähnen muss. So ist das mit uns Augenmenschen, wir erfreuen uns an Dingen, auf deren Hinweis andere manches Mal nur mit einem Kopfschütteln reagieren können.

Da wir nicht viel von unseren Sachen ausgepackt hatten, waren wir schnell zur Weiterreise bereit. Ein letzter Blick vom Balkon, der uns den gleichen Bildausschnitt bot wie am gestrigen Abend. Jetzt leuchteten die Farben im Sonnenlicht. Der graue Strand vom Abend zeigte sich hier am Morgen in einer hellen

Sandfarbe, und mein Zupfkuchen-Meer leuchtete in schönstem Blau, passend zu den gestreiften Schirmen und Liegen am Strand.

Wenn Plakiás - dann hier am westlichen Ende der Bucht.

Als Ludwig zum Auto kam, stand da bereits diese ellenlange Schattenfrau in ihrem schwingenden Kleid. Sie winkte mit ihrem kleinen schwarzen Rucksack und lud freudig zur Weiterfahrt ein. Man sah sehr deutlich ihr hochgestecktes Haar, die Konturen ihres Reiserucksacks und den wallenden Rock ihres wadenlangen Kleides.

Wir verließen Plakiás und genossen am höchsten Punkt einen Blick zurück auf die tief unter uns liegende Bucht dieses langgezogenen Wind-Strand-Bades. Eine schmale Asphaltstraße führte uns mit fast stetigem Blick aufs Meer serpentinenartig durch die Berge hoch nach Rodákino, einem kleinen Ort mit uralten Steinhäusern auf weitem Plateau. Mitten auf der Straße, ein leicht verbeulter Pick-up mit einem Schäferhund auf der Ladefläche. So ist das hier, alles was mit muss, muss mit.

Am Ortsausgang, zwei Hinweisschilder:
Sfákia 27 km und Kóraka-Beach 2 km.

„Na Lisbeth, lässt die Sehnsucht noch was zu?"

Sie ließ noch etwas zu. Dazu wusste ich so oder so nicht, ob es einen berechtigten Grund gab, wirklich sehnsuchtsvoll sein zu sollen. Ist keine unbedingte Erfüllung unserer Sehnsüchte zu erwarten, sollten wir sie schön im Zaume halten, und so tat ich es dann auch. Wir bogen nach links ab und folgten dem Straßenschild zum Kóraka-Beach. Wir fuhren bis ans westliche

Ende der kleinen Bucht, zu dem ein grauer Sand- und Kieselstrand gehört. Bizarre Klippenwände bilden im Osten eine separate Bucht. Am westlichen Ende gibt es eine Ansammlung weniger Häuser, die uns insgesamt einen recht heimeligen Eindruck vermittelten. Hier wollten wir unser Frühstück genießen. Wieder einmal zog es uns in die Höhe. Hochgebaute Terrassen haben eine große Anziehung auf uns. Plätze mit Blick aufs Meer - ebenso. Wir wählten einen Tisch auf erhöhter Terrasse unter großen Bäumen. Nach meinem Erkundungsgang, im Nachhinein, der zweitschönste Platz vor Ort. Der schönste war nach meinem späteren Empfinden vorne am Meer bei Nikos & Anna. Eine gepflegte, ruhige Anlage am äußeren Punkt vom Kóraka-Beach. Auch hier würde ich gerne ein paar Tage verweilen, immer mit dem Wunsch nach Ruhe und Zeit im Hinterkopf. So nah an Chóra Sfakíon wäre es doch auch ein wundervoller Ort für die Liebe, ein paar Tage der Zweisamkeit mit meinem Micháli.

Nikos & Anna - Tavérna and Rent Rooms.

Warrum nicht!

Direkt vor der Felswand am westlichen Ende dieser Bucht lag das Anwesen von Anna und Nikos im schönsten Sonnenschein. Das Meer, ein zwei Meter tiefer Strand mit groben Steinen, danach eine schützende, aus Beton gegossene weiß gestrichene Mauer. Eine ebenfalls aus Beton gegossene Treppe führt hinauf auf den endlos groß wirkenden Platz, an dem das Schlafhaus, das private Wohnhaus, die Küche und der Schankraum der Taverne liegen. Eine mit Stroh überdachte Terrasse begrenzt das Anwesen zum Wasser hin. Der Blick aufs Meer wird durch die üppigen Felsgebilde zur Rechten enorm bereichert. Ich fühlte absolute Geborgenheit. Zwei große Tamarisken, die schon etliche Jahre alt sein mussten, lockern die weite gepflasterte und betonierte Fläche auf. Sie tragen große, aus groben Felssteinen gemauerte Ringe als Sandkästen für ihre Wurzeln und Stämme. Die Gebäude sind ebenfalls aus Felssteinen erbaut. Ein Farbengemisch aus vielen Grau- und Brauntönen. Hier ist viel naturbelassenes Holz verarbeitet. Die rechteckigen Tische unter dem Strohdach sind aus dem gleichen Holz gebaut wie die dazu gefertigten Bänke und Stühle, das Ständerwerk für den Sonnenschutz ebenso und die Auflage der Steintheke auch.

Wieder bestätigte sich mein Gefühl, mein Gefallen an allem, was hinten oder ganz am Ende eines Ortes oder Platzes liegt. „Willst du mich weiter erfreuen, führe mich nur immer wieder an solche Plätze", sagte ich lachend zu Ludwig, als ich ihm von meinem kleinen Ausflug zu Nikos & Anna berichtete. Der Junge braucht im Allgemeinen nun mal etwas mehr Ruhe. Ich dafür immer wieder etwas zum Lustwandeln und Schauen.

Unser Frühstück war serviert. Yaurti me Meli - what else?! Heute zierten Honigmelonenwürfel und Wassermelonenkugeln seine Oberfläche. Ich fotografierte die Tische drei, sieben und dreizehn, höhere Zahlen gab es hier nicht. Die Drei für den Geburtstag meiner Tochter, die Sieben für meinen und die Dreizehn für Peter, dem Mann meiner Freundin Neli, der diese Zahl neben der Zweiundvierzig einst zu seiner Lebenszahl erwählte. Katzen umschlichen unseren Essplatz, unsere Beine, den gesamten Terrassenraum. Sie störten an keiner Stelle. Ich denke, es werden drei, sieben oder auch dreizehn gewesen sein.

Wir fanden einen weiteren zweitschönsten Platz.

Kurz vor unserem Frühstückslokal führte uns eine schmale, komplett blau gestrichene Betontreppe über dreiunddreißig

Stufen mit rechts- und linksseitigem Rohr-Geländer hinauf zu einem paradiesischen Kleinod. Der Aufgang war beidseitig völlig eingewachsen. Am oberen Ende blickten wir auf zwei mächtige Palmen.

Ein Hinweisschild am Treppenaufgang mit der Aufschrift „Rent Rooms and Tavérna" hatte uns neugierig gemacht. Die Taverne befindet sich direkt oberhalb der Treppe, die Rooms in einem nahegelegenen Gebäude. Es gibt eine überdachte Terrasse mit dahinterliegendem, winterfestem Raum, mit Theke und kleiner Küche, in dem die Getränke und Speisen für die Terrasse vorbereitet werden. Ein heimeliges Plätzchen. Drei quadratische Tische an der Balustrade auf der einen Seite des Treppenaufgangens, ein weiterer auf der anderen. Dazu vier mittig auf der Terrasse verteilt. Hier zu sitzen, stundenlang, um zu lesen, zu schreiben oder einfach nur um da zu sein, ein herrlicher Gedanke.

Auch wenn Ludwig und ich auf dieser Reise nur den westlichen Teil vom Kóraka-Beach gesehen hatten, gab es für uns genügend Anlaufpunkte, um wiederkehren zu wollen. Der lange Strand lädt zum Sonnenbaden und Schlendern ein, die Ruhe zur Erholung. Kóraka-Beach ist einen Besuch wert, ob für einen Nachmittagsplausch, einen Tagesausflug mit allem oder für einen längeren Aufenthalt als Verweil- und Ausgangspunkt zur Erkundung des Südwestens Kretas.

„Chóra Sfakíon - wir kommen zurück!"
„Ist das jetzt eine Drohung oder ein Versprechen?",
fragte mich Ludwig amüsiert.
„Das weiß man noch nicht so genau.
Es kommt ganz darauf an, ob wir bzw. einer
von uns mit Sehnsucht erwartet wird oder nicht."

„Du meinst damit wohl dich!"
„So ist es!"
„Nervös?"
„Ja!"
„Er wird dich schon nicht fressen!"
„Nee, mich nicht, aber vielleicht dich!
Wir sollten uns auf keinen Fall dort unten gemeinsam
sehen lassen, zumindest nicht heute und nicht morgen."

Wir konnten uns vor Lachen kaum halten, auch wenn das alles gar nicht nur unernst gemeint war. Wir hatten keine Sorge, in Gefahr zu sein oder dass Micháli unangebracht reagieren würde, doch wollten wir ihn auf keinen Fall unnötig brüskieren.

Empathie ist das Zauberwort,
und damit tut man so etwas einfach nicht.

34.

Eine von Sonnenstrahlen beschienene, türkisgrüne Straßenbegrenzung am Rand eines Abgrundes, durch deren drei übereinander angebrachte Rohre grüne Sträucher und graue Felswände zu sehen waren, ließen mich begeistert ein Foto machen und rissen mich abrupt aus unserer zu Vorbeugezwecken geführten Unterhaltung. Ob das nun ausreichend sensibel oder empathisch war? - Man weiß es nicht.

Olivenbäume, karge Felsen, trockene Halme, ein paar Ziegen. Kurve um Kurve näherten wir uns unserem „Heimatort" Chóra Sfakíon. Wir wollten zu Tilman fahren und uns dann bei Theo und seinen Brüdern im Small-Paradise ein Zimmer in der Lýkos-Bucht nehmen. Ludwig und ich hatten das vorher gründlich überlegt und besprochen. Wir fanden unsere gemeinsame Zimmernutzung geradezu ideal und bereichernd und das weiß Gott nicht nur aus Kostengründen. Das war zwar reizvoll, doch ob unserer finanziellen Ausstattung nicht unbedingt erforderlich.

Ludwig meinte noch, ob ein gemeinsames Zimmer mein Liebesleben eventuell stören würde. „Mit Sicherheit nicht!", war meine überzeugt spontane Reaktion. Micháli würde niemals in diese Bucht kommen, um hier mit mir herumzuturteln. Dafür achte er viel zu sehr auf seinen Ruf und darauf, dass möglichst wenige Menschen etwas von unserem Tête-à-Tête mitbekämen.

„Und wenn, müsstest du bei Gefahr im Verzug
auf der Stelle das Zimmer räumen."
„Mit einem Sprung über den Balkon, was?"
„Nicht unbedingt, vielleicht hätten wir dann ja gerade
nette Nachbarn, die dich spontan aufnehmen würden."

Ludwig wollte noch etwas Geld ziehen. Der nächste uns bekannte Geldautomat war der am Ortseingang von Chóra Sfakíon, neben dem großen Kiosk. Ich wollte auf keinen Fall mit dorthin, und so fuhr er kurz am Ort vorbei, um mich an der kleinen Tankstelle oberhalb des Ortes zu parken. Er begab sich hinunter an den Eingang Chóra Sfakíons. Ich schlenderte vom Parkplatz der Tankstelle schon mal Richtung Anópolis, mit dem so herrlichen Blick auf die sfakiotische Bucht. Von hieraus hatte ich den Ort noch nie betrachtet. Den großen Parkplatz am Ortseingang, das Hafenbecken, den Vorplatz vom Xenia mit dem Anlegeplatz von Michális Taxiboot und die Rückseiten der an der Hafenpromenade stehenden Gebäude.

Ich begegnete dem Wirt von Michális zweitem Stammlokal, dem Lefká-Óri. Er belud gerade den Kofferraum seines roten Autos. Unsere Augen begegneten sich nicht, und so schlenderte ich einfach weiter bergan. Plötzlich kam Ludwig aus der falschen Richtung auf mich zugefahren. Wie ging das denn? Gab es einen zweiten Weg, einen den ich noch nicht kannte? - Nein, nein, den gab es nicht. Wir hatten uns einfach nur übersehen. Zum Glück kam es ihm nach einigen Kurven in den Sinn, dass ich in dieser kurzen Zeit noch nicht so weit gegangen sein konnte. So war er umgedreht und gleich darauf vor meinen Augen aufgetaucht.

Es war gegen Mittag, als wir über Anópolis und Arádena, dem verlassenen Ort am Eingang der gleichnamigen Arádena-Schlucht, nach Livanianá zu Tilmans Taverne hochfuhren. Zeit genug für alles. Bei meinem gestrigen Telefonat mit Micháli hatte ich ihm gesagt, dass ich irgendwann im Laufe des späten Nachmittages wieder in Chóra Sfakíon zurück sein würde.

„I THINK, I'LL BE BACK LATE IN THE AFTERNOON.
BEFORE DARKNESS WILL COME. I WILL CALL YOU."

Ludwig und ich waren froh, heil bei Tilman angekommen zu sein, war der Weg durch die gefühlte Steinwüste doch nicht ganz ohne Gefahr. Immer wieder kehrt sich die schotterige Piste um 180 Grad. Das erfordert eine umsichtige Fahrweise, um auf der Spur zu bleiben. Tilman saß hinter seinem rosa blühenden Oleander auf der Terrasse der Tavérna Livanianá. Er las versonnen in einem Buch. Zum Libyschen Meer hin flatterten große, türkisblaue Tücher im Wind. Das Meer und der Himmel waren von gleicher Farbe. Die Terrasse strahlte große Ruhe aus. Da war nichts in grellen Tönen. Kein Rot, kein Gelb, kein Violett. Alles in Wasser-, Himmel- und Erdfarben im Ein-

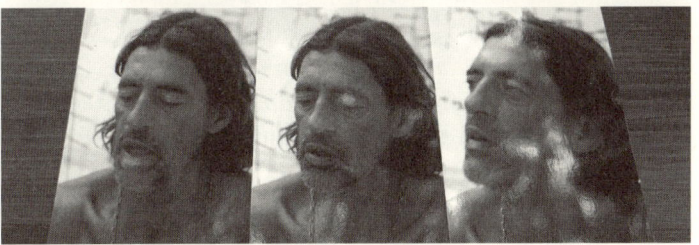

Tilman - Tavérna Livanianá - Wanderschuhe am Tavernenzaum

klang mit dem vom Schattenspiel überzogenen Betonfußboden. Simon war zum Einkaufen und zum Handyaufladen nach Anópolis gefahren, Nina auf Wanderschaft und Tilman alleine im Cockpit seines Paradieses. Er schien froh über unser Kommen.

Wiedersehen hat immer etwas von nach Hause kommen. Erst heute bemerkte ich die vielen ausrangierten Wanderschuhe, die in diese Taverne verliebte Besucher hier an den Zaun gehängt hatten. Bestimmt an die fünfzig Paare, von noch-ganz-passabel bis völlig-dahin, hingen am wohl fünf Meter langen Tavernen-Zaun. Die Sonne lieferte jedem Paar seinen eigenen Schatten. Ein imposantes Gebilde, das mir allemal ein Foto wert war. In den letzten fünf Tagen war einiges passiert. Tilman und Simon hatten damit begonnen, die der Taverne gegenüberliegende Betonwand in ihrem Lieblingsblautürkis anzustreichen. Freunde aus Deutschland waren dagewesen und hatten ein Straßenschild oberhalb der frisch aufgerollten Farbe angebracht.

„Tilmans Allee" - damit war es offiziell!

Tilman hatte einen Bekanntheitsgrad erreicht, mit dem er so nicht gerechnet hatte. Er war einfach der, der er war, und hatte mit seiner Taverne und seiner Art in Livanianá einen Platz freudiger Begegnung geschaffen. Es war so leicht, in dieser Atmosphäre, an diesem abgelegenen Ort, im normalen Miteinander ins Gespräch zu kommen. Inge, Manfred und mir war es so ergangen, Nina und Ludwig und nicht zu vergessen, Ludwig und mir, mit unserer daraus erfolgten Wanderung und unserer wieder daraus gefolgten fünftägigen Reise in den Osten Süd-Kretas, von der wir gerade in diesem Moment zurückgekehrt waren.

Möcht' nicht wissen, wie viele Kontakte
hier oben schon so ihren Anfang genommen haben.

Simon war zurückgekommen und hatte unseres Ludwigs verloren gegangene entspiegelte Super-Sonnenbrille samt seinem Sonnenkäppi dabei. Ob da wohl einer froh war? Die verspiegelte Reisebrille der letzten fünf Tage ging im Tausch sogleich in den Tavernen-Besitz über, womit wieder einmal ein geschichtsträchtiges Kleinod an diesem so herrlichen Fleckchen Erde Heimat fand. Nun war es Zeit, den Weg nach Lýkos hinunterzufahren. Reine Schotterpiste, die so ein kleines Rent-a-car-Fahrzeug sicher nicht allzu häufig hinauf- und hinuntergefahren werden möchte. Das letzte Stück vor den hinabführenden Stufen zum Small-Paradise gleicht einem Geröllfeld. Ludwig fuhr behutsam. An manchen Stellen gerade mal zwei bis fünf km pro Stunde. Unten angekommen, parkten wir den Wagen innerhalb eines kleinen, mit Maschendraht abgezäunten Parkplatzes.

Wir gingen einen ebenfalls von Maschendrahtzaun begrenzten schmalen Weg, mit linksseitig angrenzendem Gemüsegarten, folgten unregelmäßig hinabführenden Felsstufen, bis zu einer Pforte, der sich eine in Regelmäßigkeit gestufte abwärtsführende Betontreppe anschloss, die uns direkt auf die Tavernen-Terrasse des Small Paradise führte. Theo war da, Nikos und Maria, zwei ihrer Kinder und die alte Mutter. Dazu ein paar Gäste und Luc, der uns mit einem Wasserglas zuprostete.

Ludwig war vordem nie hier gewesen.

Er lächelte und meinte: „Es ist, wie du es sagtest."
Und ich erwiderte: „Ich sagte es, wie es ist."

„Hallo Theo, I think it's Sunday now,
and so I would like to have my room."
„It's Sunday, Elisabeth? - It'sThursday!"
„I told you, I'm back on Sunday.
Now I'm here and so it must be Sunday."
„Yes, really. Now I know what you mean,
you're right, it's Sunday."
„May we have a room with view over the sea,
with two separate beds, please,
maybe for five or seven days?"
„Of course, but why don't you want a double bed?"
„Because we are only friends. Not in love. We only
travel together, and so we sleep better in our own beds."
„Take room number six, there's all you need."

Na, geht doch mit das Englisch!

Der Preis fürs Zimmer, 25 Euro pro Nacht. Für jeden von uns 12,50 Euro. Das war doch fast wie geschenkt. Ich bezog das Bett an der Innenwand, Ludwig das an der Balkontür. Dieses Zimmer hatte nichts und dennoch alles, was wir wollten und brauchten. Zwei Betten. Zwei Nachtschränke. Eine kleine flache Bank. Zwei Lampen. Ein Bad mit Dusche. Einen schmalen Einbauschrank. Einen Balkon mit zwei Stühlen und dazu passendem Tisch. Einen blauen Aschenbecher und das Meer und das Meer und das Meer. Direkt unter uns blickten wir auf einen Kieselstrand mit einigen sich im Wachstum befindenden Tamarisken. Keine zehn Meter weiter vor uns, das Libysche Meer mit seinem Blau, seinem Türkis und seinem Himmel.

Ludwig meinte, dass bei dieser Bettenaufteilung die Energien am besten fließen würden und dass er zudem bei drohender Gefahr, als Mann und Held im Bett an der Balkontür, mögliche Gefahren besser von mir fernhalten könne. Was sollte ich als Frau da noch dagegen sagen können? Auf der Tavernen-Terrasse aßen wir jeder einen griechischen Salat. Ludwig ging zum Schlafen an den Strand. Ich rief Micháli an.

„Micháli, what about dinner tonight?"
„You're back? Where are you?"
„I'm at Lýkos, and if you like to meet me,
I will start soon by foot and take the next boat."

Über ein Zimmer machte ich mir keine Gedanken. Entweder wäre Micháli gentlemanmäßig vorbereitet oder nicht. Ich putzte mir die Zähne, duschte, wusch mir die Haare und trocknete sie in der Sonne vor. Ich zog mein sommerliches Unterzeug an, wählte das gute meiner schwarzen Kleider und die kurze meiner beiden Strickjacken. Ich malte mir das Gesicht, kruschelte meine Haare locker zusammen, zog Strümpfe und Wanderschuhe an und zurrte sie fest. Das Nötige für die Nacht war in meinem schwarzen Tagesrucksack untergebracht. Ich band mir die rote Bauchtasche um, schmückte sie seitlich mit meinem Rosentuch, verließ das Zimmer, besorgte mir bei Theo zwei halbe Liter Wasser und verabschiedete mich mit „Tschüss!", wohl eher mit „Adío!", für meinen Weg nach Loutró bzw. Chóra Sfakíon.

Ludwig wusste, dass er heute Nacht das Zimmer für sich haben würde, und er wusste auch, dass er unseren Schlüssel im Vorraum der Küche am Schlüsselbrett finden würde.

„Ach Ludwig, was bist du mir auch ein wunderbarer Reisebegleiter!" Morgen würden wir telefonieren, um zu schauen, was der neue Tag uns bringen wollte, sollte oder könnte.

Es ist für mich schon arg wichtig, immer wieder für mich alleine verantwortlich zu sein. Ich neige dazu, mich irgendwo dranzuhängen, ohne selbst zu spüren, was ich möchte. Ist ja auch so schön bequem, doch leider besteht die Gefahr, irgendwann nicht mehr zu wissen, wonach mir der Sinn steht, wo meine Bedürfnisse liegen. Inzwischen weiß ich das für mich ganz gut, und da wollte ich diesen wunderbaren Zustand auch nicht gleich wieder schleifen lassen.

Oben an der Treppe, schräg gegenüber unseres Zimmers, saß ein junger Mann auf der Balustrade. Kaum länger als ich, mit lockig blonden Haaren und stahlblauen Augen. Ein Lächeln wie das eines Märchenprinzen.

Er sprach:

„Wo willst denn du schon wieder hin?
Bist doch grad' erst gekommen."
„Mein Weg führt mich nach Chóra Sfakíon.
Doch wer seid ihr, holder Jüngling,
dass Euch diese Frage gestattet sei?"

So begann ein Spiel, das wir danach immer wieder gerne aufnahmen. Der holde Prinz hieß Christian - Christion, kam aus Luxemburg und wohnte im Zimmer nebenan.

35.

Die ersten zwanzig Schritte sind mir immer anstrengend, doch dann flutscht es meist. Die Treppe hoch, den Schotterweg hinan, den Berg hinauf und durchs Tor gegangen. Hallo Baum, hallo Schatten. Die gerade Ebene begangen, den roten Weg hinab und dann auf recht ebener Höhe oberhalb vom Old Fínix entlanggelaufen. Die nächste Steigung genommen, oben auf dem Bergplateau dem alten Gemäuer zugesprochen, die guten Schwingungen aufgenommen und beim Hinunterblicken auf Loutró tief eingeatmet.

Ich liebe diesen Weg von Anfang bis Ende. Jeder Schritt ein Stück Zuhause. Die Bucht von Loutró. Ein Blick hinunter und dann immer nur noch bergab, wie ein Zicklein auf dem Weg nach Hause. Gut, Zicklein ist jetzt nicht ganz richtig, doch wenn es sich so anfühlte, kann ich das schon mal so schreiben. Fünfundfünfzig hin oder her oder auf den Kopf gestellt, es kommt immer das gleiche dabei heraus. Fünf und fünf ergeben zehn, die Quersumme daraus eins - die göttliche Zahl.

Es dauerte keine Dreiviertelstunde, bis ich Loutró erreicht hatte. Vielleicht nur 'ne halbe oder irgendetwas dazwischen. Ich war weder durchgeschwitzt noch außer Atem. Mein Herzmuskel schien gut im Training. Meine Sonnenbrille war an meinem Ausschnitt ruhig geblieben. Irgendwie war ich rundherum glücklich. Unten am Kiosk kontrollierte ich meine Lippen, zog sie nach und kaufte mir eine neue Schachtel Zigaretten. Ich weiß, dass ich im Beisammensein mit anderen rauchenden Menschen anfälliger dafür bin. Lustraucherin eben.

Erst wollte ich herumnüddeln, irgendwo einen Kaffee trinken, alleine eine Zigarette genießen, ein bisschen Leute und Wasser schauen - die Zeit langsam vergehen lassen. Doch dann entschied ich, direkt zum Anleger zu gehen, um gegebenenfalls dort in der nächsten Taverne einen Saft zu trinken. Wie klug von mir - wie intuitiv - oder wie von wer weiß wo gesteuert. Auf jeden Fall erreichte ich den Anleger just in dem Moment, als ein Taxiboot aus Chóra Sfakíon vier Gäste hierher nach Loutró brachte und aussteigen ließ. Der Taxibootfahrer strahlte mich an. Ich strahlte zurück. Er reichte mir die Hand und half mir ins Boot. Vier, fünf Tage Entzug bewirken Wunder.

He was the politest and friendliest man I'd ever seen.

„Where is your luggage?"
„I left it in Lýkos. I have a room there."
„You will take a room in Chóra Sfakíon,
and have another one in Lýkos?"
„Yes, I'm on holiday and I can do it like this,
and even more for love."
„You are a special person, a little crazy?"
„Just like you, Micháli - just - like - you."

Und dann küsste er mich, hier am Steg von Loutró, auf den wackeligen Planken seines Taxibootes. Ich war verwundert, etwas erstaunt. Was war passiert? War die Freude so groß, die Sehnsucht so übermächtig, die Liebe gewachsen oder Loutró einfach nur nicht Chóra Sfakíon? Es war nicht wichtig. Denn auch, wenn es nur ein Akt unkontrollierten Handelns gewesen wäre - war, war es einfach nur schön.

Gefühlsregungen sind wie sie sind, und so fuhren wir strahlend und fröhlich, frei und verliebt übers Meer nach Hause - glücklich, uns jetzt und hier zu haben.

Micháli hatte bei Georgos im Xenia ein Zimmer für uns reserviert. Room Number 104. Das Zimmer unserer ersten Nacht. Es war noch nicht fertig, und so setzte ich mich ans Ende der Bucht an die Mole und genoss barfüßig die Wärme der späten Nachmittagssonne, während Micháli noch eine Fahrt mit seinem Taxiboot absolvierte. Ich guckte. Ich schrieb. Ich genoss die Ruhe. Er kam zurück. Setzte sich auf eine Zigarette zu mir und verabschiedete sich bis 21 Uhr für den abendlichen Besuch bei seiner Mama.

Gegen sieben sagte Vanna mir, dass unser Zimmer fertig sei. Ich nahm meinen kleinen Rucksack und meine Wanderschuhe und ging damit die Stufen zur ersten Etage hinauf. Zimmer Nummer 104 mit dem einen Doppelbett, dem kleinen Balkon und dem riesigen Flachdach auf gleicher Ebene. Der Blick aufs Meer und auf die mächtigen Felsen zur Rechten waren mir vertraut. Ich genoss, mit den Füßen am Geländer, ganz für mich alleine die letzten Strahlen der Abendsonne, freute mich auf Micháli und über mein Hiersein. Nachdem die Sonne gänzlich im Nichts verschwunden war, empfahl ich mich ins Bad. Ich wechselte in meinen langbeinigen Catsuit, tüddelte mir die Haare neu zusammen, malte mir die Lippen nach und schmückte meine Ohren mit den kreisrunden, silbernen Ohrclips mit grünem Chrysopras.

In diesem Moment schaute Micháli über das Balkongeländer, das er mit seinen langen Beinen leicht überwand. Unter seinem rechten Arm trug er seine sauberen Klamotten, mit dem linken umfasste er meine Taille. Er küsste mich zur Begrüßung. Kuss ist nicht gleich Kuss, dachte ich, während er im Badezimmer verschwand. Und knutschen ist nicht gleich knutschen, dachte ich, als wir nach dem Duschen die Finger nicht voneinander hatten lassen können.

Ein paar Tage des Entzuges macht Fleischeslust. Da muss das Abendessen warten, die Frisur hernach neu gesteckt, die Lippen neu gemalt und ein Ohrclip unterm Bett hervorgefingert werden. Man steigt erneut in seine Kleidung, überprüft die ganze Gestalt, lächelt sich zu und verlässt glückselig den Ort des Geschehens.

Micháli ging wie immer ein paar Minuten vor mir zurück auf die Terrasse. Mit Sicherheit wählte er wieder den hinteren Treppenabgang, während ich ganz normal den direkten Weg von den Zimmern zur Terrasse hinunterging. Er brauchte dieses Spiel - he needs this game.

Unser Tisch war besetzt. So kann es geh'n, wenn zwei mehr als eine Stunde zu spät am vorbestellten Ort erscheinen. Micháli plapperte mit Georgos. Ich gesellte mich an den Tisch meiner ebenfalls heute neu eingezogenen Zimmernachbarn, den Bewohnern von Nummer 103, dem Secret-Room, dem Zimmer ohne Zahl. Wir hatten am frühen Abend von Balkon zu Balkon miteinander geplaudert. Das geht immer schnell mal, wenn Kreta-Liebende aufeinandertreffen.

Unser Tisch wurde frei. Wir aßen ohne viele Worte. Unsere Füße berührten sich, unsere Hände dann und wann. Unsere Blicke lächelten sich zärtlich zu. Es war ein entspanntes, ruhiges Miteinander zweier Menschen, die sich gegenseitig anzogen, auch wenn sie kaum in der Lage waren, sich ihre Gedanken auf etwas breiterer Ebene mitzuteilen. Ohne eine gemeinsame Sprache würde das Ende unserer Möglichkeiten bald erreicht sein. Wir wussten kaum, wer wir waren, wir wussten kaum, was wir fühlten, und wir konnten uns schwerlich erzählen, was wir dachten.

Die körperliche Anziehung zwischen Micháli und mir, kombiniert mit der Gedankentiefe zwischen mir und Ludwig, angereichert mit einem Hauch mehr an Zärtlichkeit und einer immensen Lust am Küssen, wäre der Himmel auf Erden. Es muss nicht alles in einem Menschen vereint sein, doch wäre es schon von Vorteil, wenn alle Körperlichkeiten in nur einem Mann vereint wären. Sex mit dem einen und zärtlich-schmusige Stunden mit dem anderen wären früher oder später der Ruin einer jeden Verbindung.

Micháli ist ein Barbar. Nicht nur. Doch wenn ich ihn von außen so betrachtete, wollten meine Gedanken ihn gerne so nennen. Ich spürte Anflüge von Zärtlichkeit. Sah das Strahlen in seinen Augen. Bemerkte seinen Humor im Umgang mit anderen. Ich spürte seine Ausstrahlung, seine Freude und seinen bösen Blick, doch wusste ich wenig über seinen Intellekt, seine Interessen, seine Wünsche und seine Gedanken. Wir genossen unser Beisammensein. Das, was hier und heute war, war für den Augenblick gut. Die Mischung macht das Leben. Ein wenig von diesem, ein bisschen von dem. Hier und heute war es ein Abend zu zweit, harmonisch und wunderbar, begleitet von dieser kribbelig schönen körperlichen Anziehung.

Ludwig hatte gleich zu Beginn unserer kleinen Reise gesagt, wie sehr er sich darüber freue, dass Micháli sich so gut um meinen Körper kümmere, sodass er sich voll und ganz auf meine Seele einlassen könne, dass ich aber bitte wegen dieses griechischen Gigolos nicht wieder meine Mitte verlassen möge.

Nicht seinetwegen und auch nicht wegen irgendeines anderen Mannes. Eigentlich wegen nichts und niemandem, ausgenommen meiner selbst. Menschen in ihrer Mitte seien nun mal besser für und gegen alles gewappnet und gleichzeitig ungemein bereichernd im Zusammensein mit anderen.

Damit ich besser schlafen könne, schlug Micháli vor, auf seinem Boot zu übernachten. „Ach, Micháli", dachte ich dazu, „wenn du auf deinem Boot übernachten möchtest, sage einfach, dass du auf deinem Boot übernachten möchtest. Und wenn ich ungestört ohne dich übernachten möchte, sage ich einfach, dass ich ungestört ohne dich übernachten möchte." Ich wünschte mir jedoch, die Nacht mit ihm zu verbringen. Arm in Arm, Bauch an Bauch oder Rücken an Rücken. Die Beine schön durcheinander gewuselt oder anderweitig irgendwie dicht bei- oder miteinander verbandelt.

Wieder fiel mir einer von Ludwigs klugen Gedanken ein:

- Bleib bei dir.
- Übernehme nicht, was andere Dir vorlegen oder vorgeben.
- Prüfe, was du selbst möchtest, und sage dann, was du willst.
- Passt es mit dem zusammen, was dein Gegenüber wünscht, ist es gut. Wenn nicht, macht jeder das Seine, findet sich ein Kompromiss oder folgt der eine den Vorstellungen des anderen.

Alles ist möglich, alles ist gut,
solange nur jeder weiß, was er tut.

„No, Micháli, don't sleep on the boat.
If I can't sleep, I will sleep tomorrow at daytime."
„Okay, I will look after the boat now,
and if all is okay, I will come back soon."

Er schnappte sich seine kleine Porsche.

Ich schaute ihm nach und fotografierte die menschenleere Mole mit den drei einfachen Holztischen und ihren neun,

etwas schief darum herumstehenden Holzstühlen. Ein Ort großer Einfachheit, von dem ich mich ausgesprochen angezogen fühle.

Auf der anderen Seite der Bucht sah ich Micháli zu seinem Boot fahren. Durch das Leuchten der grellgelben Straßenlaternen und ob der Überschaubarkeit dieses Ortes war es mir ein Leichtes. Ich schlenderte zum Leuchtfeuer. Die Terrasse des Xenia war hell erleuchtet. Zwei der Terrassen-Tische waren noch besetzt. Stimmfetzen klangen zu mir herüber. Eine skurrile Atmosphäre. Ich genoss es, so für mich zu sein. Die Plätze am Wasser waren gänzlich leer. Ich fühlte die Stimmigkeit in mir und setzte mich mit baumelnden Beinen an die Mole.

Micháli würde wiederkommen oder auch nicht. Es würde sein, wie es sein würde, und wie es sein würde, wäre es gut. Ich war zu sehr in meiner Mitte, als dass mich irgendetwas aus meinem Wohlgefühl hätte herausreißen können.

Inzwischen saß ich auf meinem Balkon. Ich hatte Vanna und Georgos eine gute Nacht gewünscht und mir Wasser und Wein mit aufs Zimmer genommen. Eine Kerze flackerte im leichten Abendwind. Ich träumte mich weit übers Meer. Plötzlich stand er da, dieser lange Grieche mit seinen blitzenden Augen und seinem breiten Lachen. Dieser Barbar, dieser Mann, auf dessen Signale mein Körper so lebendig reagierte. Ein Gläschen zur Nacht, der Versuch eines Wortwechsels, der Ruf des Bettes.

So sehr ich diese Körperlichkeit mit ihm auch mochte, so sehr ich auch froh darüber war, das Gefühl des Begehrens wieder zu spüren, so sehr wünschte ich mir auch, diese Gefühle ohne jede Abhängigkeit, ohne jeden Schmerz wieder verlassen zu können. Diese Gefühle nahmen mich ein, beherrschten mich, und es kostete mich immer wieder eine gewisse Anstrengung, sie wieder zu verscheuchen. Ich sah ihn, ich dachte bestimmte Situationen, und mein Körper reagierte. Das war toll, keine Frage, doch bei all dem Wunderbaren fehlte es mir an Zärtlichkeit. Ich hätte gerne nächtelang mit ihm herumgeknutscht, Zärtlichkeiten getauscht, um dann erneut mit ihm zu schlafen. Doch das war nicht er, zumindest war er es nicht mit mir. Nach dem Beischlaf ein kleiner Kuss, ein In-den-Arm-Nehmen, Beine durcheinander, und schwups war er eingeschlafen. Meeresluft macht müde, und davon hatte er ja jeden Tag genügend. Dazu sind wir Menschen unterschiedlich in unseren Bedürfnissen und in unserem Umgang miteinander. Verließ er mich am Morgen, war es kurz und knapp. Er stand auf, ging ins Bad, duschte, putzte sich die Zähne, zog sich an, nahm seine Sachen, gab mir einen Kuss auf die Wange oder auch zwei und verschwand, wie er gekommen war.

Er kam nach der Zeit und ging vor der Zeit. Wie ein Traum, der nach dem Schlafengehen kommt und vor dem Aufwachen wieder verschwunden ist. Manchmal konnte ich ihn ein wenig mit in den Tag hineinnehmen.

Manchmal für kurz - manchmal für länger.

36.

Nachdem er über das Balkongitter mit einem Luftkuss und einem breiten Grinsen verschwunden war, döste ich noch ein wenig. Ich lächelte über meine kleine Lovestory und in mich hinein und dachte darüber nach, wie oft ich das wohl noch so haben könnte, würde, wollte oder müsste. Alsbald stand ich auf, genoss die warme Dusche, nahm mein kleines Hab und Gut und ging. Micháli hatte unser Zimmer schon bezahlt. Ich verabschiedete mich von Vanna mit den Worten:

„In a few days I will come back,
two days before my flight goes to Germany."

Micháli hatte mir erzählt, dass er für ein, zwei Tage nach Chaniá fahren würde. Irgendetwas wegen eines Bootes oder einer Fahrerlaubnis. So ganz verstanden hatte ich das nicht. Und das, was ich verstanden hatte, schien mir nicht besonders logisch. Wenn es nur wegen einiger Formalitäten gewesen wäre, hätten wir doch wunderbar gemeinsam fahren können. Stunden, ein, zwei Tage ohne Zuschauer hätten unserer Zweisamkeit sicher gutgetan. Er hätte seine Angelegenheiten erledigen und für den Rest der Zeit mit mir lebendig und frei durch die Stadt ziehen können. Wann er nach Chaniá fahren würde, schien nicht ganz klar, nur dass es im Laufe der nächsten Woche sein würde, in der letzten Woche meines Urlaubes. Er fragte nicht, ob ich ihn begleiten wolle, und ich schlug es ihm nicht vor.

Mein Chóra Sfakíon bestand aus vielen kleinen Puzzleteilen: dem Hotel Xenia mit dem Zimmer Nr. 104, dem kleinen Fährboot Delffíni, dem Leuchtfeuer am Ende der Mole und den schiefen Stühlen und Tischen dieses Platzes, Michális Taxiboot, seinem Freilichtbüro am Wasser, dem Platz auf der

Terrasse hinter dem üppigen Grün und den beiden Sesseln am Ende der Uferpromenade. Das Stavros-Haus mit seinem idyllischen Vorplatz in zweiter Reihe gehörte ebenso dazu wie der kleine Zigarettenladen und mein Frühstücksplatz am Anfang des Ortes in der Taverna-Obrosgialos. Die lange Steintreppe, die zum Busplatz führt, die Taxiboot-Quadrat-Box und der Anlegeplatz mit Michális Nachtquartier ebenso. All das war mein Chóra Sfakíon.

Ob ich das jetzt alles mit einem kleinen Wermutstropfen fotografierte? Vielleicht? Dennoch war mein Herz nicht schwer. Da war eher ein Gefühl von Glück und Leichtigkeit, mit Gedanken an eine gute und lebendige, ereignisreiche Zeit.

Ich setzte mich zum vorläufigen Abschied in die Taverna-Obrosgialos, oberhalb des kleinen Kieselstrandes und bestellte mir einen Yaurti me Meli. Die große Fähre fuhr gegen elf. Für mich genügend Zeit für ein entspanntes Frühstück. Am Morgen hatte ich Micháli vom Balkon aus an der Taxibootzentrale sitzen sehen. Nun fuhr er mit seinem Moped an mir vorbei, um gleich darauf mit seinem Taxiboot und ein paar Gästen aus der Bucht herauszufahren.

„Tschau Micháli", dachte es in mir,
„we'll see if we'll meet again."

Der Platz an der gegenüberliegenden Mole füllte sich mit Gästen für die Fahrt um 10:15 Uhr mit der Delffíni zum Sweet-Water-Beach. Kurze Zeit später machte ich mich auf den Weg zur Fähre ans andere Ende der Bucht.

Ich schlenderte die Hafenpromenade zum Fähranleger hoch. Vor der Taxibootzentrale saß ein älterer Herr. Er grüßte und

fragte, ob ich einen Kaffee mit ihm trinken wolle. Er war Grieche, hatte eine gewisse Ähnlichkeit mit Micháli, auch wenn sein Haar kurz war und er höchstens ein Meter achtzig maß. „Maybe next time. Now I have to reach the ferryboat." Es gab keinen Grund, unfreundlich zu sein. Höfliche Frage, höfliche Antwort. Es musste sich um Theo, Michális älteren Bruder, gehandelt haben, dem Vater seiner beiden Neffen. Hatte Micháli ihm von mir erzählt? War ich die Art Touristin, die man ansprach? Oder war es mein entspannter Gang, der Zeit und Ruhe versprach?

Als ich weiterging, bemerkte ich Dinge, die mir zuvor nicht aufgefallen waren. Ich befestigte ein kleines Büschel Grün an der Vertäuung vom Sfakía-Express, dem Übernachtungsboot von Micháli, fotografierte meinen Blumengruß, die blutroten am Hafenbeckenrand liegenden Fischernetze und den Glockenbogen oberhalb der aufstrebenden Felsen mit seinem alten Steinkreuz. Ich blickte auf die mächtigen Betonkegel, dem Schutzwall der Sfakía Bucht. Bemerkte eine kleine Tamariske, über deren unteren Ast ein dick geflochtenes Tau hing, einen freistehenden, skulpturartigen Fels am Anfang des Betonkegelwalls, das Diving-Center am Fähranleger mit seinem kleinen Café und die Porto Gramvusa, mit der ich gleich hinüber nach Loutró fahren würde.

„Next time I will sit down here at Diving-Center,
to watch all the people come and go."

Mein verträumtes Ich kam am Fähranleger an. Ja, das Boot war noch da, doch kam ich wohl ohne Fahrkarte an Bord? Oder konnte man eine solche hier am Schiff kaufen? Nein, man konnte es nicht. Das Fahrkartenhäuschen stand nicht ohne Grund am Anfang der Hafenpromenade. Ein bisschen Sport

würde mir guttun, und so ging ich ohne murren und knurren flotten Schrittes, mit zwischenzeitlichem Kauf meines Tickets, den ganzen Weg zurück und wieder zurück und war, welch Glück, just drei Minuten vor dem Ablegen der Fähre wieder an Ort und Stelle. Perfektes Timing. „Adieu Chóra Sfakíon, now I'm leaving you like a real tourist", dachte ich, und ja, da war schon ein wenig Wehmut mit in meinen Gedanken.

Auf dem Sonnendeck fand ich einen Platz. Abschiedsblicke auf Chóra Sfakíon - Ankommensblicke auf Loutró. Während der Fahrt fiel mein Blick auf eine Wandergruppe von wohl dreißig Personen. Sie marschierten im Gänsemarsch von Loutró zum Sweet-Water-Beach und erinnerten sehr an die Ameisengarde der Biene Maja. Ein Anblick allgemeiner Erheiterung.

Die Fähre erreichte Loutró. Ich stand auf dem Oberdeck und beobachtete den Menschenstrom, der die Fähre hier verließ. Der Strom brach ab. Plötzlich schoss es mir durch den Kopf, dass doch auch ich hier in Loutró die Fähre verlassen wollte. Der nächste Hafen würde Ágia Rouméli sein, doch der war heute nicht mein Ziel. Schwuppdiwupp das Oberdeck überquert, die Treppe hinuntergehüpft und am Kapitän vorbei über die Ladeklappe gesprungen.

„Loutró, da bin ich wieder!"

37.

Nun erfragte ich per SMS den Tagesplan meines Ludwigs. Er wollte heute zum Mármara-Beach laufen. Das wollte ich nicht. So entschied ich mich für einen ruhigen Nachmittag in Loutró, um einfach nur da zu sein, zu schreiben und den Tag vergehenzulassen. Am späten Nachmittag würde ich bei nachlassender Sonnenkraft über die Felsen von hier zur Lýkos-Bucht hinüberwandern.

Auch, wenn mir das Schreiben reinste Freude ist, war es an diesem Nachmittag ratsam, es pflichtbewusst und ausgiebig zu betreiben. Wie war das noch mit dem Kurz- und dem Langzeitgedächtnis im Alter? Eben!

Die Fähre hatte gerade wieder abgelegt. Die Delffíni frisch am Bootsanleger von Loutró festgemacht. In diesem Moment sah ich Micháli mit seinem Taxiboot in die Bucht hineinfahren. Alles ist hier alle Zeit gegenwärtig. Ich saß in einer Taverne am Wasser, hatte mir einen Orangensaft bestellt und alles gut im Blick. Natürlich war ich süchtig nach diesem Mann. Natürlich hätte es mir gefallen, wenn er sich suchend nach mir umgeschaut hätte und mir beim Erspähen ein Lächeln und einen Luftkuss übers Wasser geschickt hätte. Solche Gesten sind, der Freiwilligkeit entsprungen, schönste Geschenke, die eingefordert ihren Wert verlieren. Hätte ich ihm hinterherpfeifen sollen, sein Bemerken quasi einfordern? Nix da! So beobachtete ich nur, wie er mit flottem Gang den Steg hinauflief, mit zwei Gästen zurückkam, ihnen die Hand reichend aufs Boot half und, wie es seine Art war, schwungvoll mit ihnen davonfuhr.

Er hatte mir erzählt, dass er am frühen Abend eine Verabredung mit seiner Tochter zum Geburtstagsessen habe. Sein Boot kam noch zwei weitere Male in die Bucht gefahren, danach war Ruhe. Ich bestellte mir ein Omelett-Speziale mit Tomaten, Schinken und Oliven, und obwohl Oliven normalerweise nicht auf meinem Speiseplan stehen, fand ich sie in dieser Kombination, gebacken sozusagen, ausgesprochen schmackhaft.

Ich spazierte durchs halbe Loutró und blieb vor dem farbenfrohen Laden mit bunten Kleidern, Tüchern und allerlei Schmückendem stehen. Vor Jahren hatte ich dort einige dieser kleinen Netzleibchen gekauft, von denen ich eines zu Beginn meiner Reise mit Ludwig getragen hatte. Damals kosteten sie acht D-Mark pro Stück. Zwei Jahre später sah ich sie für teuer Geld in einem exklusiven Modeladen bei mir zu Hause. Ich schaute alles, was hier angeboten wurde, drinnen wie draußen. Probierte ein paar Kleider, von denen mir heute an mir keines recht gefallen wollte. Ich richtete mein Augenmerk auf farbenfrohe Armbänder aus unterschiedlichen Holzfragmenten. Nachdem ich einige von ihnen im großen Ladenspiegel an mir betrachtet hatte, erwarb ich eines aus dunkelbunt gefärbten Holzknöpfen.

Beim Hinausgehen fielen meine Augen auf eine vierfarbige Scheibenholzkette in Natur, Grau, Lachsrosa und Dunkelrot. Sie passte sehr zu meiner Hautfarbe, meinen roten Lippen und meinem schwarzen Kleid. Hätte ich sie hier und heute nicht mitgenommen, wäre sie mir ob der verpassten Chance im Nachhinein sicher immer wieder durch den Kopf gezogen. Ich ließ sie nach dem Kauf gleich um, fühlte mich damit wunderbar geschmückt und getröstet und kehrte danach wohlig entspannt in eines der hinteren Lokale Loutrós ein.

Direkt am Wasser, auf einer vorgelagerten Holzterrasse, standen blaue Stühle an blauen Tischen, die mich einladend anzogen. Wollten die Tavernen-Besitzer Loutrós ihre Terrassen-Plätze erweitern, ging dies nur mittels eines Steges in Richtung Wasser. Auf einer solchen übers Wasser gebauten Steg-Terrasse saß ich nun. Rechts von mir der Strand mit blau-weiß gestreiften Sonnenliegen und gelben Kajaks. Vor mir die weite Bucht mit dem im Sonnenlicht glitzernden Meer und ihren aus- und einfahrenden Schiffen und Booten. Hinter mir der Häuserkranz dieses so idyllischen Ortes, ganz in Weiß und Blau.

Kaffee und Wasser, dazu mich, meinen Schreibblock und den roten Stift aus meiner kleinen Utensilientasche. Ich musste nichts. Hatte keine Termine, keine Verpflichtungen, keine Verabredung. Ich musste ja sowieso nichts, hatte ja Urlaub, komplett, doch hier und jetzt musste ich noch weniger als das, nämlich gar nichts. Und, oh Wunder, es tat nicht einmal weh. Es schien, als hätte ich das Nichtstun, das Verweilen begriffen. Es war ein einziger und wahrer Genuss.

Ich schrieb, ich dachte, ich schaute, und ich schrieb weiter. Am übernächsten Tisch fand sich ein junges Paar ein. Sie fotografierte ihn. Er fotografierte sie. Und ich fragte, ob sie denn auch mal gemeinsam aufs Foto möchten. „Gerne! Das ist aber nett!" Ich stand auf, ließ mir ihren Fotoapparat erklären und machte von ihnen verliebte Fotos vor blauer Kulisse. Als ich schon ein kleines Weilchen zurück an meinem Tisch war, fragte ich lachend, ob ihnen denn auch meine schöne, neue Kette aufgefallen sei, und sie sagten:

„Jetzt mal ganz ohne Witz. Wir haben sie bemerkt, finden sie wunderschön und uns schon gefragt, wo du sie wohl herhast?"

Ich verriet es ihnen. Der Bann war gebrochen. Dennoch ließen wir einander weiter in Ruhe. Sie genossen ihre Zweisamkeit, ich meinen literarischen Fluss.

Als die beiden aufbrechen wollten und sich verabschieden kamen, fragte ich, wo sie denn im richtigen Leben zu Hause seien? Sie käme aus Freiburg, er aus Oldenburg.

„Oh!", sagte ich, „Oldenburg!"
„Dann bist du ja gar nicht weit von mir."

Ich erzählte, dass ich früher häufig in Oldenburg gewesen sei, weil meine große Schwester dort an die dreißig Jahre gelebt und gearbeitet habe. Doch nun, da sie wieder in unsere Heimat zurückgekehrt sei, hätte Oldenburg eher Seltenheitswert für mich.

„Was hat denn deine Schwester dort gemacht?"

Beim Erzählen kam heraus, dass sie seine Vorgesetzte gewesen war, dass er mich von ihrer Abschiedsfeier her kenne und sich jetzt, mit der dazugekommenen Info, auch gut daran erinnere. Er sei der Paulo Sowieso. Nachdem er das gesagt hatte, erkannte auch ich ihn sogleich. War das wohl ein schöner Zufall? Ich gab ihm meine Ladenkarte, und selbst das darauf abgebildete Haus war ihm bekannt, wenn bisher auch nur von außen.

„Nun", sagte ich, „dann steht die Einladung jetzt. Kommt doch, wenn ihr mal wieder in Ostfriesland seid, auf einen Kaffee herein. Alle wichtigen Informationen stehen auf der Karte."

Gegen 18 Uhr verließ dann auch ich diesen herrlichen Platz am Wasser. Ich wollte vorm Dunkelwerden in Lýkos angekommen sein, denn auch, wenn ich vom Namen her eine Katze bin, fällt mir das Sehen in der Dunkelheit doch eher schwer. Ich war rechtzeitig zurück. Der Prinz saß wieder oben auf der Balustrade. Ich musste schon lachen - und er lachte auch.

„Christion, was machst denn du da schon wieder?"
„Ich sitze hier Stunde um Stunde und
warte, dass die Holde heimkehrt."
„Spinner, alter - verrückt aber wunderbar!"

Ich ging hinunter auf die Terrasse, begrüßte Theo und Manoli, holte mir den Zimmerschlüssel und legte mich für ein Stündchen aufs Ohr. Ludwig kam und weckte mich mit seinem Türklopfen. Wir machten uns frisch und hübsch und gingen zum Abendessen auf die heimelige von Tamarisken überwachsene Terrasse des Small-Paradise.

38.

Die Terrasse war mäßig besetzt. Wir wählten den Tisch in der Nähe des Treppenabganges und bestellten Ziege, Bohnen und gefüllte Paprikaschoten, Wasser und Wein, dazu für Ludwig ein Bier. Wenn zwei sich 24 Stunden nicht gesehen haben, gibt es so mancherlei zu erzählen. Ludwig hatte seinen Nachmittag am Mármara-Beach verbracht, hatte geschlafen und gelesen und das Bad im kristallklaren Wasser der Bucht genossen. Es hatte ihn beeindruckt, wie klar doch der Blick bis auf den Grund des Meeres gewesen sei und wie er alles, was dort kreuchte und fleuchte, schwimmte und glimmte so gut hatte beobachten können. Gestern Abend habe er mit Luc und Christion zusammengesessen. Es sei ein langer, feucht-fröhlicher Abend gewesen. Das ist ja das Geniale an diesen abgelegenen Orten. Man kommt alleine und kann, wenn man es möchte und nicht gerade ganz verschlossen ist, wunderbare Zeiten in bester Gesellschaft verbringen. Paare und Gruppen bleiben eher unter sich, Einzelwesen schließen sich leicht zusammen.

Ludwig ging vor mir aufs Zimmer. Die Nachwehen des gestrigen Abends forderten seinen Schlaf. Er wollte die Tür angelehnt lassen, damit ich später, ohne ihn wecken zu müssen, problemlos ins Zimmer kommen könne. Ich setzte mich an einen der Balustraden-Tische mit Blick aufs mondbeschienene Wasser, bestellte mir noch einen Wein und schrieb weiter. Es waren schon noch ein paar Leute da. Eine kleine Reisegruppe, zwei Paare, einige einzelne Männer und Frauen, die sich zu Gesprächen zusammengefunden hatten, die Familie und Christion. Er wechselte dann und wann den Tisch, plauderte hier und da ein wenig, ohne sich irgendwo richtig niederzulassen. Ich tat, was ich tat und hatte ihn dabei dennoch immer wieder im Blick. Gerne hätte ich mich mit ihm unterhalten, erfahren, was in seinem Innern so vor sich ging, was für ein Mensch er ist und ob das, was ich von ihm dachte, mit der Realität übereinstimmte.

Er strahlte für mich das Zarte aus, das Weiche, das Schmusige, das, was mir als Ergänzung zu Ludwig und Micháli noch fehlte. Mit ihm müsste das Küssen wunderbar sein. Es war nicht so, dass ich es mir herbeiwünschte oder dass ich ernsthaft in Erwägung zog, mit diesem jungen Mann anzubandeln. Doch die Vorstellung, mit diesem Menschen unten am Wasser zu sitzen, aneinandergelehnt, Arm in Arm, er in meinem oder ich in seinem und dabei den Geräuschen des Meeres zu lauschen oder unseren gegenseitigen Worten, gefiel mir sehr. Wir hätten uns Geschichten erzählt oder uns gegenseitig vorgelesen oder einfach nur den Sternenhimmel betrachtet. Wir hätten uns beim Fall einer Sternschnuppe etwas gewünscht oder uns von unseren Träumen erzählt. Vielleicht hätten wir auch Küsse getauscht, doch war das eher nicht in meinen Gedanken. Ist ein Mann um einige Jahre jünger als ich, klammere ich Beziehungskisten zu meinem eigenen Schutze automatisch aus.

Nicht Mann und Frau, eher männlicher Mensch und weiblicher Mensch, doch noch eher wohlwollende, zärtliche Menschen im Zweierpack.

Dabei kommt mir ein Wortetausch in den Sinn:

"Ich liebe dich!"
„Wie die Erwachsenen es tun?"
„Nein, in echt!"

Ich fühlte mich mit ihm verbunden, und ich glaubte zu spüren, dass es ihm mit mir ebenso ging. Ja oder ja - möglich oder auch nicht. Ich folgte weiter meinen Gedanken, meinem Schreiben und folgte auch weiter dem Flug des Schmetterlingsprinzen, bis es ihn zu später Stunde doch noch an meinen Tisch wehte.

„Schreiberin, was erzählen deine Geschichten?"
„Sie erzählen vom Wind, vom Wasser, den Wellen,
von dir und mir vielleicht, und was mir sonst noch durch den Kopf zieht. Es ist Lust, es ist Freude, ein Teil von mir. Aber sag, wie lange bist du denn noch hier?"
„Du meinst, wie lange ich heute Abend noch hier bin?"
„Nein, wie viele Tage noch?"
„'ne Woche wird's schon noch sein.
Ich fliege am 10. Oktober zurück. Warum?"
„Warrum nicht!
Würde dir gerne ein wenig in die Seele schauen."
„Ich dir auch."
„Na, das ist doch erfreulich."

Wir hatten also noch jede Menge Zeit. Mein Rückflug war am 7. Oktober, heute war der erste, und so würden wir uns sicher noch in aller Ruhe begegnen können. Eine letzte Zigarette, ein letzter Schluck Wein, bevor ich in die Küche ging, das Verzehrte zu zahlen.

Als ich die Treppe zu unserem Zimmer hinaufstieg, saß dort schon wieder der kleine Prinz auf dem Rand der Treppenbegrenzung. Ich fühlte mich erneut an Hase und Igel erinnert, an Rumpelstilzchen und ein wenig an Karlsson vom Dach. Hätte ich nicht gerade mit ihm unten auf der Terrasse geplaudert, hätte ich denken können, dass er hier fortwährend gesessen habe. Und hätte ich nicht zwischenzeitlich meine Speisen in der Tavernen-Küche bezahlt, was ihn für ein paar Minuten aus meinem Blickfeld genommen hatte, hätte ich an Zauberei glauben müssen. So war alles im Bereich des Machbaren, und da konnte ich ihm nur mit einem amüsierten Grinsen entgegengehen?

Er grinste hämisch zurück.

„Die Tür ist zu!"
„Die Tür ist zu?"
„Ja! Die Tür ist zu!"
„Hm!?! Wer hat sie wohl zugemacht?"

Er zuckte mit den Schultern - unschuldig irgendwie.

„Weiß nicht, auf jeden Fall ist sie zu."
„Was mach ich denn da jetzt?"
„Weiß auch nicht."
„Will den Ludwig ungern wecken."
„Kannst ja bei mir übernachten."
„Meinste?"

Er grinste breit, zog den Kopf ein wenig in seinen Körper hinein, dabei die Schultern leicht hoch und schaute irgendwie so, als ob es für mich heute keine andere Möglichkeit gäbe, als bei ihm zu übernachten. Dabei sah er verschmitzt und äußerst liebenswert aus. Ich schmunzelte.

„Vielleicht kann ich von deinem Balkon aus …?"
„Wird schwierig! Die angrenzende Mauer ist schräg."
„Lass es mich mal probieren."

Meine Beine, auf Zehenspitzen gestellt, waren gerade so lang, wie die Mauern um die Balkone herum hoch waren. Es müsste also gelingen. Christion stellte sich stützend neben mich, falls es wackelig werden sollte. Die erwähnte Schräge der trennenden Balkonmauer war für dieses Unterfangen eher hilfreich. Wäre sie gerade hochgebaut gewesen, hätte mein Po beim Hinübersteigen frei über dem Abgrund schweben müssen. So fand er etwas Halt auf dem ersten Stück der leicht ansteigenden Schräge, dass ich ohne Gefahr hinübersteigen konnte.

„Na, ging doch."
„Ja, aber irgendwie schade."
„Ja, irgendwie schade."

Die Balkontür des Zimmers war geöffnet, und so war auch der letzte Grund, bei Christion übernachten zu können, zu müssen oder zu dürfen, dahin. Wir wären beide mit Sicherheit in dieser Nacht gerne zusammen gewesen. Doch ich kriege das einfach nicht einfach so hin, heute hier mit dem einen und morgen dort mit dem anderen diese Nähe zu leben. Dennoch sollte man den Zauber einer solch ersten Minute nicht verstreichen lassen. Kommt er doch möglicherweise danach nimmermehr zurück. Wir nahmen uns über die Schräge der trennenden Wand hinweg vorsichtig in die Arme, platzierten auf unsere Wangen einen zarten Kuss und wünschten uns eine gute Nacht.

Ludwig schlief leise vor sich hin. Er schnarchte wie ein kleines Murmeltier, dessen Geräusch als Einschlafhilfe dienlich sein kann. Mein Bett war noch belegt mit allerlei Kram von meinem gestrigen Aufbruch. Ich nahm ein Teil nach dem anderen und legte alles leise und vorsichtig an der Wand entlang auf den Boden, dass weder Ludwig noch ich beim Nachtwandeln darüber hätten stolpern können. Klamöttchen aus, Nachtgewand an und ab ins Bett. Ich war müde und konnte dennoch nicht gleich schlafen. Mein Kopf dachte noch an den Prinzen im Nachbarzimmer. Hätten meine Moral und mein Über-Ich mich nicht gelenkt, läge ich jetzt wohl sanft mit ihm verbandelt, flüsternd und Sterne guckend in seinem Arm. Dumm, wahrlich dumm gelaufen. Erziehung kann manchmal echt hinderlich sein.

Leise ging ich zum Rauchen meiner Schlafmedizin noch einmal auf den Balkon. Eine Zigarette hatte mir immer schon geholfen, wenn mein Kopf noch nicht recht aufgeben und mein Körper somit nicht in den Schlaf kommen konnte. Wollt ich zur Ruhe kommen, brauchte es dieses Hilfsmittel.

„Kannste auch nicht schlafen?",
flüsterte es vom Nachbarbalkon.
„Nein, aber gleich wird es sicher funktionieren."
„Schaaade."

So setzten wir uns beide auf die Balustrade, jeder auf seine Seite. Ein bisschen Arm in Arm und Kopf auf Schulter, mit Mauer dazwischen, rauchten wir beide quasi hinter unseren Rücken jeder eine Gute-Nacht-Zigarette.

„Schlaf gut." - „Du auch. Bis bald." - „Ja, bis bald."

39.

Es wurde ein guter Schlaf, der mich trotz der späten Stunde am Morgen ausgeschlafen sein ließ. Für heute hatten Ludwig und ich uns die Wanderung von hier nach Ágia Rouméli vorgenommen. Den Weg, nach dem wir uns vor einer Woche geschworen hatten, ihn so schnell nicht wieder gehen zu wollen. Wie gut, dass wir jederzeit unser Denken ändern können, denn zum einen waren wir heute fitter als vor einer Woche, und zum anderen würden wir den schwereren Teil - den ohne Schatten - heute zu Beginn unserer Wanderung gehen und nicht wie beim letzten Mal am Ende. Die Strahlen der Morgensonne sind weitaus milder als die am mittleren Nachmittag.

Das Frühstück in Lýkos ließen wir ausfallen. Wir liefen das erste Stück von hier bis zum Mármara-Beach von Ziegen begleitet in einer halben Stunde. Wir überquerten den menschenleeren Strand und stiegen die steile Marmortreppe zur Strandtaverne hinauf. Hier, oberhalb des kristallklaren Wassers von Mármara, genossen wir unseren ersten Kaffee, unseren Joghurt und das dazu gereichte Obst.

Es ist ein erhebendes Gefühl, wenn noch niemand sonst unterwegs ist und du mit deinem Begleiter ganz alleine durch die Natur stapfst - auf felsigem Grund, unter blauem Himmel, an der Seite des leuchtenden Meeres, inmitten einer Herde läutender Ziegen. Sie laufen vor dir, hinter dir, überholen dich unter- und oberhalb deines Weges und fallen niemals um.

„Määäh", und alle folgen ihrem Pfad.

Erwähnte ich schon, dass ich eine chinesische Ziege bin? Vom Sternzeichen her eine Waage mit Aszendent Fisch? Im wahren

Leben eine Katze, bei den Chinesen eine Ziege und das alles in Verkleidung einer Frau in den besten Jahren, mit wallenden langen schwarzen Kleidern, rotem lockigen Haar und dicken braunen Wanderschuhen. Mein heutiger Aszendent - Assistent - war nicht Fisch, sondern Ludwig, und mit ihm war es immer noch ausgesprochend bereichernd und wunderbar entspannt.

Für die nun folgenden zwei Stunden um den schattenlosen Berg herum kauften wir noch zwei Flaschen Wasser, und schon ging es weiter. Wir freuten uns auf unseren mit Kiefern bewachsenen Traumweg in Gelb, Grün und Braun, oberhalb des türkisblauen Wassers. Auf dem Weg dorthin konnten wir einige Steinadler beobachten, die sich in Sichtweite vor uns auf größeren Felsbrocken oder Steinen niedergelassen hatten. Vielleicht waren diese auf den Steinen sitzenden Steinadler Menschen gewohnt. Vielleicht stand der Wind auch günstig. Sie erhoben sich erst in die Lüfte, als wir keine zehn Meter mehr von ihnen entfernt waren. Wie der Mensch sich doch an solchen Naturereignissen erfreuen kann. Erstaunlicherweise oder wie zu erwarten, empfanden wir die schattenlose Strecke dieses Mal als nur halb so anstrengend. So revidierten wir unsere Meinung dahingehend zum Positiven. Auf einem flachen Stein stand „Anne + Paul" mit Pfeil in die zu gehende Richtung. Schattenfiguren boten sich an, und kurz vor dem Ende dieses Weges überholte uns dann doch noch ein junger Mann, der wie aus dem Nichts gekommen schien und in die andere Richtung auch dorthin wieder verschwand.

Pause für alles! Ein Stein - ein Brett. Wir setzten uns nieder und genossen, worauf wir uns gefreut hatten. Die zweite Flasche Wasser wurde angebrochen, die mitgeführten Nektarinen gegessen, die Stille gehört. Mag sein, dass wir eine Stunde einfach nur so dagesessen haben. Es ist gut, wenn man das kann, wenn in uns soviel Ruhe ist, dass uns nichts mehr treibt, nichts mehr ablenkt und wir einfach, ohne ein Wort, im Hier und Jetzt verweilen können.

Nordisches Stimmengewirr - Finnisch, Schwedisch, Norwegisch, von allem etwas? Alles Laute, die unseren Ohren nicht so vertraut waren. Eine kleine Reisegruppe - neun Frauen, ein Mann. Er gab sich als Reiseleiter aus und zwinkerte dabei mit einem Auge. Kurze Konversation auf Englisch und Deutsch. Schnell hatte sich die kleine Gruppe gesammelt, und schon marschierte sie weiter auf die kleine Kirche am Strand zu. Als auch wir etwas später in die Taverne oberhalb des Strandes einkehrten, hatten alle, ihrer Anstrengung geschuldet, rote Köpfe, zu essen und zu trinken. Etwas stiller waren sie auch. Wir setzten uns an den hinteren Tisch ans Ende der Terrasse, bestellten Wasser, Soda und Bier und unseren obligatorischen griechischen Salat.

Dieses Mal war die Tür der kleinen Kirche Ágios Pávlos nicht verschlossen. Sie stand offen und gab den Blick frei auf das schattige Innen mit seinen Heiligenbildern, seinen goldenen Reliquien und dem goldgelben Vorhang, der die kleine Kammer des Popen verdeckt hielt. Rundherum lagen beschriftete Wunschsteine. Ich betrachtete sie, ohne sie zu lesen, nahm auch keinen in die Hand.

Ich erinnerte mich an meine Trauer von vor vielen Jahren, die mich hier so sehr für den Erhalt meiner Familie hatte beten und hoffen lassen. Ich erinnerte die vielen Tränen, die mir aus den Augen, die Wangen hinuntergelaufen waren. Ich fand es immer noch schade, dass meine Familie keine Einheit mehr war, dass alles Hoffen und Beten, Wünschen und Wollen da nicht geholfen hatte.

Ich lächelte dennoch in mich hinein. War ich doch glücklich und froh über das, was jetzt war. Dass diese Elisabeth das Tal der Trauer überwunden hatte und hoch oben auf dem Berg stehen konnte und sich an alledem erfreuen, was das Leben hier und jetzt für sie war. Hier und dort und überall, wo sie von nun an hingehen würde, würde es gut sein. Den besten Schatz hatte sie bei sich. Ihren Frieden, ihre innere Mitte, sich selbst. Sie sang für sich und die Welt in dieser kleinen Kirche laut das Vaterunser, auch wenn sie im normalen Leben mit der Institution Kirche eher wenig am Hute hat.

„Vaaater unser, der Du bist, geheiligt werde Dein Nahahame, Dein Reich komme, Dein Wille geschehe, in Ewigkeiheit, Aaaaaaamen."

In etwa so!

Einmal, zweimal, dreimal. Es war kitschig, es war bekloppt und es war wunderbar. Sie hatte es so vor etwa einem halben Jahr auf einem Konzert gehört. Damals waren nicht nur ihr diese bekannten Worte mit dieser Melodie so unter die Haut gegangen. Es ging nicht ums Vaterunser. Es ging ums Leben, um ihr Leben und dass jetzt alles auf so wundersame Weise so wunderbar gut war.

Ich war schon froh, und ich bin es auch jetzt noch, dass ich diese Elisabeth sein darf und dass mein Leben wieder schön und lebendig ist. Dass mir die Tage nicht lang genug sein können, ob es nun hell oder dunkel ist. Dass ich mit mir etwas anzufangen weiß und nicht mehr denke, dass ich langweilig bin, weil mich über meinen Laden hinaus nichts anderes wirklich interessiert. Ich hatte keine Interessen, keine Leidenschaft. Liebte meinen Laden und meinen Laden und meinen Laden und wollte dazu immer nur meine Familie und meine Familie und meine Familie.

Nun wollte ich mich und mein Leben. Meinen Laden, mein Kreta und mein Schreiben. Dazu hatte ich meinen Salon, der sich mit der Zeit schon mit eigener Lebendigkeit füllen würde.

Wenn ich bedenke, wie sehr mich meine Trauer
an allem gehindert hatte - fürchterlich!

Ich bedachte es nicht, ich spürte einfach nur, was ich jetzt alles tun konnte mit einem Nichts, einem Augenzwinkern oder einfach nur, weil ich es jetzt gerade wollte. Das alles hätte jetzt am Ende dieser Geschichte stehen können. Dann wäre das Buch hier und jetzt fertig gewesen.

Doch welches Buch endet schon mit einem dreifachen Vaterunser, lautstark gesungen von einer eher stimmschmalen Singenden, in einer kleinen Kirche auf Kreta am Strand kurz vor Ágia Rouméli, während ihr Begleiter mit großem Hunger am Treppenaufgang der nächsten Taverne auf sie wartet?

Ludwig wäre verhungert, und wir alle hätten nie erfahren, wie es mit Elisabeth und den anderen Protagonisten dieser Geschichte weitergegangen ist. Und keiner hätte je den wirklich letzten Satz dieses Buches lesen können, der da wohl heißen wird: „Bitte schreib mir, Geburtstagskind."

40.

Also, das Singen hatte ein Ende. Ich stieg die steinerne Treppe der kleinen Kirche hinab, bewegte meine Füße wie beim Langlauf durch den weichen Sand des dünenartigen Küstenstreifens in Richtung Taverne und war froh, dass ich heute keinen Wunschstein hatte beschreiben müssen. Irgendwie war ja alles auf so wundersame Weise so wunderbar gut.

Ludwig hatte seinen Fuß schon als eine Art Drohgebärde auf die zweite Stufe der Steintreppe gesetzt, die uns auf die Terrasse der Taverne führen sollte.

„Na", fragte er grinsend, „fertig gesungen?"
„Jaaa, alles hat seine Zeit", strahlte ich zurück.
„Und jetzt ist es Zeit zum Essen und Trinken und Meeresschauen - Mann, hab' ich einen Appetit!"
„I a", antwortete er, was soviel meinte, wie „Ich auch."

Der junge Ägypter, der hier im dritten Jahr arbeitete, begrüßte mich mit: „Nice to see you again, beautiful lady." Ich tätschelte lachend seinen Arm und setzte mich zu Ludwig an den hinteren Tisch. Nun genossen wir unseren griechischen Salat, unser Wasser und unser mit Soda verdünntes Bier. Ein Grieche, der sich später als Besitzer dieser Strandtaverne entpuppen sollte, meinte, dass er mich in Chóra Sfakíon gesehen habe. Wäre ich jetzt Ludwigs Gespielin und somit Michális untreue Gefährtin, oder umgekehrt, hätte diese Aussage fatale Folgen haben können.

„Yes, that's possible. I stayed there two nights before."

Sollte das jetzt nur ein einfaches Gesehenhaben sein oder der Hinweis auf meine wechselnden männlichen Begleiter,

von denen er dächte, dass einer von beiden nun die Rolle des Gehörnten innehaben müsse? Ludwig und ich schmunzelten, genossen weiter unseren Salat und setzten bald darauf unseren Weg Richtung Ágia Rouméli fort. Bis Ágia Rouméli sollte es zu Fuß noch eine gute Stunde sein.

Der Tavernen-Besitzer meinte, dass heute kein Boot mehr von dort nach Loutró fahre bzw. dass es nicht in Loutró haltmachen würde. „Too much wind." Er bot an, uns für 70 Euro mit seinem Taxiboot zurück nach Lýkos zu fahren. Wir bedankten uns und meinten, wenn dem so sei, würden wir einfach in Ágia Rouméli übernachten. Ludwig hegte ein paar Bedenken. Wollte er doch morgen zurück nach Heráklion, um dort am nächsten Morgen ohne Probleme seinen zeitigen Rückflug nach Graz zu erreichen. Wir machten uns dennoch auf den Weg und hofften wie immer auf das Gute.

Zu Anfang war das Gehen wieder etwas mühsam. Der weiche Sand bergan war schwer zu fassen. Abwärts hätten wir meinen Langlaufstil wieder aufnehmen können. Aufwärts mussten wir uns einfach ein wenig geduldig anstrengen. Irgendwann gab es wieder einzelne Steine unter unseren Füßen. Dann war der Weg wieder eben und wunderbar trittfest. Einzelne Ansammlungen unserer so geliebten, hellgrünen Kiefern säumten auch dieses Stück Weg. An einer Stelle waren es gar vierzehn in einer Reihe. Der Abstand der schwarzbraunen Stämme war regelmäßig schmal und teilte die Fläche des strahlend blauen Meeres in leicht unregelmäßige Rechtecke. Darüber schwebte das gelbliche Grün der Kiefernnadeln und das helle Blau des Himmels. War das wohl schön! Hier erinnerte der Weg uns ganz und gar an das Traumstück zwischen Schattenberg und Strandtaverne.

Kurz vor dem Ende vom Ende gelangten wir an den langen Steinstrand vor Ágia Rouméli. Hier möchte ich Treibholz-

sammlerin sein. Es lag alles voll davon. Zerborstene uninteressante Hölzer zum Feuermachen, andere vom Wasser rund gespülte Stücke, die als Objekte für nur so oder auch als Kunstgegenstände taugen würden. Meine Fantasie und meine Gestaltungslust wurden in Gang gesetzt, die Lust auf alles, was mein Auge erfreut, geweckt. Hier möchte ich ein Boot besitzen. Hier möchte ich an Land kommen. Hier möchte ich Zeit verbringen und alles betrachten, auswählen und transportieren können, was brauchbar wäre und mir gefiele. So 'ne kleine Treibholzecke fände in meinem Laden noch allemal Platz. Für die größeren Objekte gäbe es dazu den Salon, den Garten oder den großen Mittelplatz vor meinem Laden- und Familienhaus.

Der lange Steinstrand zog sich schon sehr. Da half kein Jammern, da mussten wir jetzt durch. Schritt für Schritt, konzentriert und ohne Worte, brachten wir den von Sonne beschienenen Weg hinter uns. Wir erreichten die Ziegenställe am Ortsanfang Ágia Roumélis, wählten das linke Tor im Zaun und durchquerten das breite, völlig ausgetrocknete Flussbett. Folgten wir ihm landeinwärts, kämen wir ohne Umwege an den Anfang der Samariá-Schlucht.

Die ersten Häuser kamen in Sicht. Unsere Beine und Schuhe waren jetzt völlig vom grauen Steinstaub des Weges eingehüllt. Ein ausrangierter Lkw stand am Wegesrand. Praktischerweise hatte man seine großen Reifen abgebaut und sie einen halben Meter davor wieder aufgestellt. Ein eiserner Steinrüttler in Rostbraun wartete auf Befüllung, und ein aufrecht stehendes blaues Schild mit weißer Schrift zeigte uns, aus welcher Richtung wir gerade gekommen waren. Ágios Ioánnis, Ágios Pávlos, Mármara, Lýkos, Fínikas, Loutró und Sfákia. Eine schmale betonierte Straße, eine große Tamariske und ein Hinweisschild „To the Gorge" folgten. Wir liefen an allem vorbei.

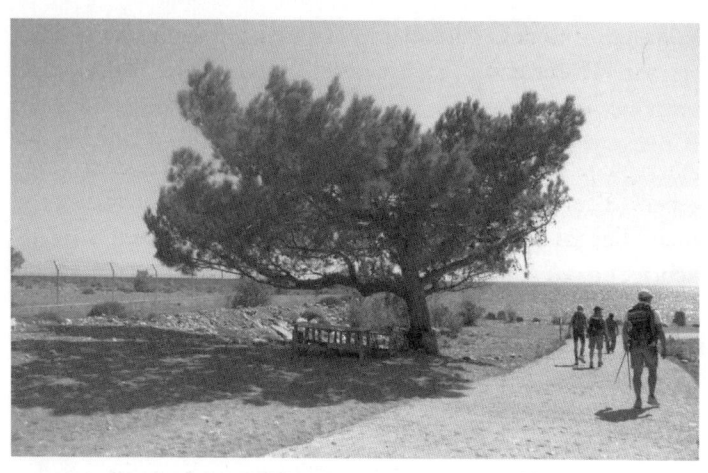

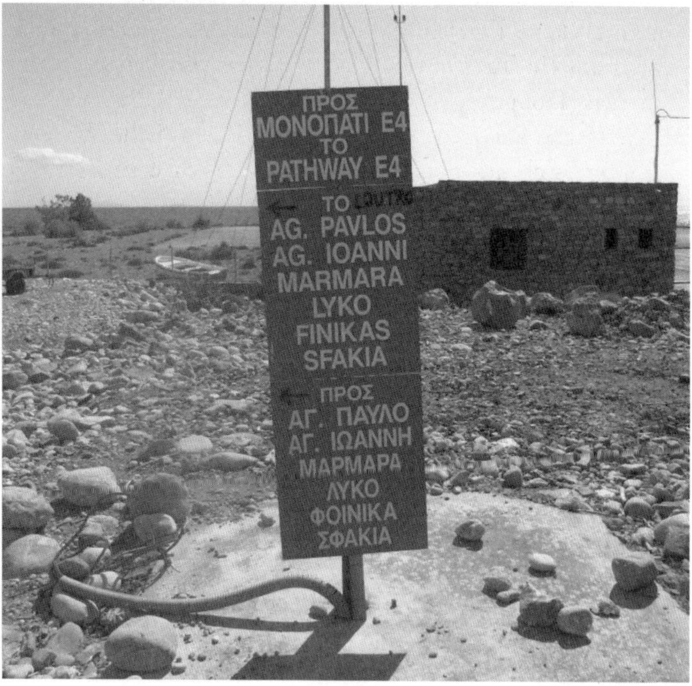
ΠΡΟΣ
ΜΟΝΟΠΑΤΙ Ε4
TO
PATHWAY E4
TO
AG. PAVLOS
AG. IOANNI
MARMARA
LYKO
FINIKAS
SFAKIA
ΠΡΟΣ
ΑΓ. ΠΑΥΛΟ
ΑΓ. ΙΩΑΝΝΗ
ΜΑΡΜΑΡΑ
ΛΥΚΟ
ΦΟΙΝΙΚΑ
ΣΦΑΚΙΑ

Näherten uns dem glitzernden Meer und folgten der Straße, bis wir vor der ersten Taverne mit ausgebreiteten Armen von Luc empfangen wurden.

Ich sagte ja schon: Man kann sich hier schwer aus dem Wege gehen. Alles ist hier klein, nah und schön, und so waren wir auch alle mal hier, mal da und mal dort. Wir freuten uns aufrichtig, uns zu sehen. Er hatte mit Simon eine Nacht am Strand von Ágios Pávlos verbracht. Wäre eine berauschende Nacht gewesen. „Ja, Luc, sicher, was sonst. A beautiful crazy night." Er war aufgeregt. „No boat today." Es klingt so süß, wenn er mit seinem französischen Akzent Englisch spricht.

„Mann" machte sich Gedanken, wusste nicht recht, ob das nun eine kleine Katastrophe war oder nicht. „Mann" erwog, gemeinsam ein Taxiboot zu chartern, was pro Person immer noch das Doppelte kosten würde als jede Übernachtung hier in Ágia Rouméli. „Mann", in diesem Falle Ludwig, erkundigte sich am Fähr-Kartenschalter nach dem nächsten Boot zurück nach Loutró:

„No boat today to Loutró."

Ich genoss den Ort. Ich wusste ja, was ich wollte. Fähre oder Bett, beides war mir recht. Als ich mich wieder zu den Jungs gesellte, waren es inzwischen vier. Ludwig, Luc, Simon und Frank, der Mann, der aus dem Nichts gekommen und auf der anderen Seite gleich wieder dorthin verschwunden war.

„Du Ludwig, ich frag mal nach dem ersten Boot für morgen früh. Fährt es rechtzeitig, suchen wir uns ein Zimmer, wird es zu spät, nehmen wir uns gemeinsam mit den Jungs ein Taxiboot oder gehen wie Frank den Weg zu Fuß zurück nach Lýkos. Wir entscheiden das in den nächsten fünf Minuten, okay?"

Würden wir uns in 15 Minuten auf den Weg machen, könnten wir Lýkos vor Einbruch der Dunkelheit erreichen. Gehzeit: Vier Stunden. Erwartete Ankunft: 19 Uhr. Puffer bis zum Einzug der schwarzen Luft: Eine Stunde.

Das Fahrkartenhäuschen war besetzt. Ich fragte nach der ersten Fähre für morgen früh. 8:30 Uhr - das wäre in Ordnung. Ludwig könnte dann ohne Probleme gegen Mittag mit dem Auto von Lýkos aus starten, über Chóra Sfakíon und Vríses nach Réthimnon fahren und dort übernachten. So wäre es ein Leichtes für ihn, am nächsten Vormittag rechtzeitig in Heráklion zu sein, um seinen Flieger nach Graz pünktlich zu erreichen.

Nur so zum Spaß und weil ich ja selbst noch nicht danach gefragt hatte, erkundigte ich mich dazu nach der letzten Fähre für heute.

„To Loutró, 17:45", war die normalste aller Antworten.
„So I will take two tickets, please", in mir grinste alles.

Ich tat cool, auch wenn ich mich innerlich freute wie eine Schneekönigin. Zurück bei den Jungs erzählte ich, dass die erste Fähre morgen früh um 8:30 Uhr Richtung Loutró ablege.

„Wir können aber auch heute mit diesen Tickets um viertel vor sechs nach Loutró zurückfahren." Ludwig strahlte übers ganze Gesicht, Erstaunen, Freude und Erleichterung allenthalben: „Das gibt's doch nicht!" „Doch", strahlte ich zurück, „das gibt es - und zwar jetzt und hier und gleich!"

Die anderen Jungs kauften sich nun auch fix ihre Fahrkarten, bevor es sich die Griechen vielleicht wieder anders überlegen sollten, wollten, würden oder könnten.

41.

Ludwig verbrachte seinen verdienten Schock- oder auch Freudenschlaf am Strand. Ich fotografierte das ganze Ágia Rouméli. Es war mein vierter Besuch hier, und jedes Mal hatte mir dieser Ort ein anderes Gefühl vermittelt. Beim ersten Mal war da Erleichterung. Meine Schwester und ich hatten den anstrengenden Gang durch die berühmteste Schlucht Kretas, der Samariá-Gorge, geschafft. Sieben Stunden. Unsere Füße wiesen Blasen auf, und damit war das Ende dieser Wanderung einfach nur befreiend. Wir waren froh, einen Platz in einer der Tavernen gefunden zu haben, um zu sitzen, etwas zu trinken und zu essen und uns unserer Wanderschuhe entledigen zu können. Wir schauten die vielen Menschen, die ebenfalls an diesem Tag die Schlucht bezwungen hatten. Wir waren alle mehr oder weniger leidlich geschafft, und wir warteten alle auf die Fähren, die uns zu unseren Bussen zurück nach Chóra Sfakíon oder Soúgia bringen sollten.

Unseren zweiten Gang durch die Schlucht hatten wir klüger vorbereitet. Wir wussten um den serpentinenartigen Abstieg von gut 1.000 Höhenmetern. Wir wussten, dass wir unsere Schnürsenkel zwischendurch nachziehen sollten, damit unsere Zehen sich nicht vorne an den Schuhspitzen reiben würden. Wir hatten die empfindlichsten Stellen unserer Füße vorgepflastert und zur Sicherheit Wunderpflaster dabei, mit denen wir bei Bedarf auftretende Blasen so versorgen konnten, dass wir ohne jeden Schmerz gleich danach würden weiterlaufen können.

Am frühen Morgen hatten uns Willem und Gisela, Freunde aus unserem ersten Kreta-Urlaub, auf die Omalós-Hochebene gefahren. Wir frühstückten gemeinsam vor der Taverne am Schlucht-Eingang und stiegen danach als erste zeitig vor allen Busgesellschaften in die Schlucht hinab. Das von uns aufgenommene Foto aus dem Jahre 1995 zeigt uns vor dem hellen Holzgeländer am Schlucht-Eingangshäuschen, strahlend nebeneinanderstehend, glücklich lachend. Die blonde Katharina in hellen Shorts mit längs gestreiftem, ärmellosem Shirt und die rothaarige Elisabeth in ihren langen schwarzen Strumpfhosen unter ihrer kurzen Hose und einem langarmigen Sweatshirt über ihrem Kurzarmhemdchen. Mir war immer schon eher kühl in meiner dünnhäutigen Gestalt.

Kein Bus in Sicht. Keine weiteren Menschen weit und breit. Schön - so konnten wir alleine für uns die Herrlichkeiten dieser ungezähmten Natur genießen. Hohe Felswände, bizarre Steingebilde, Bäume und Büsche, die selbst an unmöglichen Stellen am Fels ihr Wurzelnest gefunden hatten. Wir stiegen ab und mussten gleichzeitig immer wieder zum Himmel schauen, der mal schmaler, mal breiter zwischen den hohen Felswänden zu sehen war. Wir liefen durch mit Pinien bewachsene Waldstücke. Mal plätscherte links, mal rechts kristallklares Wasser. Wir übersprangen einen kleinen Flusslauf und wateten durch breitere Gewässer von einem Stein über den nächsten zum übernächsten, bis hinüber ans andere Ufer. Es war von allem da. Der Wasserstand ist in der Schlucht zwischen Mai und Oktober recht niedrig. Von November bis April kann das ganz anders sein. Dann fließt der Schnee der Berge, zu Wasser geworden, die Schluchten hinunter ins Meer. In diesen Monaten sind die Pforten der Samariá-Gorge geschlossen.

Bis wir auf halber Strecke den verlassenen Ort Samariá erreicht hatten, begegneten wir einzig den Streckenposten, mit und ohne Esel, die hier für Ordnung und Sicherheit sorgen. Nicht ein Schnippselchen Papier lag irgendwo herum. Wir hatten Zeit. Wir wollten an diesem Tag nicht mehr mit der Fähre nach irgendwo fahren. Nicht nach Westen, Richtung Soúgia und Paleochóra, und nicht nach Osten, Richtung Loutró und Chóra Sfakíon. Wir wollten keinen Bus erreichen, der uns zurück zu unserem Nachtquartier brächte. Wir wollten ausschließlich diesen beeindruckenden, abwechslungsreichen, naturbelassenen Weg gehen und genießen, gegen 18 Uhr in Ágia Rouméli angekommen sein und uns dort ein Zimmer nehmen.

In Samariá, dem verlassenen Ort in der Mitte der Schlucht, hielten wir ausgiebig Mittagsruhe. Ich sehe meine Schwester noch rücklings schlafend auf einer Holzbank liegen. Sie trägt etwas Grünes, hat ihr Gesicht und ihr Dekolleté mit einem Baumwoll-Musselin-Tuch bedeckt und ihre Beine den Sonnenstrahlen überlassen. Ich döste ebenfalls vor mich hin, wenn ich nicht gerade in Nikos Kazantzakis Buch „Vom Zauber der griechischen Landschaft" weiterlas.

Ich mag seine Worte, auch wenn er es nach meinem Geschmack in diesem Buch an mancher Stelle mit der Blumigkeit der Sprache ein wenig übertrieben hat. Auf der ersten Seite steht eine meiner Lieblingspassagen, die da heißt:

Vor Jahren schon war der zauberische Kanarienvogel verendet, den mir mein Vater einst, als ich noch ein Kind war, zu Neujahr beschert hatte. Nein, nicht verendet, ich schäme mich, dass mir dieses Wort von den Lippen kam, er war gestorben, wollte ich sagen; oder besser, er hatte seinen Gesang in die Hände des Schopfers zurückgegeben.

Vielleicht sollte ich den folgenden Satz noch dazu erwähnen:

Wir begruben ihn im Hofgärtchen; meine Schwester weinte, doch ich war ruhig, denn ich wusste, dass ich, solange ich leben würde, ihn nicht werde sterben lassen. Ich werde ihn nicht sterben lassen, murmelte ich, während ich ihn mit Erde bedeckte. Wir würden zusammen leben und zusammen reisen.

Wir pausierten, bis alle Reisegruppen Samariá erreicht und wieder verlassen hatten, und so begaben wir uns gut erholt auf den zweiten Teil des Schluchtenweges. Einer der Höhepunkte auf dem insgesamt siebzehn Kilometer langen Weg ist die „Eiserne Pforte". An die sechshundert Meter ragen die Felswände hier empor. Am Grund misst der Felsabstand gerade mal drei Meter. Beeindruckend! Auch dieses Mal waren wir froh, in Ágia Rouméli angekommen zu sein. Nur waren unsere Füße dieses Mal schmerz- und blasenfrei, wir insgesamt erholter und so klug, uns hier ein Zimmer zu nehmen. Wir duschten und genossen hernach das fast menschenleere Ágia Rouméli.

Der Unterschied ist immens. Bis über die Mittagszeit hinaus wirkt der Ort fast vereinsamt. Dann füllt er sich nach und nach mit den Wanderern der Schlucht. Die meisten Tavernen-Plätze sind dann besetzt. Ich fühlte mich an eine Sanduhr erinnert, in der der von oben herabrieselnde Sand den unteren Gefäßteil nach und nach gänzlich füllt. Allein, um den Wechsel von leer nach voll und wieder nach leer zu erleben, lohnte sich das Übernachten an diesem Ort. Wir aßen am Abend in einer der nun nur noch mit insgesamt höchstens zwanzig Menschen besetzten Tavernen. Kurz nach zehn schlenderten wir für den Schlaf bereit durch die nächtlich verwaisten Gassen Ágia Roumélis zu unserem Quartier am Ende des Ortes.

Bei meinem dritten Besuch kam ich mit der Fähre von Chóra Sfakíon. Mein Mann rang mal wieder um seinen weiteren Lebensweg, der ihn sich zwischen Familie und absoluter Freiheit entscheiden lassen musste. Ich wollte während seiner

Entscheidungsphase nicht mit ihm unter einem Dach sein, wollte auch nicht wieder die ganze Arbeit übernehmen, und so drehte ich den Spieß und überließ ihm in meiner Verletztheit das Haus, den Laden und die Kinder zur Wegfindung und verschwand für sechs Wochen auf meine Lieblingsinsel. Auch damals verhalf sie mir vom gefühlten Tod zurück ins Leben und zu mir und meiner Mitte. Zu diesem Zeitpunkt war ich vier Wochen auf Kreta und in voller Blüte nach Ágia Rouméli gekommen. Mein Ziel war es, zu verweilen, ein paar Tage den Gezeitenwechsel zu erleben, um dann das erste Mal zu einem Ort zu reisen, den ich vordem nicht in Begleitung meiner Schwester besucht hatte.

Es ist wichtig, immer wieder ein kleines Stück über die eigenen Grenzen zu gehen, um sich selbst und die eigenen Möglichkeiten zu erleben. Ich bin nicht unbedingt von der mutigen Sorte. Gehe lieber auf bekannten und vertrauten Pfaden, doch in diesem Jahr war es für mich wichtig, ein paar ganz eigene Schritte zu gehen. Soúgia sollte dieser neue Ort für mich sein, und so verbrachte ich dort die vorletzte Woche meiner damaligen Kreta-Reise zurück zu mir selbst.

Bei meinem nun vierten Besuch war Ágia Rouméli für mich von eher geringer Bedeutung. So lebt dieser kleine Ort in mir von meinen vordem hier erlebten Geschichten. Ludwig schlief am Strand. Ich setzte mich nach Erfüllung meiner Fotografierlust auf die hochgebaute Terrasse einer Taverne, mit Blick auf den Fähranleger. Ein Viertelstündchen vor der Abfahrt kam mein Freund Ludwig, gut erholt und lachend zu mir zurück. Schatz zu Schatz, auf ganz erlaubter Seelenebene.

42.

Die Fähre fuhr um Viertel vor sechs. Dafür, dass sie eigentlich nicht hatte fahren wollen, war sie wahrlich gut besetzt. Ich hatte in der Taverne an einem Tisch mit der Nummer siebzehn gesessen. Einer in meinem bisherigen Leben nicht unbedingt unbedeutenden Zahl. Sie gehörte jetzt zur Vergangenheit, genau wie die Zahl neunundzwanzig. Mein Ehemann war an einem 17. geboren, und der 29. war der Tag unserer Hochzeit.

Nun sahen wir Ágia Rouméli vom Boot aus immer kleiner werden. Wir folgten unserem am Vormittag gegangenen Weg mit den Augen zurück und freuten uns, dass wir ihn heute nun doch kein zweites Mal hatten gehen müssen. Zu Fuß waren es zwischen Ágia Rouméli und Lýkos ohne Pausen circa vier Stunden, mit der Fähre fuhren wir jetzt, sogar bis Loutró, gerade mal dreißig Minuten.

Die kleine Kirche Ágios Pávlos war am Strand kaum auszumachen. Ich versuchte, sie aufs Bild zu bannen, doch mein Zoom war zu schwach. So fing ich das Meer mit seiner schäumenden Gischt auf einigen Fotos ein. Tief pazifikblau, darauf der weiße Schaum und darüber meine übers Geländer baumelnden, schmutzig braunen Beine mit den immer noch grau eingestaubten dunkelbraunen Wanderschuhen. Erst das Meer alleine, dann das Meer mit einem Fuß, dann zwei Wanderschuhe mit darinnen steckenden Füßen und Beinen, umgeben vom aufgeschäumten Kielwasser der Fähre.

Im kleinen Modeladen von Loutró kaufte Ludwig seiner Margarete eines dieser farbigen Holzarmbänder und eine der schillernden Holzscheibenketten in einem etwas kräftigeren

Farbton als der meinen. Für meine Mädels zu Hause erwarb ich je eines der bunten Holzarmbänder, unterschiedlich in Form und Farbe.

Ludwig brauchte noch einen Batzen Zigaretten. Danach ging es für uns über meinen so geliebten Berg zurück nach Lýkos. Direkt am Einstieg trafen wir auf Christion. Auch er wollte zurück nach Hause.

Erst gingen wir zu dritt, ich vorneweg, die Männer hinterher. Dann ging Ludwig voran. Er hatte den Sonnenuntergang im Blick und das große Bedürfnis, ihn festzuhalten. Christion und ich liefen an ihm vorbei. Wir unterhielten uns gut. Ludwig holte auf. Diese Dreierkiste ging nicht. Irgendetwas passte da nicht zusammen. Irgendetwas war schief. Mein so geliebter Weg bekam einen Stressfaktor. Ludwig und ich in Kombination - super! Ludwig und Christion an ihrem ersten gemeinsamen Abend in Lýkos, anscheinend auch wunderbar feuchtfröhlich vereint. Christion und ich, noch nicht klar definiert, mit einem gewissen Zauber, wahrscheinlich von Sympathie getragen. Ob Ludwig die Schieflage bemerkte? Keine Ahnung. Ich spürte sie, das weiß ich ja, und Christion, eine Waage wie ich, musste es auch mitbekommen haben. Klugerweise klinkte er sich aus dem kleinen Wandertrio aus und verabschiedete sich zum Meeresschauen auf eine Klippe oberhalb vom Old Fínix. Ludwig und ich gingen weiter, fast ohne Worte, bis hinunter nach Lýkos.

Er zog sich kurz um und setzte sich etwas wehmütig auf unseren Balkon. Mir war nach einer warmen Dusche, ohne Haare waschen. Nett zurechtgemacht in meinem langen Schwarzen, mit meiner frisch gewaschenen Strickjacke und meinem Lieblings-Rosentuch ging ich zu Ludwig. Ich zog ihn vom Balkon durchs Zimmer, die Treppe hinunter auf die Terrasse. Dabei sagte ich:

„Komm, wir gehen uns jetzt betrinken.
Lass uns unseren letzten Abend genießen."

Als wir auf die Terrasse kamen, hielt der Tavernenhund vom Small-Paradise mal wieder Ausschau nach neuen Gästen. Wir bestellten bei Manoli unser Abendessen. Für mich Fisch und Salat, für Ludwig chips with sausage.

Christion kam auf die Terrasse. Er fragte, ob er sich zu uns setzen dürfte. Er hätte nicht fragen sollen. Wir hätten nicht ja sagen sollen. Ich denke, wir wollten alle drei höflich sein. Vielleicht hatte er auch gerade keine bessere Idee, und vielleicht fanden wir es in diesem Moment auch alle völlig normal, dass wir hier nun gemeinsam zu Abend essen würden. Wir wussten zu diesem Zeitpunkt einfach nicht, was jeder von uns an diesem Abend wirklich für sich gebraucht hätte.

Ludwig und ich hätten uns an unserem letzten Abend alleine gebraucht. Hätten uns unseren Themen widmen, wie in einem Abspann oder Nachwort unsere gemeinsame Zeit Revue passieren lassen sollen, diese so wunderbare Reise in der Reise nochmal als Zeitraffer an uns vorbeiziehen lassen müssen. Wir taten es nicht. Ludwig und Christion sprachen über Himmelskörper, über Themen, die mich nicht sonderlich interessierten und so war es wie es war. Ich blieb physisch anwesend, ließ sie reden, dachte mir meinen Teil und folgte in meinem Innern meinen eigenen Gedanken, ohne dabei allzu abwesend und uninteressiert zu erscheinen.

Christion und Ludwig hätten vielleicht mit Luc wieder einen feuchtfröhlichen Abend haben können, Christion und ich

einen romantisch geschwängerten. Die jetzige Kombination jedoch war für uns alle unbefriedigend. Christion zog mit einer unschönen Art über Ludwigs Essen her und wollte es kaum glauben, dass ich diesen dämlichen Fisch nicht zu öffnen wusste. Er war heute Abend ein überheblicher, unzufriedener junger Schnösel, der seine Launenhaftigkeit oder sein Unwohlgefühl nicht im Griff hatte und beides durch diese Art zu vertuschen suchte. Vielleicht war es aber auch ganz anders. Einer von Ludwigs klugen Sätzen, der mir hängen geblieben ist, lautet:

„Die Realität ist nicht immer die, die sie zu sein scheint."

Und darum ist alles, was ich bemerke, auch immer nur das, was ich sehe. Aus der Sicht eines anderen kann sich die Welt, vom großen Weltgeschehen bis zum kleinsten menschlichen Miteinander, ganz anders darstellen. Nachdem Christion sein überhebliches Spiel beendet hatte, zog er sich klug oder genervt, wer weiß das schon, von unserem Dreiertisch zurück.

An diesem Abend gingen Ludwig und ich hier im Small-Paradise das erste Mal gemeinsam auf unser Zimmer. Der Balkon bot uns noch eine Hand voller Sterne, einen auf der Seite liegenden Mond, ein, zwei, drei Zigaretten, eine Packung Schokokekse und diese kleine Zweisamkeit, die unsere Seelen jetzt dringend brauchten. Ich habe eine solche Nähe, ohne jede Körperlichkeit, mit einem Mann noch nie gespürt. Ich sehe Ludwig wehmütig über das dunkle, im Mondlicht leicht glitzernde Meer schauen, sehe die Müdigkeit in seinen Augen und das Ende einer erfüllten Reise. Wir schliefen wie zuvor, gut und tief, getrennt in unseren jeweiligen Betten.

Ich wachte erst auf, als Ludwig bereits seine Sachen zusammengepackt hatte.

„Mogst mi no zum Frühstück
und hernach zum Tilman begleiten?"
„Gerne Ludwig", lächelte ich ihm entgegen,
„sehr, sehr gerne!"

Schnell war ich aus dem Bett, und als Ludwig seine
Sachen im Auto verstaut hatte, war auch ich schon fertig.

Yaurti me Meli - ein letztes Mal gemeinsam.

„Ist's recht, wenn I dir den Anteil an der Miete
geb und du dann am End das Zimmer zoahlst?"
„Guta Ida! Gute Idee! So können wir's machen."

Ludwig verabschiedete sich von der Familie und los ging es.
Über die Terrasse, die regelmäßigen Betonstufen hinauf, dann
über die unregelmäßigen Felsplatten den kleinen Schotterweg
entlang, bis zum Parkplatz mit dem Maschendrahtzaun.

43.

Wüstensturm in der Sahara wäre nix dagegen gewesen. Ludwig setzte den Wagen zurück. Langsam. Dann fuhr er vorsichtig vom abgegrenzten Parkplatz auf den Schotterweg. Ich setzte das biegsame Gittertor zurück vor die Einfahrt des Parkplatzes und stieg zu Ludwig ins Auto. Ludwig gab etwas Gas, etwas zuviel Gas, und schon waren wir in einer Staubwolke eingehüllt. Ein zweiter Versuch brachte uns auch nicht von der Stelle und ein dritter ebenso wenig. Wir warteten, bis die Wolke sich gesenkt hatte, und stiegen wieder aus dem Fahrzeug aus. Wir schauten. Wir räumten lockeres Geröll beiseite. Wir hoben größere Brocken aus dem Weg und versuchten es noch einmal. Dieses Mal stieg Ludwig alleine ins Auto, und da schieben nicht wirklich etwas genutzt hätte, lief ich ein Stück des Weges vor. Mit vielleicht einem Stundenkilometer bewegte Ludwig den ohne mich nun leichteren Wagen bis zum Abzweig nach Fínix aus der extremen Schotterzone heraus. Es waren wohl an die hundertfünfzig Meter, die ich inzwischen vorausgelaufen war. Ludwig hielt an und ließ mich einsteigen. Danach fuhren wir in gemächlichem Tempo hinauf nach Livanianá zu Tilman und Nina.

Tilman saß am Eingang seiner Taverne. Er blätterte in dem Bildband „Es lebe Alexis". Nina war in der Küche. Der Hund lag in seiner Tonne. Aus den Lautsprechern klang leichte französische Musik. Acoustic France, Stück Nr. 3, Le Quotidien von Sandrine Kiberlain. Es gefiel mir so sehr, dass ich es einfach erfragen und aufschreiben musste. Ist es nicht seltsam, da kommt eine Ostfriesin von ihrer Kreta-Reise zurück, kauft sich zu Hause eine französische CD und fühlt sich damit wunderbar an Griechenland erinnert.

Nina kam aus der Küche und rief:

„Elisabeth, I hab ihn g'funden!"
„Hm - was hast du gefunden?"
„Er lag ganz wiet hinten unterm Küchenbord, schau."

Da war er. Mein heißgeliebter, so vermisster, zweiter Olivenholz-Ohrclip. Welche Freude! Es war alles an ihm dran, alles, auch wenn er nie aus mehr als drei Teilen bestanden hatte. Scheibe, Halterung, Clip. Gut, die Halterung war leidlich plattgetreten, doch das ließ sich mit etwas Geschick und Vorsicht gut beheben.

Nina lachte - Lisbeth froh.

Eine kleine Wandergruppe betrat die Terrasse. Tilman ging seiner Tätigkeit nach. Nina, Ludwig und ich schauten ein älteres Fotoalbum. Schwarz-Weiß-Aufnahmen von einem weiß Gott attraktiven Tilman mit halblangem Haar, vollem Bart und leicht arrogantem Blick. Dazu einige Fotos der alten Chrisoula mit Herakles, einem Bruder von Tilmans Tavernen-Hund Jackomo. Beim Kaffee aus rot-weiß gepunkteten Kaffeebechern beobachteten wir Ziegen auf dem Dach eines unter einem Feigenbaum im Schatten geparkten Kleinwagens. Für die Ziegen eine willkommene Gelegenheit, Früchte und Blätter zu verzehren, die sie sonst schwerlich hätten erreichen können.

Bevor Ludwig endgültig fuhr, machten wir noch einen ausgedehnten Erkundungsgang durch Livanianá. Ludwig ließ der Gedanke nicht los, hier langfristig eines der alten Häuser mieten zu wollen, vielleicht mit ein paar anderen Leuten zusammen. Die Idee an sich, nachvollziehbar, für mich jedoch nicht

an der Zeit. Noch würden es nicht mehr als zwei Monate im Jahr sein, die ich auf Kreta verbringen könnte, und auch wenn es drei oder vier werden sollten, möchte ich sie nicht an einem Ort verbringen. Mal hier, mal dort zu verweilen, immer genau so lange, wie mir der Sinn danach stünde, war mein derzeitiges Gefühl. Zuhause war Zuhause und Kreta, Kreta. Das eine beständig, das andere in Bewegung.

Der Gedanke, hier und jetzt nach einem Haus zu suchen, war dennoch wunderbar und lustvoll. Wir gingen durch den Ort. Schauten alles, was da war. Kamen am Haus des alten Jannis vorbei, der tönend auf seinem Flachdach saß und uns mit seinen Reden so gar nicht meinte. Crazy Janni schwadronierte einzig für sich gegen nicht anwesende Personen. Die alte Chrisoula saß unter einem Baum zwischen ihren Ziegen und hob zum Gruß einen Arm. Italo, der Wanderführer, war bei seiner Frau in Deutschland, und der junge Deutsche, der hier vor zwei Jahren ein Haus gekauft hatte, schien irgendwo in der Nähe unterwegs zu sein. Mit Tilman und Nina hatte Livanianá derzeit also eine feste Einwohnerzahl von acht Personen. Vielleicht sind es inzwischen auch neun. War doch die junge Frau im Haus vor Tilmans Taverne schwanger, als wir sie und ihren Mann nach der Möglichkeit einer zeitweisen Zimmervermietung befragt hatten.

Steintreppen, schmale Wege, einzelne Stufen aus gegossenem Beton. Mauern und mehr oder weniger verfallene Häuser. Wir gingen an Ruinen vorbei hinauf bis zur kleinen Kapelle und weiter bis zum höchsten Punkt Livanianás. Hier weist ein Schild auf den Fußweg nach Mármara hin, nach Anópolis, zur Arádena Schlucht und zurück zur Tavérna-Livanianá. Blaue und rote Pfeile und Farbkleckse weisen den Weg entlang des Kamms bis hinunter in die Schlucht. Der schmale Schotterweg

oben am Kamm ist landeinwärts durch verrosteten Maschendrahtzaun begrenzt. Ein paar Ziegen, ein kleiner Gemüsegarten, dazwischen Steine und Schläuche, halb verrottete Metall- und Plastikgefäße, leere Papiersäcke und immer wieder diese üppig blühenden Bougainvilleen in kräftigem Rosé. Die ersten Häuser im Dorf sind aus groben Sandsteinen gebaut. Die folgenden aus geformten Steinen, verputzt oder auch verputzt und angestrichen. Neu war zu diesem Zeitpunkt eigentlich nichts, bis auf das Haus vor Tilmanns Taverne, das hier vor ein, zwei Jahren im kretischen Stil neu erbaut worden war.

Ein, zwei Häuser hätten uns auf Anhieb gefallen, auch wenn sie alt und äußerst renovierungsbedürftig waren. Es war nicht ihr Zustand, der uns gefiel, es war ihre außerordentlich schöne Lage, mit ihren großzügigen Terrassen, hoch über dem Libyschen Meer. Ob wir uns im wirklichen Leben für eines dieser Häuser entscheiden würden, so die Besitzer sie vermieten oder verkaufen wollten, steht auf einem anderen Blatt. Hier und jetzt mit einem großen Traum-Anteil, hätten wir sie sofort beziehen wollen.

Es war Zeit für Ludwigs Abschied. In den Arm genommen, auf die Wangen geküsst und gewunken, ein paar Tränen vergossen, und schon war er fort. Ich setzte mich wieder zu Tilman und Nina auf die Terrasse der Taverne.

„Was ist mit den griechischen Männern?",
warf Nina in den Raum.
„Wollten wir nicht darüber reden?"
„Wir wollten und wollen es noch immer", sagte ich,
„besonders bezogen auf ihre Mentalität und ihre
Erwartungen an sich und ihre Frauen im Vergleich
zu den uns bekannten Männern aus Deutschland."

„Und der Schwiez.", warf sie ein.
„Ja", lächelte ich, „und der Schwiez!"

Wir wechselten in ihr Haus, dem übernächsten zu Tilmans Taverne, das sie für ein Jahr gemietet hatte. Nina hat ein interessantes Lebensmodell. Sie arbeitet, lebt genügsam und spart. Ist genügend Geld beisammen, nimmt sie eine Auszeit, wählt einen Ort, wie in diesem Jahr Liviananá, und bleibt, solange ihre Finanzen reichen.

Schön ist es in dem Haus mit den zwei Terrassen, der großen Küche, dem Wohnraum mit dem Holzpodest und dem Bad mit der Zwergenbadewanne. Nina machte uns einen Tee - nein, sie wollte uns einen Tee machen - reden mit Tee in der Nachmittagssonne auf der oberen Terrasse, das war unser Plan. Nun ward es jedoch nichts mit dem Plan, vorerst, und nichts mit dem Tee.

„Das Wasser ischt alle!", rief sie entsetzt.
„Wie, das Wasser ist alle?", ich fragend zurück.
„Es ischt alle, wiel irgendein Idiot den Hahn nicht recht dicht gedreht hat. Nun müsse wir erscht den Wasservorrat auffülle. Magscht mitkomme?"

Wir liefen ins Dorf hinauf. Kurz unterhalb der Kirche ist der große Wasserspeicher, aus dem die Bewohner Liviananás ihr Wasser ziehen. Jedes Haus hat einen eigenen Wasseranschluss, einen Schlauch, der von hier oben hinunter zu den einzelnen Häusern führt. Die Schläuche liegen oberhalb des Gesteins. Sie müssen von den Bewohnern selbst angeschafft, verlegt und betreut werden. In gewissen Abständen wird die Zisterne von Anópolis aus neu befüllt. Sie führt derzeit neun Schläuche. Einen von größerem Durchmesser zur Neubefüllung aus

Anópolis und acht dünnere, für jeden bewohnten Haushalt einen. Ein weiterer ist zum Befüllen der Ziegentränken ausgelegt.

Nina sog das Wasser mit dem Mund an, bis es selbstständig zu fließen begann. Sie folgte dem Schlauchverlauf. Überprüfte alle Verbindungsstücke, von denen es in Gänze zehn gab. Zur Kontrolle schraubte sie die einzelnen Verbindungsstücke auseinander, wartete den Wasserfluss ab und schraubte sie bei Eintreffen des Wassers wieder zusammen.

Sie kraxelte über die Felsen, plauderte ein wenig mit Chrisoula in griechischem Kauderwelsch, bis sie sich leichtfüßig zur nächsten Prüfstelle aufmachte. Tilmans Hund war immer in ihrer Nähe. Ich ging den Weg über die Dorfstraße und begleitete beide mit meinem Fotoapparat, immer ein wenig unterhalb ihres Tuns. Am Haus zurück, stellte Nina beruhigt fest, dass der Wasserstand langsam anhob. Zwei, drei Stunden würde es nun dauern, bis der Haustank neu befüllt sein würde und sie den Zufluss an der Zisterne wieder schließen müsse.

Zeit für Tee und Frauengespräche auf der oberen Terrasse.

Die Sonne stand noch hoch genug, um sie auf der oberen Terrasse des Hauses genießen zu können. Wir setzten uns an die aufgewärmte Hauswand auf eine kunstvoll gestaltete Sitzbank. Eine geschliffene, glatt polierte Holzplatte mit naturbelassener Baumrinde ruht in der Gabelung eines kunstvoll geschwungenen Astes.

44.

Zuerst erzählte sie mir von ihrem Disput mit Tilman. Er hatte ihr unbekümmertes Verhalten gegenüber griechischen Männern kritisiert, ihre zu lockere Art, sich zu kleiden. Sie fühlte sich falsch beurteilt. Konnte seine Meinung und seine Explosion dahingehend nicht nachvollziehen.

„Du kannst dich nicht so kleiden und verhalten wie eine x-beliebige Touristin. Du lebst hier und musst dich entsprechend einfügen, angelehnt an das Verhalten griechischer Frauen!"

Wie verhalten sich griechische Frauen, junge wie alte? Was wird von ihnen erwartet? Wer erwartet? Die Frauen, die Männer, die Gesellschaft? Wir konnten es hier und jetzt nicht klären. Wir wussten einfach zu wenig über das, was auf Kreta im Jahre 2011 als normal galt.

Nun erzählte ich von meiner kleinen Lovestory. Wie gut sie mir täte. Wie unberechenbar sie sei. Wie sehr ich sie ohne jede Erwartung hatte genießen können. Und wie unerwartet sie mir passiert sei. Ich nannte keinen Namen. Erzählte nichts vom Taxibootfahrer, nichts von seiner Körperlänge oder seinem schwarzen Zopf. Ich erzählte einzig von den warnenden Worten des freundlichen Touristen, der mich vor dem Schürzenjäger hatte warnen wollen.

„Ist's Micháli? - Der Taxibootfahrer?", fragte Nina.
„Ist der sooo bekannt für seine Liebeleien,
dass er der einzig mögliche wäre?"

„Nein, aber er ist der einzige Grieche hier in der Gegend, den ich mir so mit dir vorstellen kann. Meinscht wirklich,

dass er ein Schürzenjäger ist und alle Nase lang
'ne andere hat?" - „Wundern tät's mich nicht."

Sie erzählte, dass Micháli zwei Jahre mit ihrer Freundin Anne-Marie eine Liebesbeziehung gehabt habe, mit Zukunftsplänen und allem Pipapo, zumindest bis vor einem halben Jahr. Anne-Marie habe versucht, ihren Besitz in der Schweiz zu veräußern, um ganz nach Kreta kommen zu können, und dazu versucht, hier eine Verdienstmöglichkeit für sich zu finden. Habe aber alles irgendwie nicht geklappt, und so hätten sie ihre Verbindung vor einem halben Jahr unter großer Trauer gelöst. Der Traum vom Leben zu zweit wäre einfach nicht realisierbar gewesen. Kontakt hätten sie aber, soweit Nina wusste, telefonisch und über Skype all die Zeit dennoch gehalten. Zwei Mal im Jahr sei sie für einen Monat auf Kreta gewesen, und im letzten Winter habe er sie sogar für einige Zeit in der Schweiz besucht. Das war also der Urlaub in der Schweiz gewesen, von dem er mir erzählt hatte. Interessant, interessant!

„Wenn i mi recht erinnere", hob Nina an,
„kommt Anne-Marie bald nach Kreta. Und wenn
i richtig informiert bin, wollt' sie sich mit Micháli
in Chaniá treffen, vielleicht sogar für ein paar Tage?"

Nun bekam alles einen Sinn. Micháli wollte für ein paar Tage nach Chaniá fahren. Nix da - geschäftlich wegen eines Bootes oder so! Er hatte eine Verabredung mit Anne-Marie! Alter Schlawiner, aber wie hätte er es mir erzählen sollen? Eifersüchtig sein, wenn ich mit einem anderen Mann zu Abend aß, und selbst gleichzeitig zwei Eisen im Feuer zu haben, das passte nicht recht zusammen, nicht einmal für ihn.

War ich entsetzt? War ich erstaunt?
Hatte ich etwas anderes erwartet? - Eher nicht.

Ich hatte versucht, unsere Liebelei als das zu sehen, was sie war. Als das Miteinander zweier Menschen, die sich im Hier und Heute voneinander angezogen fühlten. Mehr nicht. Wir leben in unterschiedlichen Realitäten, in zu unterschiedlichen Welten, viel zu weit voneinander entfernt. Dazu kam unsere Sprachbarriere und mein Leben, das ich mir auf Kreta im Ganzen nicht wirklich vorstellen konnte, ebenso wenig wie das seine bei mir in Deutschland.

Das würde zu Hause ein Hallo geben, wenn der lange Grieche mit dem Goldkettchen und dem offenen Hemd bei mir im Laden als der Meine auftauchen würde. Wäre es mit uns richtig richtig, die Gefühle entsprechend, und würde Micháli für sich selbst verantwortlich sein können und wollen, gäbe es keinen Grund, unser Miteinander nicht zu versuchen. Doch da es bei uns an allem haperte, brauchte ich über diese Möglichkeit nicht wirklich nachzudenken.

Die Schürzenjägerwarnung brachte Nina jedoch ins Grübeln. Sie fragte sich, ob ich wohl die einzige Frau sei, mit der Micháli in diesem Sommer angebandelt hätte, oder ob er immer und alle Zeit, auch in den letzten zwei Jahren, als er sozusagen mit Anne-Marie zusammen war, immer und immer wieder Verhältnisse mit anderen Touristinnen gehabt habe.

„Gute Frage - nächste Frage", sagte ich lachend.
„Diese werden wir jetzt kaum beantworten können."
„Oh Gott", kam es plötzlich aus ihr heraus,
„das tut mir so leid für dich, dass Micháli
sich jetzt mit Anne-Marie in Chaniá trifft."
„Herzelein", sagte ich „das ist schon alles in Ordnung so."
„Wirklich, tut es dir denn gar nicht weh?"
„Nina, wäre ich jetzt eine verliebte, blauäugige Frau

mit der Naivität eines jungen Mädchens, das glaubte, die Liebe ihres Lebens gefunden zu haben, dann hätte diese Wahrheit jetzt wohl ein blutendes Herz in mir hervorrufen können. So ist aber alles in Ordnung. Bin ich doch schon ein wenig alt und lebenserfahren und dazu vielleicht gar ein bisschen weise?!"

Sie atmete auf.
Sie schien beruhigt, und dennoch dachte es in ihr weiter.
Ob sie Anne-Marie von mir erzählen solle?
Ob sie sie eventuell warnen müsse?
Ob sie sie fragen solle, was sie von dieser
Schürzenjägertheorie halte?

„Du kannst es tun. Du musst es aber nicht.
Vielleicht solltest du es einfach lassen."

Warum sollte sie Anne-Maries Gefühle verwirren,
wenn wir doch nichts von der wahren Realität wussten?

„Aber du bischt doch wahr, du bischt doch real.
Ihr habt euch doch bemerkt und geliebt."
„Wir haben miteinander geschlafen. Und wir werden uns wohl irgendwie mögen und anziehend finden. Und vielleicht ist da auch das Potential einer wunderbaren Liebe, aber - und dabei wollen wir es jetzt einfach belassen!"
„Elisabeth, du hascht blaue Augen!", lachte sie.
„Manchmal schon, aber jetzt sind sie doch
eher grau oder grün!"

Natürlich sprachen wir noch weiter über diese ganze Thematik. Schließlich ist die Liebe mit all ihrem Drum und Dran vieler Frauen Lieblingsthema. Ich erzählte von Michális Vorschlag, dass er mich in Deutschland besuchen kommen wolle, wenn ich ihm das Ticket zahlen würde, und von meiner dazugehörigen Antwort, „that I don't like to pay for a man."

Wir mussten beide herzhaft lachen.

„In diesem Falle würd' ich es auch nicht machen",
überlegte Nina, „doch es gibt sicherlich Umstände ... "
„Jaaa", sagte ich, „die gibt es mit Sicherheit,
doch bestimmt nicht in diesem Stadium
einer deutsch-griechischen love affair!"
„Was würdest du machen,
wenn er den Flug selbst bezahlen würde?"
„Wenn er den Flug selber bezahlen würde
und er für seine privaten Ausgaben selbst aufkäme,
wäre er mir sicher willkommen!"

So verrückt dürfe man schon mal sein, auch, wenn man im Voraus niemals wissen könne, ob bei einem solchen Experiment etwas Wunderbares herauskäme oder die absolute Katastrophe. Wir könnten zusammen sein, gemeinsam arbeiten und lieben und einen herrlichen Winter miteinander verbringen. Wir könnten uns aber auch tierisch auf die Nerven gehen und damit eine kleine Winterhölle erleben, die selbst das Eis meines Gartenteiches zum Schmelzen bringen könne.

„Hat Anne-Marie eigentlich Michális Flug bezahlt?"
„I denk scho. Den Flug und allesch andere auch."

Dazu hätte sie noch gesagt, dass der Micháli völlig ungeeignet gewesen sei, in der Schweiz mit irgendetwas Geld zu verdienen. Wir fragten uns, ob da denn kein großer See in der Nähe gewesen wäre, von wegen Taxiboot und so. Wir fingen an, uns alle möglichen Tätigkeiten auszudenken, die Micháli außer

Landes würde tun können, auch wenn wir wenig bis gar nichts über seine Fähigkeiten wussten. Taxiboot könne er fahren und fischen, das wussten wir. Ob er einen Garten bearbeiten könne? Ob er handwerklich geschickt sei? Ob er kochen könne, Fenster putzen oder bügeln? Malen, dichten oder musizieren? Vielleicht konnte er Sirtaki tanzen und unterrichten, vielleicht sogar einen Kurs in einfachem Reise-Griechisch geben. Wir hätten uns alles erdenken können. Alles, ohne jeden realen Bezug zu seinem Wissen, seinen Fähigkeiten oder dem Grad seiner Arbeitslust.

Der Wassertank war nun aufgefüllt. Wir marschierten erneut hinauf zur Zisterne Livanianás, tranken auf dem Rückweg bei Tilman eine Zitronenlimonade und machten uns alsbald gemeinsam auf den Weg hinunter nach Lýkos. Nina hatte Lust, mich zu begleiten. Sie schnappte sich den Tavernen-Hund, und schon ging es der Schotterstraße folgend hurtig bergab, zum Small-Paradise, dem Quartier für meine heutige Nacht.

An der Gabelung nach Fínix und Lýkos trafen wir auf Luc und Simon. Simon hatte Luc mit dem Auto heruntergefahren und fragte Nina, ob sie vielleicht wieder mit ihm hinauffahren wolle. Sie wollte es nicht. Sie hatte noch Lust auf ein bisschen Bewegung. Dennoch verabschiedeten wir uns an dieser Stelle mit dem Wunsch auf ein baldiges Wiedersehen. Bei schon recht tiefem Sonnenstand machte sich diese kleine, zarte Frau, ohne Pause, direkt auf den Rückweg, hinauf nach Livanianá. Der Tavernen-Hund stürmte spielerisch voraus, Nina ihm neckend hinterher.

45.

Normalerweise hätte ich auf Luc gewartet, doch hier und jetzt war mir nicht nach Gesellschaft. Ich ging direkt auf mein Zimmer. Wollte mich ein wenig ausruhen, um dann auf der Terrasse etwas zu Abend zu essen. Ging nicht! War zu müde, einfach nur müde. Es dachte in mir herum. Ich wollte das nicht. Wollte nicht über das neu Erfahrene nachgrübeln. Wollte nichts und gar nichts, außer schlafen, einfach nur schlafen. Da kann man noch so weise sein, noch so erfahren, alt und klug, sind Gefühle im Spiel, drängen sie sich in den Vordergrund - da muss man wachsam bleiben.

Wachsam sein und schlafen wollen,
war von jeher eine schlechte Kombination.

Natürlich war meine Verbindung zu Micháli nicht ohne Gefühle. Mein Innen hätte schon gerne geliebt. Doch zum Glück arbeitete mein Sicherheitssystem gut und achtete entsprechend auf mich. Es war achtsam und wachsam und ließ meinen Kopf das Rechte denken. Wir hatten es ja gehört, wie erwachsen ich Nina meine Sicht auf die Dinge geschildert hatte. Es war so richtig, und es fühlte sich so authentisch an, was und wie ich es ihr gegenüber vertreten hatte, dass ich es mir selbst fast und gerne abgenommen hatte.

Hier am frühen Abend stellte sich meine Wahrheit jedoch irgendwie anders dar. Hier hatte ich Sehnsucht. Hier wollte ich Micháli. Hier kam mein altes Muster zum Vorschein, mit dem ich eigentlich gebrochen hatte. Ein Verhalten und ein Fühlen, das ich so nie wieder hatte haben wollen.

Man behandelte mich schlecht. Man wies mich ab, stieß mich weg, und all mein Stolz war dahin, und ich wollte genau das oder den, der das gerade mit mir gemacht hatte. War ich wohl von Sinnen? Sollte ich all mein Wissen über dieses Verhaltensmuster plötzlich wieder vergessen haben? Nein, das konnte nicht sein! Es konnte vielleicht verrutscht sein. „Streifen verrutscht" - wie beim kleinen Tiger des Janosch. Es konnte kurzfristig abhandengekommen, in einem Versteck verschwunden oder von einer anderen Sache gänzlich überdeckt sein. Aber weg, so richtig weg sein konnte und durfte es nicht!

Ein guter Schlaf, ein wenig Zeit mit mir alleine, würden meine verrutschte Mitte wieder richten, und so wäre die neue, alte Elisabeth sicher bald wieder zurück.

Michális vermutete Mehrgleisigkeit hatte sich bestätigt. Na und? Ich hatte doch gar nichts anderes erwartet. Sollte es in den letzten zwei Jahren wirklich nur Anne-Marie für ihn gegeben haben und jetzt ein bisserl mich, wäre er ja fast monogam. Wie war das noch mit alledem, was wir vermuten und nicht wissen? „Spekulatione" - nichts Halbes und nichts Ganzes. Es sagt nichts über die wirkliche Wirklichkeit aus, absolut nichts. Micháli war für mich Micháli mit dem, was er mir erzählte und wie ich ihn erlebt hatte. Er war der Micháli aus der Sicht der Augen anderer, und er war der, den er selbst in sich sah. So ist es mit jedem Menschen, jedem Tier, jedem Strauch und jedem Haus. Der Betrachter einer Sache, eines Dinges, eines Lebewesens, ist der Beurteiler dessen, wie sich etwas in seinen Augen und seinen Empfindungen darstellt. Nicht mehr und nicht weniger, und damit konnte ich jetzt wunderbar einschlafen.

Als ich am nächsten Morgen erwachte, fehlte mir Micháli sehr. Wollen, was ich grad nicht haben kann. Muster, dich kenne ich, bleib mir fort! Ich duschte, wusch mir die Haare, cremte mich ein und trocknete mein „rotes Gold" über dem Balkongeländer in der Sonne. Ich trank mindestens einen Liter Wasser, aß einen Apfel und schlief eine weitere Runde. Gegen zehn ging ich hinunter auf die Terrasse. Heute ohne jeden Schnörkel. Ich wollte unbemerkt bleiben, übersehen werden. Badeanzug, Sandalen, schwarzes Kleid - keine Ohrclips, kein Rosentuch, kein Armband. Ich wählte den Tisch an der äußeren Ecke. Ich war inkognito! Der Tisch, an den ich mich jetzt gesetzt hatte, war es hier in seiner Ecke, hinter dem dicken Stamm einer Tamariske, irgendwie immer. Inkognito. Wir, dieser Tisch und ich, wollten nichts anderes, als unbemerkt und in Ruhe frühstücken. Kaffee, Yaurti me Meli, heute mit Melonenstückchen. Manoli hatte es gut gemeint mit dem Honig an diesem Morgen. Er lief vom Teller direkt auf das Tischtuch, und ich sagte ihm, dem Tischtuch, dass es sich gerne davon bedienen dürfe.

Ich vermisste Ludwig. Ich vermisste alles und nichts. Ändert sich bei mir eine Gegebenheit, ein Ritual, muss ich mich immer erst gewöhnen. Bei mir hatten sich in den letzten zwanzig Stunden zwei gravierende Gegebenheiten verändert. Ludwig war fort, und Micháli war jetzt nicht mehr mein Gspusi, sondern der Mann, der sich irgendwann die Tage mit Anne-Marie in Chaniá treffen würde. Er wusste es. Ich wusste es auch. Nur wusste er nicht, dass ich es wusste.

An den letzten beiden Abenden hatten wir beide wieder ein wenig miteinander telefoniert. Er hatte durchgeklingelt, und ich hatte wie gewohnt zurückgerufen. Gestern Abend jedoch hatte ich keine Lust gehabt, auf sein Klingelzeichen zu reagieren. Zum einen sowieso nicht, und zum anderen hatte mein Unterbewusstsein mich das Klingeln seines Anrufes durch den Nebel meines Halbschlafes klugerweise überhören lassen.

Jetzt erst sah ich seine nächtliche SMS. Sie ließ mich erstaunt ein zweites und ein drittes Mal hinschauen. So kamen die Worte auf meinem Handy an:

„OOLO OY OOOOOO OL OO. SWEOO OOSS FOR YOOU. OIOOOLI."

Mit einem Schmunzeln versuchte ich, diese Hieroglyphen zu entziffern, und kam nach einer Weile zu folgendem Ergebnis:

„HALO MY MBEMBI AL OK. SWETT KISS FOR YOOU. MICHALI."

Na, das war doch mal was. Ich schrieb ihm, dass ich heute in Lýkos am Strand bleiben und lesen wolle, und das machte ich dann auch. Ich begab mich nach dem Frühstück an den hauseigenen Strand unterhalb meines Zimmers.

THE BLUE SUNBEDS
ARE ONLY FOR VISITORS FROM SMALL-PARADISE.

stand auf einem handgeschriebenen Schild am Stamm einer Tamariske unten am Strand. Ich wählte die Liege direkt unterhalb dieses Baumes. Er bot mir Sonne und Schatten, genau in dem Maße, wie mein Kopf und meine helle Haut es brauchten. Bei ausgeglichener Seelenlage, ist Sonnenbaden nicht meins, doch hier und heute war es genau richtig. Ich konnte für mich sein, brauchte nicht zu reden, konnte lesen, dösen oder schlafen, ein bisschen herumdenken, Energie tanken und kluge Antworten auf mögliche Warrumfragen finden. Mein Kopf lag im Schatten. Meine Arme, mein Bauch und meine Beine im Sonnenschein. Nachdem ich genug sinniert hatte, ging ich auf mein Zimmer, machte mich frisch und neu zurecht und spazierte zwei Häuser westwärts zu Chicken George.

46.

Chicken George lebt den Sommer über im letzten Haus am Strand. In früheren Jahren vermietete er Zimmer, fünf an der Zahl, und in noch früheren Jahren musste es hier am Haus eine Taverne oder ein kleines Restaurant gegeben haben, zumindest steht über den Fenstern des Erdgeschosses:

ROOMS AND RESTAURANT

Der Schriftzug war immer etwas blass gewesen, doch in diesem Jahr schien er mir fast unsichtbar. Vor Jahren hatte ich hier ein paar Tage und Nächte verbracht. Schon damals hatte mich diese absolute Einfachheit in den Bann gezogen. Sie ist da, einfach nur da und fordert nichts.

George hatte früher auf Schiffen gearbeitet. Er soll in Amerika gutes Geld verdient haben und nun mit seiner Rente ein angenehmes Auskommen. Siebzig Jahre dürfte er wohl sein. Ich sagte Theo, dass ich auf einen Kaffee zu George hinübergehen wolle.

„He's not at home.
He's waiting for a delivery at the parking place."
„So he will be back soon?"
„Yes, soon."

Ich lachte und ging zwei Häuser weiter. Oben am Parkplatz, am Rande des Felsens, sah ich George unruhig hin- und hergehen. Ich setzte mich vor sein Haus an einen der beiden noch verbliebenen Tische auf der großen, betonierten Fläche zum Meer hin. Ich wählte mir den brauchbarsten Stuhl, stellte zwei weitere hinzu und richtete meinen Blick aufs Wasser. Ich genoss die Ruhe und mich. Meine Mitte hatte sich wieder zurechtgeruckelt. Ich war entspannt, ließ meine Gedanken fließen und schrieb auf, was ich für bemerkenswert hielt.

Ich erinnerte mich an meine Zeiten hier, an den Urlaub mit meiner Schwester, als wir im letzten Zimmer hinten links gewohnt hatten. Als wir einzogen, war nur eine Zimmertür verschlossen, die vier anderen standen weit geöffnet. Auf den Betten lag Bettwäsche bereit, mustermäßig kreuz und quer durcheinandergewürfelt. Ich erlaubte mir, sie so lange hin- und herzutauschen, bis sie in jedem Zimmer die bestmögliche Farb- und Musterkombination aufwies. Für Katharina und mich hatte ich eine schöne, klein gemusterte Rosenbettwäsche zusammengestellt. Das Mädchenzimmer war damit perfekt.

In den Räumen war nur das Allernötigste. Ein Doppelbett, ein Tisch, zwei Stühle und ein paar Haken an den Wänden. Für alle Zimmer zusammen gab es ein gemeinschaftliches, kleines Badezimmer, aus deren Wasserhähnen leicht salziges Wasser kam. Meerwasser, verdünnt mit Zisternenwasser. Im Laufe der nächsten zwei Tage füllte sich das Haus mit recht unterschiedlichen Menschen. Und was immer es auch ausgemacht haben mochte, die Menschen unter diesem Dach fühlten sich allesamt miteinander verbunden. Wir kochten gemeinsam, wir aßen zusammen und wir musizierten so gut es ging. Saßen wir am Abend alle beisammen, sprachen wir Englisch. Unser aller möglichst bestes Englisch, gespickt mit anderssprachigen Worten. Ein Grieche, ein Engländer, zwei Österreicher, zwei Deutsche und ein Schweizer.

Katharina und Willibald bauten am groben Kieselstand Steinmännchen. Ich lag daneben in der Sonne und las. Scott spielte am Tisch mit George Karten, Jürgen skizzierte was auch

immer, und Christine kreierte und tüddelte aus allerlei Gefundenem kleine Kunstwerke. Wir verbrachten viel Zeit miteinander, auch wenn jeder zwischendurch sein eigenes Ding machte.

Vom Haus aus gab es in meinen Jahren hier nie etwas zu essen. Einzig - und da kommen wir wieder auf Chicken George zurück - „Coffee and a boiled egg?", das George uns jeden Morgen mit einem: „Do you want" davor in harten, kurz ausgestoßenen Lauten, anbot. „Do you want a boiled egg?" Kein Brot, keine Marmelade, kein Gar-nichts. Wollten wir etwas anderes essen, gingen wir zu Theo und seinen Brüdern hinüber, in die Taverne davor oder vordem in Loutró etwas einkaufen, um das dort Erworbene später in Georges Küche gemeinsam zuzubereiten und zu verspeisen.

Jetzt betrachtete ich das Haus. Die Fenster der oberen Etage waren verschlossen. Die Treppe, die von außen hinaufführt, recht vollgestellt. Hinterm Haus lag allerlei Gerümpel. Die Hühnerställe waren abgebaut, die Hühner ausgeflogen. Das Haus schien stillgelegt und unserem George nur noch als Sommerresidenz zu dienen. Wäre es meins, wäre es auch hauptsächlich mein Wohlfühlhaus. Kombiniert mit der Vermietung der Zimmer, um Leben und Lebendigkeit, Miteinander und Austausch, Kommunikation und gesellige Abende miteinander erleben zu können. Die offene Küche des George hatte etwas. So einfach sie auch war, förderte sie unser Gemeinschaftsgefühl damals enorm.

George kam zurück. Die Lieferung schien ausgeblieben, zumindest kam er ohne irgendetwas in den Händen zum Haus zurück. Er freute sich, mich zu sehen, auch wenn er wie so oft etwas weltfremd und wunderlich auf mich wirkte. Ich stand auf und nahm ihn zur Begrüßung kurz in den Arm.

„Hello George, how are you? I would like
to drink a coffee with you, to talk a little bit.
What about you? What about your life? What
about your mother? What about your house?"

George wollte schon immer jede einigermaßen brauchbare Frau heiraten, die ihm hier über den Weg gelaufen kam. So damals auch meine Schwester und mich. Zuerst hatte er mich gefragt, und nachdem ich ihm gesagt hatte, dass ich bereits verheiratet sei, fragte er: „... and your sister?" „... ask her!", erwiderte ich mit einem Lächeln.

Sie wollte auch nicht!

Es war jetzt um die Mittagszeit. Für George Zeit zum Mittagessen. Da konnte er nicht einfach eine ungeplante Kaffeepause einlegen. Er sagte:

„Sit down, I eat and then we drink coffee."

Er ging ins Haus, erwärmte seine Suppe und brachte mir eine Flasche Wasser und ein Glas. Dann setzte er sich in seine Küchenecke, mit dem Gesicht zur Wand und aß. Anschließend kam er mit zwei Bechern Kaffee an den Tisch unter die Schatten spendende Tamariske.

Zwischen der großen Terrasse und dem Meer liegen grobe Kieselsteine auf felsigen, übereinandergeschobenen Platten, die weit ins Wasser hineinreichen. Es könnte sich um Lavagestein handeln, das sich durch die Bewegung der Kontinentalplatten in dieser Form zusammengeruckelt und übereinandergeschoben hatte, oder auch nur um alte verwitterte, gebrochene, von Muscheln und Algen bewachsene Betonflächen.

George setzte sich auf einen Stuhl, direkt gegenüber dem meinen. So saßen wir fast Knie an Knie. Er legte seine Hände auf meine Beine, was schon in Ordnung gewesen wäre, wenn er sie an diesem Platz belassen hätte. Er konnte es nicht lassen. Egal, wie unpassend es war. Immer und ewig versuchte er, die Frauen zu betatschen. Immer und ewig kamen Worte aus seinem Mund, die erzählten, dass er eigentlich nur mit ihnen ins Bett wolle. So auch heute. Er wolle gleich seinen Mittagsschlaf halten und fragte mich ganz unverblümt, ob ich mich zu ihm legen würde.

„George, at all. I didn't come as a woman to a man. I only came for a little talk and a coffee, as a friend, to look how you are."

Ich legte seine Hände zurück auf seine Beine und hielt sie dort noch einen Augenblick fest. Danach konnten wir gut miteinander reden.

Seine Mutter sei vor ein paar Jahren gestorben. Er lebe nun den Sommer über alleine hier, vermiete aber keine Zimmer mehr, weil er zum einen keine Lust mehr dazu habe und zum anderen auch so ausreichend Geld. Seine Rente sei gut und sein Erspartes genügend. In der kühlen Jahreszeit zöge er zu seiner Schwester und deren Kindern nach Chaniá, doch sobald es im Frühjahr wieder nett werden würde, käme er zurück.

So wie der Zustand des Hauses war, so wie er sich kleidete und wie sich die Einfachheit seines Umfeldes hier darstellte, konnte ich ihm leicht glauben, dass er sein Geld niemals werde aufbrauchen können. Es hatte einen bestimmten Besitz gegeben, und wenn etwas kaputt gegangen war, wurde es entfernt oder einfach hinters Haus geschmissen, und damit war's gut. Bei meinem letzten Besuch gab es z. B. noch ein Rohrgestell auf der zum Meer ausgerichteten Seite der Terrasse, über das wir Tücher oder Bastmatten hängen konnten, wenn uns die Sonne zu viel wurde. Heute war davon nichts mehr zu sehen. Zusammengebrochen, abgebaut und weg. Ersetzt wurde da nichts. Zudem hatten inzwischen die größer gewordenen Tamarisken die Schattendienste übernommen.

„George, if I come back next year,
would you give me a room upstairs?"
„Maybe, but you have to clean it all by yourself."
„No problem! If I come back, I will ask you again."

Dieser alte Schwerenöter hätte längst eine Frau haben können, wenn er nur nicht immer so plump zudringlich gewesen wäre. Immer gleich mit der Tür ins Haus fallen. Er hatte keiner Frau die Chance gegeben, sich zu gewöhnen. So wie er sich verhielt, konnte Frau nur abwehren und davonlaufen. Für mich war das kein Problem. George war weder böse noch gefährlich. Irgendwie war er ein in die Jahre gekommener, großer Junge. Zeigte ich ihm klar und deutlich die Grenze, war der freundliche Umgang mit ihm kein Problem.

„So George, now you will go to bed,
and I will take a Greek salad at Theo's."
„You don't want to go to bed with me?"
„No George, nothing like this."

Ich nahm ihn zum Abschied herzlich in die Arme, drückte ihm einen Kuss auf die alten Wangen und wiederholte:

„Only like friends",
und wünschte ihm einen guten Mittagsschlaf.

47.

Der griechische Salat bei Theo und seinen Brüdern im Small-Paradise war mir von jeher der liebste. Der Unterschied liegt nicht bei den Tomaten, den Oliven, den Gurken, den Zwiebeln oder den manchmal beigefügten, in schmale Streifen geschnittenen, grünen Salatblättern und auch nicht an den dazu gereichten Gewürzen. Den Unterschied macht einzig der hier produzierte Schafs- oder Ziegenkäse aus der Milch eigener Tiere. Er wird nach der Verdickung zum Trockenwerden in feine Tücher gegeben und in einer kühlen Höhle am Anfang der Bucht zum Abtropfen aufgehängt. Ist der Großteil der Molke abgeflossen und seine Konsistenz geprüft, findet er seinen Weg nur noch über einen kleinen Umweg über den Kühltresen direkt auf den Salat. Er ist wunderbar cremig, angenehm mild und locker und wird löffelweise üppig über den Salat gebröselt. In Form gepresst wird da nichts und in Salzlake eingelegt auch nicht.

Christion kam an meinen Tisch. Wir hatten uns am Morgen am Strand über unsere ersten Begegnungen unterhalten, wie leicht und beschwingt sie doch gewesen waren. Wir zogen den Vergleich zur Holperigkeit unserer Dreierbegegnungen zwischen Ludwig, ihm und mir und stellten fest, dass wir die Schieflage dahingehend recht ähnlich wahrgenommen hatten. Nun erzählte er mir, dass er heute, am 3. Oktober 2011, seinen 43. Geburtstag habe:

„Nobody knows it, but you", grinste er verschwörerisch,
und so verhielt ich mich ruhig und flüsterte ihm
nur ein „Happy Birthday" ins Ohr.

Ich erzählte, dass ich am späten Nachmittag nach Loutró hinüberwandern wolle. Er nahm es wohl als Information und ging schwimmen. Ich blieb noch eine Weile, beobachtete den Prinzen beim Bade und verflüchtigte mich dann auf mein Zimmer. Es war frisch gereinigt, die Handtücher gewechselt, die Bettwäsche ausgetauscht. Ansonsten lag noch alles an seinem Platz. Vielleicht sollte ich das Zimmer zukünftig etwas ordentlicher halten. Gesagt, getan. Es klopfte. Christion teilte mir mit, dass er nun nach Loutró wandere und fragte dazu, ob wir bei Einbruch der Dunkelheit dort gemeinsam zu Abend essen wollten, weil ich doch auch hinüberwolle ... und sowieso.

„Wie wär's zwischen 18 und 19 Uhr,
unten in der ersten Taverne auf der vorgebauten Terrasse
- gleich neben dem Zigarettenkiosk?"

Um 17:29 Uhr lief ich los, um 18:02 Uhr war ich in Loutró. Ich war bewusst zügig gegangen, war nicht gehetzt und hatte nicht getrödelt. Im kleinen Super-Market kaufte ich vier Äpfel for the Lilli, eine Tafel Schokolade und zwei Flaschen Wasser. Danach hielt ich Ausschau nach Christion. Er saß in der verabredeten Taverne auf der vorgebauten Holzterrasse am drittletzten Tisch direkt am Wasser und las. Ich setzte mich zu ihm, nahm mein Notizheft heraus, flüsterte, „Hallo Geburtstagskind", lächelte ihn an und begann zu schreiben.

Eine ganze Weile saßen wir beide so da - lesend, schreibend, schweigend. Der Kellner kam und fragte nach unseren Wünschen. Wir bestellten Wasser und Wein. Das Essen konnten wir in einem Tresen neben dem Eingang der Taverne anschauen, aussuchen und bestellen. Wir wählten dreierlei Speisen. Spinatgefüllte Teigtaschen mit Schafskäse, Kartoffelgratin mit Tomaten und Béchamel und einen Gemüseauflauf aus Auberginen, dicken Bohnen, Paprika und Okraschoten. Eine leckere, gut gemischte Mahlzeit, die wir querbeet genossen.

Wir erzählten aus unseren Leben. Mutmaßten darüber, warum wir wohl so geworden waren, wie wir es heute sind. Wir beide hatten eine, mit Fürsorge verbundene, große Nähe zu unseren Müttern gehabt, und wir hatten uns später von ihnen gelöst, als es allgemein hin der Fall ist. Bei Ludwig war es übrigens ebenso. Jetzt gerade denke ich, dass dieser Tiefsinn, der uns dreien zu eigen ist, aus der intensiven Beschäftigung mit den Seelenleben unserer Mütter in Zusammenhang stehen könnte. Wir fragten nach, wir dachten tief, wir erwogen viel, und wir suchten Lösungen für unsere Mütter, uns und unsere Familien. Fallen Mütter teilweise aus, gibt es keine Überbrückungshilfe, müssen Kinder die Lücken selbst füllen, ihre Mütter immer wieder ein wenig retten, damit das Familienleben möglichst normal weiterlaufen kann. Vielleicht hatten wir uns immer so sehr auf die Nöte unserer Mütter eingelassen, dass wir gar nicht anders hätten werden können. Vielleicht waren wir aber auch einfach so, wie wir waren, und hatten uns deshalb so gut auf alles einlassen können. In all den Jahren, da unser erstes Streben dem Wohl unserer Familien, unseren Müttern gegolten hatte, hatten wir gleichzeitig gelernt, gut für uns selbst zu sorgen. Ein gesunder Egoismus hing uns dreien gleichermaßen an, und so waren wir, Christion, Ludwig und ich, ohne größere Blessuren wunderbar alltagstauglich erwachsen geworden. Nicht auf Kosten anderer, das war nicht nötig gewesen, aber doch zu unserem eigenen Wohl.

Es war inzwischen dunkel geworden, was hier am Abend nach 22 Uhr auch nicht verwunderlich sein durfte. Neunzehn, zwanzig Uhr, und dunkel ist's. Der halbe Mond lag auf dem Rücken und reichte Christion vollends als Beleuchtungsgeber für unseren Heimweg. Ich brauchte zusätzlich das Licht meiner kleinen Taschenlampe, zumindest wenn es bergauf oder bergab ging. Oberhalb Loutrós, auf dem kleinen Plateau bis hin zum

Ende der Fínix-Bucht, war auch für mich das Mondlicht ausreichend.

In Lýkos schlief schon alles, als wir an unserem Quartier zurück waren. Wir sagten gute Nacht, gingen auf unsere Zimmer und trafen uns alsbald zum Nacht-Rauchen auf unseren Balkonen wieder. Abermals saßen wir auf der Mauer, wieder trennte uns die schräge Wand, und wieder gingen wir hernach alleine in unsere Zimmer, in unsere Betten, obwohl uns heute kein Ludwig und kein Niemand von einer gemeinsam verbrachten Nacht hätten abhalten können. Der Zauber war verflogen, gleichzeitig auf beiden Seiten, und so konnten wir nun wunderbar unkompliziert einfach so miteinander sein.

„Gute Nacht, Christion."
„Gute Nacht, Elisabeth."
„Gute Nacht, John-Boy."

Es folgten ein guter Schlaf und eine entspannte Nacht, obwohl ich Micháli nach seinem Klingelzeichen, reichlich verspätet, per SMS eine gute Nacht und eine schöne Zeit mit Anne-Marie in Chaniá gewünscht hatte. Ich wollte es nicht, und dennoch habe ich es getan. Er wird nicht viel von meiner SMS verstanden haben. Deutsch war nicht seine Stärke, und dennoch war ich mir sicher, dass das Wort Anne-Marie eine gewisse Verwunderung bei ihm hervorgerufen haben müsste. Es wurde still um Micháli und mich. Ich war still, und er war still, und so verbrachte ich den nächsten Tag als Frau ohne jede (Ver)Bindung.

Der neue Tag war ohne Plan. Ich stand auf, zog mich an und ging zum Frühstück. Christion gesellte sich dazu, Luc ebenso, und irgendwann gesellte ich mich dann von dannen. Auf meinem Balkon saß ich nun, mit dem Rücken zu Christions Balkon, mit den Beinen auf der Balkonbrüstung, nackig in der Sonne, um auch meinen bis dato unbeschienenen Körperpartien etwas Sonnenlicht zu gewähren. Christion schaute über die Abtrennung. „Huch ...!" So konnte es gehen. Er lachte, ich lachte auch, und schon war er wieder von seinem Balkon verschwunden.

Ich genoss die Sonnenstrahlen auf meiner Haut und schrieb in aller Ruhe weiter an meinen Reisenotizen. Ich hatte gerade den Part notiert, als Nina mir von Micháli und Anne-Marie erzählt hatte. Natürlich ließ mich das nicht kalt. Vielleicht war er gerade mit ihr unterwegs. Vielleicht waren sie gerade zusammen, in einer Liebe und Zärtlichkeit, die wir so miteinander nicht geteilt hatten. Vielleicht hatte er eine wunderschöne Nacht mit ihr verbracht? So etwas denkt man nicht extra. So etwas denkt sich ganz von alleine. Was wusste ich denn schon? Vielleicht spürte ich in diesem Moment, dass er mehr bei ihr war als bei mir, ja vielleicht sogar, dass sein Fühlen, seine Energieströme zu mir gänzlich gekappt waren.

Egal, egal und wieder egal, ich sollte etwas machen - mich bewegen, nicht stillstehen und Leid empfinden. Die Sehnsucht quälte mein Gemüt. Ich wollte das nicht, doch in diesem Moment konnte ich mich nicht dagegen wehren. Das Weinen steckte mir in der Kehle. Traurigkeiten aus dem tiefsten Schmerzspeicher meiner Seele wollten heraus, wollten fließen, wollten befreit sein. Der Auslöser für dieses Gefühl konnte nicht einzig meine Sehnsucht nach Micháli sein oder dass sich die Schürzenjäger-Theorie nun gerade zu bestätigen schien oder eben auch nicht.

Es schmerzte aus dem Speicher
all meiner nicht erwiderten Liebessehnsüchte.

Ich heulte nicht. Ich ließ es nicht zu. Ich wollte keine neuen Tränensäcke. Ich beschäftigte mich anderweitig - otherwise. Ich zog mich wieder an, holte das Beste aus mir heraus, machte mich also hübsch und begab mich zurück in die Welt der Lebenden.

48.

Treppe runter, Terrasse überquert, Theo zugelächelt und am Wasser entlang bis zum Haus von Chicken George gelaufen. Er saß an dem Tisch, in dessen Nähe ich gestern so unverhofft meine Mitte wiedergefunden hatte. Ich hatte sie so wiedergefunden und so, innerlich wie äußerlich. Wie war das noch, es gibt keine Zufälle, oder gibt es nichts anderes als diese? An Bestimmung zu glauben, ist allemal sinnlicher, tiefgründiger und spekulativer.

Als ich gestern bei George angekommen war, fielen meine Augen direkt auf einen kleinen, rostigen Gegenstand. Er lag zwischen all den Kieselsteinen am Rand der großen Betonplatte hier in Lýkos vor Chicken Georges Haus. Natürlich hob ich ihn auf. Da war ich gerade dabei, Strategien zur Wiederherstellung meiner inneren Mitte zu entwickeln und anzuwenden, und schon fand ich als Symbol dieses kleine Kunstwerk, vom Zahn der Zeit geformt und gestaltet, uralt wahrscheinlich und wunderschön.

Es ist aus verrostetem Eisen und hat die Form eines Herzens, ohne den oberen Einschnitt. Unten ist es spitz, oben breit und rund, von hinten absolut flach und nach vornheraus schneckenförmig gewölbt. Es ist viereinhalb Zentimeter hoch und an der breitesten Stelle oben dreieinhalb Zentimeter breit. Oben mittig ist eine kreisrunde Öffnung von sieben Millimetern, die, glauben wir es mal, meine symbolische Mitte widerspiegelt.

Es befand sich ein Stein darinnen, ein kleiner krückeliger Stein, der den klaren Durchblick verhinderte. Ich pfriemelte ihn aus der kreisrunden Öffnung des kleinen Rost-Eisen-Herzens, verbannte die unguten Gedanken aus meinem Kopf und war zeitgleich mit der Entfernung des Krückelsteins wieder ganz bei mir, gut ausgelotet im Hier und Jetzt.

Also: Stein entfernt, Mitte befreit, und alles war wieder gut!

George hatte eine Handvoll Walnüsse auf dem Tisch liegen. Er hatte sie von einem Baum aus Anópolis. Er bot mir an, mich zu setzen. Er öffnete die Nüsse, eine nach der anderen, und gab mir jeweils eine Hälfte davon herüber. Als ich mich nach einem kleinen Plausch verabschieden wollte, sagte er:

„Wait a little." Er ging ins Haus, in die Küche und kam mit einer Traube gewaschener Weintrauben wieder heraus. „For you, Elisabeth!" - „Efcharistó polý, George", bedankte ich mich mit einem freundlichen Lächeln. Wir nahmen uns sittlich in die Arme, worauf er ins Haus und ich Richtung Mármara verschwand.

Auf dem Weg dorthin hatte ich Lust auf Livanianá, auf Nina und Tilman und die ganze Atmosphäre der Tavérna-Livanianá. Ich fand den Abzweig, den Ludwig und ich am Ende unserer ersten Wanderung genommen hatten. Es war gut, jetzt alleine hier hinaufzusteigen, zu merken, dass ich das alleine konnte, dass ich mich wohl dabei fühlte und dass ich Freude daran hatte, Stufe für Stufe, Stein für Stein mit meiner inneren und äußeren Mitte den Berg hinaufzukraxeln.

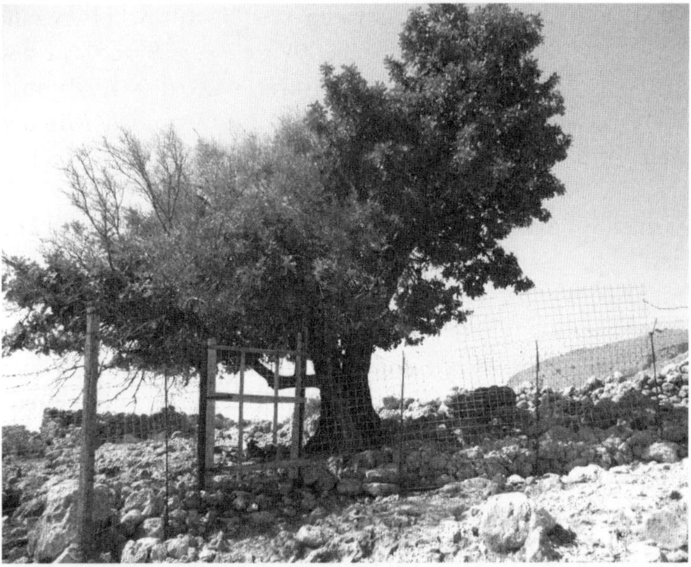

TAVERNA
LIVANIANA
ARADENA GORGE
MARMARA BEACH

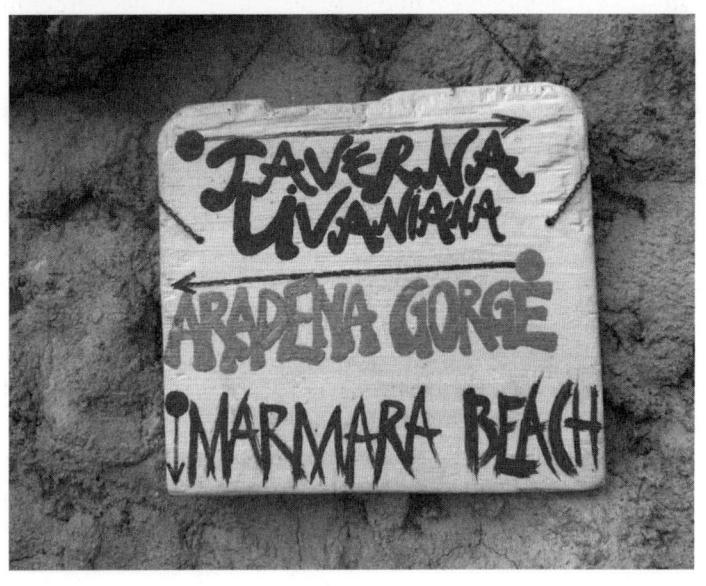

Blaue Farbkleckse wiesen mir den Weg bis zur Schotterstraße zwischen Lýkos und Livianá. Zwischendurch gab es einen Hinweis auf das rosa Piano der Taverne. Mitten in der Pampa - verrückt, aber wirkungsvoll. Am Ende noch zwanzig Minuten Schotterpiste, und schon war ich oben angekommen.

Nina kam mir kurz vor dem Ende lachend und winkend entgegengelaufen. Sie sagte, sie habe etwas die Straße hinaufkommen sehen, was weder Katze noch Ziege hatte sein können. Eine schwarze Gestalt mit rotem Schopfe, die nur ich hatte sein können. Wie wahr, wie wahr. Und dennoch war ich doch auch Ziege und Katze. Sie hatte mich erwartet. Sich vorgefreut. Und genau so kam sie jetzt auf mich zugehüpft. Wir setzten uns auf den großen Stein an der Straßenbiegung und genossen gemeinsam die letzten Sonnenstrahlen. Sie erzählte mir von ihren kleinen Kümmernissen. Es störe sie, dass ihr Liebster zu viel Bier konsumiere und dass sie darüber immer wieder in Streit gerieten.

„Nina, er weiß, dass du es lieber anders hast, und damit ist alles gesagt. Lass ihn damit in Ruhe. Er wird es eh nur ändern, wenn er es selbst will und kann. Du verschwendest deine Energie. Stell ihm lieber ein Bier hin, wenn du dich am Abend mit deinem Getränk zu ihm setzt. Es wird ihn verwundern, und vielleicht lässt er es dann ganz von selber. Druck hat noch nie wirklich etwas bewirkt."

Wir müssen bei uns bleiben, das tun, was uns gefällt, und wenn ein Bier trinkender Mann zum Beispiel nicht an unsere Seite passt, dann müssen wir uns von ihm distanzieren. Ich bin klug, was? Dabei wollen wir jetzt bitte nicht danach fragen, wie lange ich für die Umsetzung dieser Erkenntnis gebraucht haben könnte. Gegebenheiten und Menschen so zu akzeptieren und so zu nehmen, wie sie sind, ist enorm lebenserleichternd. Was dann passt, passt, und was nicht passt, sollte unserem Leben fernbleiben.

Lachend fielen wir uns in die Arme und machten uns an die letzten Schritte Richtung Taverne. Hier war die Stimmung spürbar und sichtlich angespannt. Tilman schimpfte herum.

Alle Leute gingen ihm auf den Zeiger. Der Wassertank sei leer. Der Fernseher wolle nicht recht, und zu essen gäbe es auch nichts. Wie es ihm dabei ginge, wäre ja wohl allen egal. Hauptsache, uns ginge es gut. Er sei ja wohl für alle hier nur der Hanswurst und für alles alleine zuständig.

Da war aber einer ordentlich frustriert, am Ende seiner Geduld, leer von allem, was hier während der Saison von ihm erwartet wurde. Ich dachte bei mir: „So ist das Schatz! Es ist dein Laden, und somit bist du alleine zuständig. Ist bei mir zu Hause auch so. Allezeit bereit, allezeit zuständig. Ist niemand da, der gegen Geld für dich arbeitet, bist du selbst dran." Zum Glück habe ich ja meine Wilma, und so kann ich mich dann und wann wunderbar ausklinken.

Ich nahm mir eine Flasche Wasser, legte Tilman zwei Euro auf den Tisch und wollte mich von ihm verabschieden. Die Situation war wirklich alles andere als toll, doch ohne ein Auf-wiedersehen wollte ich mich hier nicht einfach so von dannen schleichen. Ich hockte mich neben ihn, nahm seine Hand und sagte, dass ich dann schon mal gehen würde, damit er bald wieder seine Ruhe habe.

„Du nervst mich doch nicht. Du bist hier grad
die Einzige, von der ich positive Schwingungen erhalte.

Das Männerpack macht mich verrückt.
Fordern und fordern, und nix kommt zurück.
Wäre schön, wenn du noch bleiben würdest."

So blieb ich noch und verbreitete weiter großzügig gute Schwingungen, und siehe da, binnen kürzester Zeit war der Tavernen-Himmel wieder blau.

Vielleicht brauchte er auch nur ein Ohr, um sich mal den Frust von der Seele reden zu können. Er erzählte vom gestrigen Abend, der Abschiedsfete unseres Luc, von seinem Ausgebranntsein ob der nun bald endenden Saison, von dem ewig knappen Geld und dass er es jetzt einfach mal bräuchte, dass jemand sich um ihn kümmere. Es war nicht so, dass wirklich keiner etwas für ihn tat, nur wenn einer so alle ist, stellt es sich oftmals so geballt negativ dar. Das ist ganz normal. Nina tat eine Menge in der Taverne, obwohl sie es überhaupt nicht musste. Es ist sein Laden, seine Verantwortung, sein Leben, das er bei guten Gefühlen absolut mag. Er ist ein Unterhalter, ein Menschen-in-Empfang-Nehmer, der das Besondere dieser Taverne ausmacht. Er ist Tilman, der liebenswerte, etwas verrückte, unterhaltsame, originelle Menschen-Verbinder, genau wie ich es als Elisabeth in meinem Laden zu Hause bin. Zum Glück war ich bisher eher selten bis niemals ausgebrannt. Meine Arbeit macht mir zu 97 Prozent Spaß, auch wenn ich manches Mal gerne etwas ausgelasteter damit wäre.

Nach einer kleinen Weile waren wir wieder am Herumwitzeln. Simon versuchte sich an der Fernseheinstellung, was nicht recht gelingen wollte. Die anderen waren irgendwie aus unserem Sichtfeld verschwunden. Als einer der beiden Dachterrassenbewohner fragte, was denn nun mit dem Fernsehempfang sei, antworteten Tilman und ich wie aus einem Munde:

„Wer fernsehen will, sollte auch wissen, wie's funktioniert!"

Klaus und Helmut, beide Männer im gehobenen Mittelalter und Alleinreisende wie ich, nahmen es mit Humor. Sie hatten sich nach dem Tilmanschen Donnerwetter in die Küche verzogen und gemeinsam mit Nina das Abendessen zubereitet. Gemüseratatouille mit kretischen gekochten Würstchen. Da ward geschnippelt, gebraten und gekocht, der Tisch gedeckt und Tilman und Elisabeth zum gemeinsamen Abendessen gebeten. Nina stellte Tilman ungefragt ein Bier hin und zwinkerte mir hinter seinem Rücken zu. Der Herr Gebieter durfte gar nichts tun. Nur genießen, es sich gut gehen lassen und sich freuen. Es war ein heiteres Beisammensein. Die krachigen Momente wurden noch einmal angesprochen. Wir alle, auch Tilman und ich, gelobten Besserung und genossen unsere Siebenergemeinschaft - Nina, Klaus, Elisabeth, Helmut, Hund, Simon und Tilman.

Ich konnte es noch nie sehr lange an einem Gemeinschaftstisch aushalten und so tat ich, was ich dann immer tue. Ich widmete mich dem Tischabräumen, dem Abwasch und der allgemeinen Ordnung. Ich hörte dem Plaudern der anderen zu, warf dann und wann einen klugen Satz ein und war ansonsten gut mit dem Abwasch beschäftigt, der am heutigen Abend irgendwie nicht so recht enden wollte. Die Küche befindet sich in einem extra Raum, ein, zwei Stufen abwärts. Der Abwaschbereich ist zusammen mit der Theke und dem Getränkeschrank oben auf der Tavernen-Terrasse. Ich stand hinter der Theke, mit dem Rücken zur vollkommen begrünten Seite zur Straße hin und blickte direkt über die Terrasse, den Esstisch, die flache Mauer und das Tal hinunter auf das vom Mond beschienene Libysche Meer. Der Himmel war dunkel, das Meer war dunkler. Die Sterne und der Mond hatten die Dekoration und die Beleuchtung für diesen Abend und die Nacht übernommen. Aus den

Lautsprechern ertönten klassische Klänge, die Temperatur war angenehm sommerlich und das Paradies wieder gut zu spüren. Die Teller, die Gläser und das Besteck vom Abendessen waren in meinem erwarteten Horizont. Die Gästegläser und Kaffeebecher vom Nachmittag ebenso. Die beiden Apfelsinenschleudern hatte ich nicht auf dem Programm und die Töpfe und Pfannen der letzten Tage schon gar nicht. Egal, wenn ich etwas beginne, bringe ich es ordentlich zu Ende. Von mir alles gewaschen, von Nina alles abgetrocknet und wegsortiert. Danach die Spüle, mit allem Drumherum, ordentlich gewienert und poliert, dass Simon nur noch sagen konnte, dass sie, die Spüle, während seines Hierseins so noch nie geglänzt habe. So sind sie, die Ostfriesen. Sie können nur ganz oder gar nicht und haben zudem, für ihre Chrom-Spülen, ein ganz besonderes Herz. Nach dem Abwasch glänzen sie immer wieder wie neu.

Der Schmutzwasser-Auffang-Behälter unter dem Abwaschbecken war durch meinen Abwasch-Marathon nun bis an den Rand gefüllt. Was tun? Nina holte einen Schlauch, legte ihn quer über die Terrasse, über die kleine Mauer, bis hinunter ins undefinierbare Gebüsch unterhalb der Taverne. Sie füllte den Schlauch mit frischem Leitungswasser, ließ ihn bis an den Grund des Schmutzwasserbottichs sinken und hoffte nun auf die Fließkraft des Wassers. Von selbst wollte da nichts greifen, das Wasser nicht fließen. Tilman begab sich an's Schlauchende, sog das Wasser mit dem Mund an, bis es selbstständig zu fließen begann. Interessant! Nachdem das Wasser den Bottich gänzlich verlassen hatte, wurden Schlauch und Schmutzwasser-Behälter gesäubert und desinfiziert, der Bottich an seinen Platz zurückgestellt und der Schlauch ordentlich zusammengerollt neu an seinem Wiederfindeplatz deponiert. Nach der Aktion saß Nina auf Tilmans Schoß gekuschelt. So strahlten sie wieder das aus, was ein liebendes Paar ausstrahlen sollte. Einigkeit, Miteinander, Harmonie, Verbundenheit, Wohlwollen und Glück! Nach einer kleinen Vorschlagsrunde über Verbesserungsmöglichkeiten zur Vereinfachung der Tavernenabläufe spendierte Tilman uns einen Schlummertrunk und ich uns die dazugehörige Abschieds-Zigarette, mit dem Hinweis, dass ich mich nun bald auf den Heimweg machen wolle.

„Willst du wirklich alleine hinunterlaufen?", frage Nina.
„Kannst gerne hier oben übernachten!", ergänzte Tilman.
„Meint ihr, der Weg könnt' mir allein gefährlich werden?"

Sie meinten es nicht, und so machte ich mich mit meiner kleinen Taschenlampe auf den Weg hinunter nach Lýkos. Der Mond war wieder ein wenig gewachsen. Das Leuchten der Taschenlampe nicht vonnöten. In dieser Nacht reichte mir das Mondlicht für einen sicheren Weg nach Hause völlig. Für den Gang über die Schotterstraße von Livanianá hinunter nach Lýkos brauchte ich in dieser Nacht eine gute Stunde.

Ich holte meinen Zimmerschlüssel aus dem Innenraum des Small-Paradise und verabschiedete mich mit: „Kaliníchta". Die obligatorische Gute-Nacht-Zigarette auf meinem Balkon lockte unseren Christion zum Rauchen auf den seinen. Ein paar Worte, eine herzliche Umarmung mit Wange an Wange bescherte mir einen Teil seiner frisch aufgetragenen Nachtcreme auf meiner Haut. Sie roch mir angenehm, und so verrieb ich sie auf meinem Gesicht. Auf die übliche Katzenwäsche musste ich an diesem Abend somit verständlicherweise verzichten. Mit den Gedanken an einen ereignisreichen Tag, dem Oliven-Zitronen-Duft von Christions Nachtcreme in der Nase und einer kleinen Nachdenklichkeit über Michális Schweigen, legte ich mich recht glücklich und entspannt ins Bett für meine vorerst letzte Nacht im Small-Paradise von Lýkos.

49.

Wenn ich bedenke, wie herrlich es ist, an einem Ort zu sein, an dem die Tage von Sonne beschienen und die Nächte lau sind, der Wind leicht weht und die Brandung des Meeres uns in den Schlaf wiegt, frage ich mich, was ich all die Zeit in meinem doch eher verregneten und kühlen Ostfriesenlande mache. Hätte ich meine Wurzeln nicht dort, mein Familienhaus und diesen so wunderschönen Laden, wäre ich sicherlich längst von dort verschwunden.

Heute hätte Luc nach Hause fliegen sollen, doch da das Bodenpersonal am Flughafen von Heráklion streikte, wurde es damit nichts, und so blieb er gleich weiter hier in Lýkos. Somit war ich an diesem Morgen etwas gespannt, ob ich für den 7. Oktober für meinen Rückflug eine positive Nachricht bekommen würde. Theos Frau Aidin gab mir die aktuelle Telefonnummer des Flughafens. Ich erreichte die Information und erfuhr, dass die Wahrscheinlichkeit pünktlicher Flüge für den siebten Zehnten recht hoch sei. Genaueres gäbe es vierundzwanzig Stunden vor Abflug. Ich frühstückte, hielt eine kleine Plauderei mit Luc und Christion, scherzte ein wenig mit Manoli, zahlte das Zimmer bei Theo und ging noch einmal ins selbige hinauf.

Auf dem Weg nach oben traf ich auf eine der beiden Zimmerelfen, die in diesem Jahr im Small-Paradise für die Pflege der Gästezimmer zuständig waren. Ich sagte ihr, dass ich heute abreisen würde. Sie schaute mich ein wenig erstaunt an und fragte dann:

„And your husband?"
„My husband ...?, fragte ich erstaunt.
„Oh, my husband left two days before!"

My husband müsste heute oder gestern in Graz gelandet sein und sich in wunderbarer Eintracht mit seiner Margarete über ihr Wiedersehen freuen. Eine kleine Auszeit tut jedem Paar gut. Auch wenn es in der Trenn-Zeit manchmal etwas sehnsuchtsvoll zugeht, ist die Wiederbegegnung meist lohnenswert schön.

Haare gewaschen - Sachen gepackt - alles ordentlich - alles drin - ein letztes Mal den Blick von meinem Balkon genossen. Der Blick auf den kleinen Bootsanleger ließ mich Christion ins Wasser springen sehen. Er winkte, als er mich sah. Ich verwuschelte meine Haare zum Trocknen in der Sonne über dem Balkongeländer, zog meine Wanderkleidung an und verließ mit wohlgemalten Lippen und zusammengesteckten Haaren meine Lieblingsherberge. Ich verabschiedete mich von Theo, Maria und Nikos, von Manoli und der alten Mutter, von Luc und Christion und vom Oldenburger Paulo und seiner Liebsten aus Freiburg. Es war gegen halb elf, als ich mich auf den Weg nach Loutró machte. Wieder spürte ich, dass dieser Weg der meine ist. Hat er doch den gleichen Herztakt wie ich!

Ich hatte meinen Rucksack dieses Mal so gepackt, dass meine Sandalen außerhalb angebracht waren. Damit fand mein kleiner Rucksack gut Platz im Inneren des großen. Es ist klug, es ist praktisch, und es macht frei, wenn die Hände unbelastet sind. Nach einer kleinen Weile spürte ich nichts mehr von der Anwesenheit meiner Rückenlast, und so konnte ich wieder wie ein kleines Zicklein meinen Weg gehen.

Bei Theo hatte ich für die sechs Nächte hundertfünfzig Euro gezahlt. Ich hatte immer noch dreihundertfünfzig Euro von meinem Reisegeld übrig. Das sollte für den Rest der Reise reichen.

In Loutró wählte ich einen Platz in der zweiten Taverne vor dem Fähranleger, derselben, in der ich vor über einer Woche dieses vorzügliche Omelett-Speziale gegessen hatte. Ich wollte noch eine Zeit in Loutró verweilen. Langsamkeit ist meine Lust. Ich liebe es, gemächlich irgendwo anzukommen und im gleichen Tempo von dort wieder abzureisen. Nicht von einem Ort zum nächsten hetzen. „Síga, síga, óchi Stress." Ich rief Georgos vom Xenia an, fragte nach einem Zimmer für meine vorletzte Nacht, bestellte mir etwas zu trinken und schrieb weiter in meinem Tagebuch. Ich plauderte mit einer komplett weiblichen Familie, von den beiden Enkelinnen bis hin zur Großmutter, und schrieb Micháli eine SMS.

Natürlich hatte ich ein wenig darüber nachgedacht. Ich war zu dem Entschluss gekommen, dass es besser sei, wenn er über mein heutiges Kommen nach Chóra Sfakíon Bescheid wüsste. Allein die Vorstellung, dass er und ich unvorbereitet aufeinander träfen, wenn er mit Anne-Marie vorm Xenia säße, war mir unangenehm. Das müssten wir drei uns mit Sicherheit nicht antun. Wahrscheinlich war er sowieso in Chaniá. Aber konnte man das so genau wissen? Und so schrieb ich ihm in großen lateinischen Buchstaben:

„DEAR MICHÁLI, TODAY I'LL COME BACK TO CHÓRA SFAKÍON. NOW I'M IN LOUTRÓ. I TAKE THE LITTLE DELFFÍNI AT 17 Ó CLOCK. KISSES ELISABETH."

Sollte ich jetzt anders schreiben als zuvor? Nein, das hätte ich albern gefunden. Ich war nicht sauer, also brauchte ich auch nicht sauer zu spielen. Es gab keinen Krieg, also war es auch nicht erforderlich, die Krallen zu wetzen. Ich kam als friedliche Katze, als wohlwollende Ziege und als total entspannte Frau. Er rief recht zeitnah zurück und erzählte, dass er am späten Nachmittag nach Chaniá fahre:

„In the late afternoon I will drive to Chaniá, and
if I will have a taxiboattrip to Loutró, I will pick you up."

Na, das sagte ja viel über seine Sehnsucht nach mir aus. Wenn ich mich hätte sehen wollen, wäre ich sofort und ohne bezahlte Taxibootfahrt nach Loutró gekommen und sei es nur für einen letzten gemeinsamen Plausch oder einen letzten Kuss!

Egal, mein Hunger machte sich bemerkbar, und so bestellte ich wieder das Omelette-Speziale. Die Wanderschuhe ausgezogen, die Füße kurz ins Meer gehalten, den Orangensaft in der Hand, die Sonnenbrille auf der Nase. Vor mir lag die Bucht mit dem im Sonnenlicht glänzenden Meerwasser, auf dem Tisch das herrlich duftende, warme Omelette mit Oliven, Schinken, Schafskäse und Tomaten, das ich gerade vor dem Hintergrund der Loutróer Skyline fotografiert hatte.

In diesem Moment hielt Micháli mit seinem Taxiboot am Steg von Loutró. Das ging aber schnell. Er kam allein, gänzlich ohne Passagiere. Er stieg aus, peilte die Lage, sah mich sitzen und gebot mir mit einer eindeutigen Handbewegung, zu ihm herüberzukommen.

Mist! - Ich hatte Lust auf das Omelette! - Ich hatte noch keinen Bissen davon gegessen! Es ratterte in meinem Kopf. Klar wollte ich ihn sehen. Klar wusste ich, dass er nicht an meinen Tisch kommen würde, und dennoch wollte ich auch das Omelette. „Hm ...?" Während ich dachte, zog ich mir die Socken und die Wanderschuhe an. Frauen sind multitasking, und in diesem Moment war ich es außerordentlich. Meinem Adrenalin sei Dank. Ich nahm mein Portemonnaie zur Hand, schloss meinen großen Rucksack, steckte alles andere in den kleinen, zahlte meine Zeche, ging ins Innere des Lokals und fragte nach

einem Plastikbeutel. Zurück am Tisch klappte ich das gute Essen zweifach zusammen, wuppte es in den Beutel, knotete ihn zu und ließ ihn in meinen kleinen Rucksack hineingleiten. Den Blick in den Spiegel und das Malen meiner Lippen hatte ich zwischen dem Erhalt der Plastiktüte und dem Wuppen des Omelettes in dieselbige gelegt. Der Ablauf, das Timing - Meisterklasse! „Intel inside, eben!" Die Ausführung im Innern und nach außen - gelassen. Exzellent! Fünfhundert Kalorien hat mich der Spaß mindestens gekostet, und darüber wollte ich jetzt auch bitte nicht böse sein.

Ruhig schulterte ich meinen großen Rucksack auf. Gelassen und dennoch nicht trödelig, ging ich zum Anleger. Entspannt lächelte ich Micháli zu. Er nahm sein Bier, lief vor mir den Steg hinunter, stieg ins Boot, nahm mir mein Gepäck ab und reichte mir die Hand.

„I just come from Lýkos to visit you, but you were not there."

Er hatte mich in Lýkos besuchen wollen?! Den Auftritt hätte ich sehen mögen! Den Auftritt dort und sein Verhalten mir gegenüber gleich mit dazu! Wäre er cool gewesen? Hätte er zu erkennen gegeben, dass wir etwas miteinander hatten?

Schade - dumm gelaufen - Schauspiel verpasst!

„Oh, when were you in Lýkos? I just walked over the mountains from Lýkos to Loutró. Nice to see you."
„Nice to see you too."

Ich setzte mich auf den weißen Königinnen-Sitz vor das Steuerrad. Er strich mir übers Haar. Als wir auf dem Meer außer Sichtweite waren, setzte ich mich, ihm zugewandt auf seinen

Schoß, küsste ihm die Wange und vergrub mein Gesicht in seiner Nackenbeuge. Er legte einen Arm um meine Taille und hielt mich fest umschlungen. Mit der anderen Hand steuerte er das Boot.

„Tell me, when we are near Chóra Sfakíon,
then I go back to the seat!"

Sein Handy klingelte. Er stoppte das Boot. Ein Auftrag vom Sweet-Water-Beach nach Chóra Sfakíon ließ ihn dorthin zurückfahren. Ich setzte mich ordentlich auf meinen Platz. Ein junges Paar aus Schweden mit seinen beiden Jungs stieg ins Boot. Sie wollten zurück zu ihrem Wagen, der in Chóra Sfakíon auf dem großen Parkplatz beim Busbahnhof auf sie wartete. Am Steg von Chóra Sfakíon machte Micháli das Boot fest. Er stieg als erster aus. Dann reichte er einem nach dem anderen die Hand für einen sicheren Ausstieg. Ich reichte ihm mein Gepäck und verließ als letzte das Boot. Nachdem ich mir den Zimmerschlüssel bei Georgos geholt hatte, brachte ich meine Sachen hinauf und kam gleich zurück auf die Terrasse. Micháli war schon dort, nahm mich lachend in den Arm und sagte zu Vanna und Georgos:

„He, my baby is back."

Was mochte in diesem Mann vorgehen? Wir setzten uns an unseren Tisch an die Balustrade, erzählten, was uns möglich war, tranken eine Kleinigkeit und freuten uns, uns vor meiner Abreise noch einmal zu sehen.

Die Zeit verging. Micháli sollte sich langsam auf die Socken machen. Sein Termin in Chaniá stand. Er verabschiedete sich für eine Stunde und sagte, dass er vor seiner Abfahrt noch einmal kurz zurückkäme, und fragte dazu, ob ich dann noch hier sein würde.

„Yes, I'll stay here till you will be back."

Er legte seine Hand auf meine Schulter, strich mir mit dem Rücken seines Zeigefingers über die Wange, gab mir einen Kuss auf die Haare, und weg war er mit seinem Moped, seiner kleinen Porsche.

Ich setzte mich in die Sonne an den letzten Tisch der Mole, ließ meine Gedanken fließen und fühlte mich mit allem sehr im Reinen. Anne-Marie und Micháli hin oder her. Ich musste das mit ihm nicht erörtern, musste ihm nicht noch einmal sagen, dass ich wusste, dass sein Termin Anne-Marie hieß und nicht Bootsführerschein. Ein Urlaubsflirt ist nun mal ein Urlaubsflirt und keine Verbindung mit Anspruch. Ich hatte es all die Tage so gut gehabt, und Micháli war einer der Menschen, die zu diesem so angenehmen Gesamtpaket beigetragen hatten.

Nun war mein Hunger groß. Ich setzte mich auf die Holzbank an's Ende der Mole, fingerte die etwas verrutschte Plastiktüte aus meinem kleinen Rucksack, und genoss das sogar im kalten Zustand immer noch so leckere Omelette-Speziale. Ich wusch mir die Finger im kleinen Bad neben der Terrasse, wusch mir mein Gesicht gleich mit dazu und malte mir darauf ein Neues. Da war nicht viel zu malen, die meisten Notwendigkeiten waren ja schon vorhanden, und so verstärkte ich nur den unteren Lidstrich und die Farbe meiner Lippen. Versunken in meine Schreibereien dachte ich an Nina und Tilman, Christion und Ludwig, Inge und Manfred und all die anderen Menschen, denen ich hier begegnet war. Alles hatte sich auf so einfache Weise, so gut ineinandergefügt.

Plötzlich rief jemand: „Elisabeth!"

Es war das erste Mal, dass ich Micháli bewusst meinen Namen hatte rufen hören. Ich drehte mich um, sah ihn mit glatt rasiertem Kinn, einer blauen Jeans und einem blautürkisfarbenen Seidenhemd. Irgendwie war mir, als ob dies nicht mehr mein Micháli war. Mein Micháli trug Bart und derbe Hemden. So passte er besser zu einer anderen Frau.

Irgendwie beruhigte mich das immens. Es war so erleichternd wie ein grauer Himmel oder ein letzter verregneter Urlaubstag, der uns so wunderbar entspannt nach Hause zurückfahren lassen kann. Ich schaute ihn an, sah auf das Seidenhemd, sein rasiertes Kinn, sein kleines Aufgedrehtsein und dachte, Hase, du machst es mir leicht. Eine letzte gemeinsame Zigarette, einen Raki auf unsere schöne Zeit und eine herzliche Umarmung zum Abschied.

„If I get enough money, I come to visit you in Germany."
„Do it, Micháli, you are welcome."

Ich wünschte ihm noch eine schöne Zeit in Chaniá mit Anne-Marie, worauf er leicht erstaunt blickte und sagte:

„We are only friends."
„Yes, Micháli, I know, only friends, like you and me."

Ich lächelte ihn an
und drückte ihm einen dicken Kuss auf die Wange.

„Micháááli ....!"

Ich schaute diesem, sich mit seinem Moped entfernenden, immer kleiner werdenden Mann hinterher, bis er gänzlich am Ende der Uferpromenade aus meinem Blickfeld verschwunden war.

50.

Zeit für mich. Zeit für das Zimmer der heutigen Nacht. Zeit für Room Nr. 202 in der ersten Etage des Xenia, ein für mich völlig unbefleckter Raum - no love - no stress - no sex - nothing. Ich war müde, etwas geschafft, irgendwie leer. Meine Energiespeicher waren aufgebraucht, mein Erlebnisspeicher bis an den Rand gefüllt. Ich stellte meine Sachen ab, öffnete die Balkontür, zog die Vorhänge zu und legte mich für ein Stündchen aufs Ohr.

Schlaf ist alle Zeit für und gegen alles die beste Medizin.

Beim Erwachen hatte ich mein Geträumtes in mein bewusstes Gedächtnis hinüberziehen können, geschmunzelt und mich darüber gefreut, dass meine Träume allzeit so gut für mich sorgten: „Lisbeth", dachte ich, „deine Träume sind klug, sie geben dir immer wieder, was du für ein gutes Lebensgefühl gerade so brauchst!"

Ich war mit Freunden in einem Konzert gewesen. Beim Verlassen kam Micháli auf mich zu, wollte mich unbedingt sprechen: Er komme gerade von Anne-Marie aus Chaniá zurück. Er habe sich nach mir gesehnt und wolle mir nun erklären, warum er diese kleine Reise habe machen müssen und warum er mir vordem nichts davon habe erzählen können. Er habe Anne-Marie unbedingt sehen müssen, um zu erfahren, wie es um sie beide stehe. Er erzählte mir grob ihre Geschichte, die sie vor einem halben Jahr beendet hätten, weil sie sie im realen Leben nicht hätten umsetzen können. Nun wisse er, dass ein Neubeginn nicht funktionieren könne, weil sich ihrer beider Gefühle füreinander verändert hätten. Ihre Liebe sei nicht mehr bei ihm, sein Fühlen nun bei mir. Wir stiegen in sein Boot, verliebt und voller Hoffnung auf ein neues Glück.

Da können wir noch so alt werden. In unserem Innern und in unseren Träumen tragen wir alle Zeit eine brauchbare Portion Naivität. Ohne meinem Traum eine allzu große Bedeutung beizumessen, stand ich recht aufgeräumt und zufrieden auf. Ich lächelte und freute mich über meine mich so gut schützen wollenden Traumgedanken.

Ich war in einer Stimmung, in der ich nicht unbedingt mit mir bekannten Menschen zusammen sein wollte. Ich wollte auch nicht mit ihnen gemeinsam, getrennt voneinander auf einer großen Terrasse sitzen, sprich vorne auf der Terrasse des Xenia. Ich musste ihnen jetzt nicht einmal begegnen, nicht einmal Vanna und Georgos. Das Hotel ist größer, als ich bis zu diesem Zeitpunkt gedacht hatte. Ich ging das erste Mal in die nächsthöhere Etage hinauf, betrat den großzügigen Verbindungsflur zum neueren Teil des Hauses und verließ das Gebäude durch den dortigen Hinterausgang. Er führte mich direkt über eine vielleicht achtstufige Eisentreppe hinunter auf einen großen Platz, dem hauseigenen Parkplatz des Xenia. Das dritte Geschoss, von vorne aus betrachtet, wird durch die Hanglage quasi zum Erdgeschoss. Eine flache Sandsteinmauer begrenzt die mit Kieselsteinen bedeckte Fläche zum Meer hin. Drei Treppenabgänge führen hinunter ans Wasser. Die erste Treppe führt zu zwei Terrassen mit einigen Sonnenliegen und Sonnenschirmen. Die zweite, über eine Klippe gebaut, bringt sichere Meeresschwimmer an einen Einstieg in tiefe Gewässer. Die dritte Sandsteintreppe führt hinunter, direkt zum hinteren Strand von Chóra Sfakíon, unterhalb der Taverne der Drei Brüder. Hier ist es heimelig und ruhig. Ein wahrlich guter Ort zum Sonnenbaden, Lesen, Dösen, Schwimmen und Verweilen.

Die Sonne hatte für diesen Tag ihre letzte halbe Stunde. Ich setzte mich auf eine der Liegen der oberen Terrasse und genoss das Schauspiel der sich bald ins Wasser senken wollenden, orangefarbenen Sonne. Nach und nach würde sich auch hier die schwarze Luft ausbreiten und die Nacht herbeirufen. Ludwig hatte mir von der schwarzen Luft erzählt, die sich immer und überall ausbreite und den Himmel einnähme, wenn der Abend käme, als ob es nichts Selbstverständlicheres gäbe. So muss ich leicht mal an ihn denken, wenn die Dämmerung Einzug hält. Nach einer wohltuenden Weile verließ ich den kleinen Platz hinter meinem Hotel am Rande Chóra Sfakíons und ging auf die Terrasse des Xenia zum Abendessen. War das jetzt mein erstes Abendessen nur mit mir? In Ágios Nikólaos hatte ich es ausfallen lassen und mich lieber in meine kleine Zelle zurückgezogen. Hier und heute war das nicht erforderlich. Ich fühlte mich gut, mit mir und der Welt im Reinen.

Vanna und ich tauschten verschwörerische Blicke. Ich saß direkt an der Balustrade vor der hinteren fünfstufigen Steintreppe, die von der Terrasse hinunter zu den Tischen am Wasser führt. Es war derselbe Tisch, an dem ich hier mit Ludwig gesessen hatte, als Micháli mir seine bösen Blicke vom ersten Tisch auf der anderen Seite der Terrasse hinübergeschickt hatte. Welch Spektakel! Jedes Mal, wenn Vanna diesen Treppenaufgang am heutigen Abend benutzte, strich sie mir mit ihren Fingern über die Haut, die mein tiefer Rückenausschnitt freigab. Schön war's, verbindend und lieb. Der Zweit-Kellner kam und fragte mich, ob Micháli heute später käme?

„No, this evening I will eat alone", sagte ich,
„Micháli is in Chaniá this night."

Von Anne-Marie sagte ich natürlich nichts. Ich gab hier nicht die Verlassene, und ich fühlte mich auch nicht so. Ich fühlte mich beschenkt, reich beschenkt durch das Erlebte der letzten

17 Tage, und ich fühlte große Dankbarkeit, ob der Frosch nun ein Prinz oder der Prinz ein Frosch gewesen war. Mir war, als ob ich vor drei Wochen eine Urlaubswundertüte erhalten hatte, in der sich nichts anderes befand als Wunder an Wunder und Wunder und eine Handvoll Puffreis.

Bevor ich schlafen ging, trank ich mit Vanna noch ein Gläschen Wein. Sie hatte wie immer, trotz ihres langen Tages, eine gewisse Leichtigkeit an sich, auch wenn sie leidlich kaputt war und sich riesig auf ihr Bett freute. Am nächsten Morgen würde meine Abreise beginnen. „Síga, síga" - ich hatte genügend Zeit.

Noch ganze 36 Stunden.

Mit gepacktem Rucksack kam ich am nächsten Morgen gut gelaunt, mit einem „Kaliméra" die Treppe zur Terrasse hinunter. Georgos saß an seinem Tisch. Vanna wirbelte zwischen Küche und Terrasse hin und her. Ich kann vor ihr nur den Hut ziehen, wie sie selbst am Ende der siebenmonatigen Saison vom Morgen bis in die Nacht hinein immer noch für jeden Gast ein Ohr, ein Lächeln und einen heiteren Spruch bereithält. Allein ihrer etwas reibigen Stimme konnte ich stundenlang zuhören.

„Do you feel fine, Elisabeth? Your head is okay?"
„Yes", sagte ich, „all good.
In these holidays I got everything I need.
Love, trouble and wonderful meetings with a lot of people."

Als Vanna dann von meinem Laden sprach und dass sie ihn gerne einmal besichtigen würde, gab ich ihr meine Karte mit dem Hinweis, dass sie in meinem Haus willkommen sei, falls sie eine Zeit Ferien in Deutschland machen wolle.

„Really?"
„Yes!"
„But if I come I like to work!"
„Yeees, a little work, a little cooking,
and a lot of nothing, and than it will be okay."
„Elisabeth, do you know, where Micháli is?"
„Yes, he's in Chaniá to meet his girlfriend Anne-Marie."
„And ...?"
„It's okay for me. A love affair
is a love affair, and nothing else, Vanna."

Nach unserem Plausch zahlte ich mein Zimmer. Ich verabschiedete mich mit einer herzlichen Umarmung von Vanna und einem kräftigen Händeklatsch von Georgos und begab mich für einen letzten Yaurti me Meli auf die Terrasse der Taverna-Obrosgialos. Am Ende der zum Busbahnhof hinaufführenden 49 Stufen zählenden Steintreppe, blickte ich auf den Bus und die sich vor dem Einstieg gebildete, ungewöhnlich große Menschentraube. Der Busfahrer, der gleichzeitig der Kassierer war, schien Probleme mit der Geldrückgabe zu haben. So dauerte jeder Zahlungsvorgang ein wenig länger. Mir war's egal, solange er uns nur heil und kompetent über die Berge hinüber nach Vríses oder Réthimnon bringen würde. Im Bus saß ich neben Ahmed, einem marokkanischen Saisonarbeiter. Er arbeitete im dritten Jahr im ersten Hotel am Fähranleger in Loutró als Servicekraft.

Paulo und seine Liebste saßen im Bus schräg vor mir. Sie waren erst am Morgen mit dem Boot aus Lýkos gekommen, hatten ihren einwöchigen Aufenthalt dort im Small-Paradise bis zum letzten Moment auskosten wollen. Heute Nacht schliefen sie wie ich in Heráklion. Paulo schob mir einen Zettel mit der Adresse ihres Hotels herüber. Sie hatten mir in der Warteschlange am Bus in Chóra Sfakíon erzählt, dass sie immer im Hotel Lena übernachten würden, wenn es erforderlich sei, die Nacht vor dem Rückflug in Heráklion zu verbringen. Gingen die Flüge früh, war es nötig und somit Gesetz. Das Haus sei gut und günstig, liege am Rande der Altstadt, unweit des Busbahnhofes, von dem stündlich Busse zum Flughafen führen. Den Nachmittag wollten sie in Chaniá verbringen, um dann von dort mit einem der letzten Busse nach Heráklion zu kommen.

Ich verließ den Bus in Vríses. Zum einen war Chaniá derzeit anderweitig besetzt, und zum anderen fühle ich mich bekanntermaßen in kleinen, beschaulichen Orten immer schon wohler. Auf früheren Reisen hatte ich mich kurzzeitig in Vríses aufgehalten, doch so richtig erfasst hatte ich dieses kleine Städtchen nie.

Ich wusste ..., ich weiß, dass die Busse von hier nach Chóra Sfakíon, Chaniá und Réthimnon fahren und von dort aus weiter nach Heráklion. In ewiger Erinnerung ist mir das kleine Café mit dem integrierten Kartenverkauf für die Busse. Über der Theke hing damals ein verschnörkeltes Schild mit der Aufschrift „Eigener Herd ist Goldes Wert". Das Geschenk eines treuen, deutschen Urlaubers oder ein Erinnerungsstück aus Gastarbeiterzeiten früherer Jahre? Es passte so gar nicht hier hinein, und dennoch oder gerade deswegen habe ich es wohl immer noch im Kopf, genau wie den alten Betreiber dieser Bus-Stations-Taverne, der nichts anderes als hierher gehörte. Heute war alles moderner, der alte Herr nicht mehr da und von der alten Einrichtung kaum mehr etwas geblieben.

Wie damals besuchte ich als Erstes die Toiletten-Räume, die als einziges unverändert geblieben zu sein schienen. Ich trank vorne auf dem Bürgersteig an einem der hier in Zweierreihen aufgestellten Tische einen Kaffee. Diese Taverne scheint mir Dreh- und Angelpunkt von Vríses zu sein. Der Busvorsteher weiß über alles Bescheid. Der Klatsch des Ortes hat hier seinen Knotenpunkt. Es ist nicht unbedingt üblich, dass Reisende länger als eine Buspause verweilten. Man kommt an, man steigt aus, setzt sich auf einen Kaffee, ein Bier oder einen frisch gepressten Orangensaft, und steigt, wenn der Anschlussbus kommt, hinein, seinem wirklichen Ziel näherzukommen. Ich hatte Zeit. Ich ließ den ersten, den zweiten und auch den nächsten Bus ohne mich fahren. Der Busvorsteher sprach mich an. Fragte wo ich hinwolle.

„In the afternoon,
I'll take the bus to Réthimnon and Heráklion."
„Do you have a ticket?"
„I think so."

Ich zeigte ihm meinen etwas zerknüdelten Fahrschein, ein Stück Papier, das ich für 13,60 Euro beim Busfahrer in Chóra Sfakíon ersteigert hatte. Mein Wechselgeld hatte ich ordnungsgemäß zurückerhalten. Der Fahrschein sollte bis Heráklion gültig sein, was mir der Stationsvorsteher bestätigte.

„May I leave my luggage here, till I take my bus?"
„Yes, no problem. Put it behind the wall."

Ich zahlte meinen Kaffee und den dazu bestellten Orangensaft und verabschiedete mich für einen Gang durch den Ort.

51.

Vríses hat nette Ecken. Durch die Stadt fließt ein kleiner Fluss, der zu dieser Jahreszeit nur leidlich Wasser führt. In Höhe der Hauptstraße, rechts und links der Brücke, befinden sich innerhalb des Flussbettes kleine aufgestaute Teiche. Springbrunnen befeuchten die Luft. Enten und Schwäne haben hier ihr Domizil. Auf beiden Seiten des Flussbettes spenden mächtige Laubbäume den angrenzenden Häusern und Terrassen angenehmen Schatten. Die Sonne blinzelt dennoch durch die Blätter, und so bekommt jeder hier das, was er gerade braucht. Die auf beiden Seiten des Gewässers angrenzenden Lokale vermitteln eine heimelige Atmosphäre, sie rufen den Wunsch nach Verweilen hervor. So ging es uns damals, so ging es mir heute, und so wird es vielen durchreisenden Touristen und Einheimischen sicher auch weiterhin hier gehen.

Als ich das erste Mal in dieser Stadt, an diesem Platz, in diesem Lokal gewesen bin, war ich es natürlich mit meiner Schwester. Wir hatten in unserem Urlaubsdomizil ein paar ausgesprochen angenehme Kreta-Liebende kennengelernt. Inge und Michael, Willem und Gisela und Andrea-Mou. Wir sieben waren damals in Kastélli-Kíssamos eine gute Runde. Wir wohnten allesamt im Dimitris-Chryssany, einer ruhigen Apartmentanlage, ca. 3 km außerhalb des Ortes. Es war unsere erste Zeit auf Kreta, und da war es schon ein großes Glück für uns Schwestern, auf diese fünf Kreta-Kenner gestoßen zu sein. Ein wunderbarer Einstieg für die Erkundung meiner, dieser Insel, die mir von Beginn an ein so großartiges Heimatgefühl vermittelt hatte. Das Flugzeug war in Chaniá gelandet. Der Flughafen, der an den alten Militärflughafen von Chaniá angrenzt, nur mit dem Nötigsten für touristische Zwecke ausgestattet. Trotz der Einfachheit hatte ich beim ersten Betreten kretischen Bodens das Gefühl, zu Hause angekommen zu sein.

Wir sieben waren damals auf jeden Fall genau hier, im rechtsseitigen Lokal zum Mittagessen eingekehrt. Alles schien unverändert. Alles war wie immer, auch wenn die Bäume seit damals und fortwährend ihr Wachstum sicherlich nicht eingestellt haben. In memoriam an meinen ersten Besuch, wollte ich nach der Begehung der kleinen Stadt Vríses hier einkehren.

An der Hauptstraße einige Läden, wie ich sie in kleinen Orten Kretas oft vorgefunden habe. Nicht besonders schön oder prächtig. Die Regale vollgestellt, oft eingestaubt und rödelig. Es scheint, als ob fein Dekoriertes, ewig Abgestaubtes und gut Sortiertes für den Verkauf alltäglicher Waren auf Kreta nicht sonderlich erforderlich sind. In meinem alltäglichen Zuhause, meinem Laden oder einem eigenen Geschäft hier, könnte ich das so nicht gutheißen. Für die Einheimischen und deren Ladenbesitzer scheint es mir jedoch normal.

Ich fotografierte mich in der Schaufensterscheibe eines leerstehenden Dior-Ladens. Eine Hommage an einen Freund aus mittelalter Zeit, der damals auf Rhodos das erste Foto dieser Art von mir vor einem Dior-Geschäft aufgenommen hatte. In der Fensterscheibe spiegelte sich neben meiner Gestalt der gegenüberliegende Kiosko. Vor dem Haus bemerkte ich eine schief gefahrene Straßenlaterne mit zwei Kuppeln in kaiserlich-österreichischem Stil, die sich durch ihre Verformung zuzunicken scheinen. Wäre hier jetzt eine Droschke vorgefahren, hätte mich das nicht unbedingt gewundert.

Dior und Elisabeth passen ebenso gut zusammen wie was weiß ich und etwas absolut nicht dazu Passendes und ergeben von daher einen ausgezeichneten Kontrast. Nicht, dass ich nicht Dame sein könnte, doch lebt von jeher ein Hippie-Mädchen in mir, mit dem ich ausgesprochen gut zurechtkomme.

Eingangsbereich meines ostfriesischen Ladenhauses.

Die Dame und das Hippie-Mädchen. Es scheint, als möchten an dieser Stelle ein paar Erinnerungen ins Buch, mit denen ich vor ein paar Minuten noch nicht gerechnet habe. Meine Gedanken führen mich ins Milleniumsjahr zweitausend nach Nürnberg, weiter an den Bodensee. Mein damaliger Liebster und späterer Namensgeber Katz wollte mich das erste Mal mit seinen Freunden bekannt machen, zusammenbringen. Drei gestandene Paare, alle um die sechzig. Ich war an die zwanzig Jahre jünger. Und auch, wenn ich schon damals eine gestandene Geschäftsfrau war, liebte ich es, wie auch heute noch, mich nach meinem Fühlen zu kleiden. Ich trug ein langes, weich fallendes veilchenfarbenes Jerseykleid, dazu ein paar schlichte Sandalen, ein paar Ohrclips, ein dünnes Blumentuch als Schmuck und zum Wärmen ein dunkelblaues, selbst gehäkeltes Schultertuch im Muschelmuster, das mir bis über den Po reichte. Es war ein schöner Tag, ein schönes Wochenende, auch wenn ich sehr wohl bemerkt hatte, dass eine der anwesenden Damen mich eindeutig schnitt. Ich muss nicht alles nach außen tragen oder auf alles reagieren, was mein Inneres wahrnimmt. Ich kann auch gut mal nur beobachten und mir meinen Teil dazu denken. Bei unserem darauffolgenden Telefonat berichtete mir mein Liebster, dass er danach gefragt worden sei, ob er denn immer noch mit diesem alten Hippie-Mädchen zusammen sei. Eine ganze Weile war er es noch, und auch wenn sich unsere Wege eines Tages wieder getrennt haben, habe ich zweierlei aus dieser Zeit gerne behalten. Seinen Namen und den Titel des alten Hippie-Mädchens.

Der Gang durch Vríses ging weiter. Beim Betrachten der Reisebilder hatte ich den Eindruck, dass einige meiner wichtigen Männer ein Relikt für mich dort hinterlassen haben. An Fantasie mangelt es mir ja nicht. Sicher werde ich in meinem Kopf nicht danach suchen, doch wenn sich Gedanken dazu einstellen, werde ich sie gerne aufnehmen.

Gleich hinter der Brücke auf der linken Seite ein Lokal mit internationalen Speisen. Auf dem Schild über der Eingangstür stand allerlei geschrieben. Pizza, Spaghetti, Yaurti me Meli, Breakfast, Greek Salad and Ice Cream. Vor dem Haus, auf einem einbetonierten Steinhaufen, ein mächtiger Steinbock aus angegrünter Bronze. Er hat die Größe eines ausgewachsenen männlichen Steinbockes, wie ich sie einst auf der Fahrt von Spinalónga zurück nach Ágios Nikólaos auf einer kleinen vorgelagerten Insel sah. Imposante Geschöpfe. Schön anzuschauen, wie mein erster Ehemann, der einst unter diesem Sternzeichen geboren worden ist.

Gleich darauf die linksführende Straße Richtung Réthimnon. Geradeaus das Hinweis-Schild zur Post und der Wegweiser nach Chóra Sfakíon. Beide Orte sind von Vríses in etwa gleich weit entfernt. Wenn ich den Angaben meines Reiseführers und den der hier aufgestellten Schilder glauben schenken darf, sind es jeweils 40 Kilometer. Rechts der Straße schaute ich auf das Standbild eines kretischen Widerstandskämpfers. Die weiße Marmorfigur blickt weit. Eine Hand zum Schutze gegen das helle Sonnenlicht über die Augen haltend, für eine bessere Sicht in die Ferne. Wollte ich mich dadurch an Micháli erinnert fühlen, könnte ich das schon so drehen. Die aufrechte Haltung, der weite Blick über die Bucht, vielleicht gar in Richtung meines Zimmers, und der noch vollkommen vorhandene Vollbart wollten mich gerne dazu animieren.

Vríses ist grün. Abseits der Hauptstraße bewegte ich mich langsam über schmale Straßen, gesäumt von großen Kakteen, Oliven-, Apfelsinen- und Granatapfelbäumen, Gemüsefeldern und buntblühendem Wiesengrund. Zwei großzügige Häuser, ebenfalls wunderbar umgrünt, mit alten betonierten, glatt gelaufenen Flächen, könnten mich hier wohnen lassen wollen.

Drumherum halbhohe Mauern mit darin eingelassenen, kunstvoll verzierten Eisengittertoren. Die vielseitige bunte Blütenpracht überschüttet alles mit großer Freude. Üppige Stechpalmen stehen Spalier.

Am Ortsausgang Richtung Réthimnon sah ich eine große Käserei. Ein recht breites Gebäude mit Laderampe und davorstehendem Lieferfahrzeug, mit zwei Schafen und allerlei Käsespezialitäten darauf abgebildet, wiesen darauf hin. Plötzlich stand ich auf einem großen Parkplatz, auf dem gerade ballenweise Heu verladen wurde. Zwei Lkws waren bereits beladen, ein weiterer gerade in Arbeit. Hier sah ich auf das Ortsausgangsschild von Vríses. Ich schlenderte zurück, kam an einem Handarbeitsladen vorbei und ging alsbald schneller. Mein Appetit und mein aufkommendes Hungergefühl hatten mein Gehtempo spontan angezogen.

Auf der höchsten Terrasse oberhalb des ausgetrockneten Flussbettes suchte ich mir in der äußersten Ecke ein ruhiges Plätzchen. Ich setzte mich auf einen der grün geflochtenen Korbstühle und arrangierte meine Sachen um mich herum. Die taverneneigenen Gegenstände auf dem kleinen runden Tisch vor mir ordnete ich gleich mit. Bei einer jungen Griechin bestellte ich mein Essen. Sfakía Pie. Eine Art Pfannkuchen mit Schafskäse gefüllt und mit Honig beträufelt. Dazu wählte ich Orangensaft und Wasser. Es war gut, dass ich der einzige Gast auf dieser Terrasse war. Ich legte meine Beine hoch. Schaute über das ausgetrocknete Flussbett, sah in der Wasserfontäne des Springbrunnens die Farben des Regenbogens und durch die Blätter der Bäume einzelne Sonnenstrahlen. In gewisser Weise hatte ich mich hier für diesen Moment häuslich niedergelassen.

Stand irgendwo geschrieben, dass das Leben immer nur leicht sein würde? Gab es je einen Menschen auf Erden, dem keine Steine in den Weg gefallen waren? Ein bisschen zu tragen, gibt es immer und überall, mal mehr, mal weniger, und da muss ich mich mit meinen elf von Gram durchzogenen Trauerjahren vom Ergebnis her nicht verpflichtend undankbar zeigen. Elf meiner bisher gelebten fünfundfünfzig Jahre waren belastet gewesen, vierundvierzig demnach gut, und selbst, wenn wir einem zwölften durch vorher erlebte Liebeskummerzeiten noch Anerkennung zollen wollten, bliebe der Schnitt fürs Gute immer noch ausgesprochen positiv. Elf zu vierundvierzig oder 1/5 zu 4/5, ein durchaus bemerkenswert positiver Schnitt!

Ich war auf einem guten Weg, und den galt es jetzt vorrangig zu bemerken und zu genießen. Ich hatte die Wahl, welchem Anteil meines bisherigen Lebens ich nun den Vorrang in meinem Denken und Fühlen geben wollte. Ich wusste, dass ich meiner Trauer Adieu gesagt hatte, meiner Trauer, meinem Groll und meinem Verletztsein, und ich wusste, dass vor mir nun nichts anderes mehr sein würde als Glück und Glück und Glück.

- Man braucht immer etwas, worauf man sich freut.
- Nach jeder dunklen Nacht folgt ein sonniger Tag.
- Und dann das Ganze unter ständigem Rühren in den Ausguss gießen.
- Ich leide nicht an Realitätsverlust, ich genieße ihn.
- Sich selbst zu lieben, ist der Beginn einer lebenslangen Leidenschaft.
- Realität ist das, was wir in unseren Köpfen dafür halten.

Das sind einige meiner derzeitigen Lieblingssätze.
Ich mag sie, ich liebe sie und ich wende sie an!

Nun war es an der Zeit, mir meinen Rückflug bestätigen zu lassen. Ein paar Versuche brachten mich an das Ohr der zuständigen Person, die mir in freundlichem Ton den Flug Nummer 5809 für einen pünktlichen Start bestätigte. Der Streik des Bodenpersonals war demnach beigelegt. Ich schrieb meinem Sohn eine SMS, dass ich wie geplant am 7. Oktober um 15:45 Uhr am Flughafen von Hannover landen würde, und fragte, ob er mich auf dem Weg von der Arbeit nach Hause dort abholen wolle. Seine Antwort mit der Bestätigung kam prompt, und plötzlich saß ich da, mit feuchten Augen und einer großen Portion an Traurigkeit und Glück. Es heulte nur so aus mir heraus, und ich versuchte zu ergründen, was diesen Wasserfall wohl ausgelöst haben mochte.

Die Gründe waren vielfältig. Es schien, als ob alle Gefühle, die je etwas in mir ausgelöst hatten, sich noch einmal bei mir melden wollten, bevor ich mit meiner wiedergefundenen Mitte in Ruhe und Glück weiterleben sollte. Da war eine tiefe Traurigkeit über alle Verluste der Liebe. Die lange Liste meiner nicht gelebten Lieben sozusagen. Gleichzeitig füllte sich mein Herz mit Dankbarkeit über all das Gute und Schöne, das ich bis hierher hatte erleben dürfen. Meine glückliche Kindheit ebenso wie das Glück meiner eigenen Mutterschaft. Was war es auch schön, genau diese Eltern gehabt zu haben und diese Kinder, die ich mit meinem, wenn auch immer wieder untreuen Ehemann, so liebevoll ins Leben hatte begleiten dürfen. Ich war glücklich über die Arbeit in meinem Laden, den meine Eltern in meinen kühnsten Gedanken nur für mich auf den Weg gebracht hatten. Natürlich war das nicht ihre bewusste Absicht gewesen, weder ihre bewusste noch ihre unbewusste, und dennoch dankte ich ihnen für diesen Laden. Wenn ich alles mir bis dato im Leben Geschehene zusammennehme, gibt es für mich unterm Strich derzeit keinen Grund zur Klage.

52.

Zurück am Busabfahrtsplatz sagte mir der Vorsteher, ohne dass ich danach gefragt hatte, dass mein Bus gerade abgefahren sei, und ich rätselte darüber nach, woher er zu wissen glaubte, dass genau dieser Bus hätte meiner gewesen sein sollen.

„Madame, your bus has just gone."
„No problem, so I will take the next one."

Es war kurz nach halb drei, vielleicht 14:40 Uhr. Ich hatte mir meinen Reiserucksack aus der Sicherung zurückgeben lassen und mich hinter die WC-Tür begeben. Hatte mir die Zähne geputzt, mir das Gesicht gewaschen, es neu eingecremt, den Lidrand nachgezogen und mir die Lippen neu bemalt. Nach dem Essen und dem Tränenfluss war das bitter nötig gewesen. In neuem Glanze wählte ich den linken Tisch an der Bürgersteig-Kante, direkt neben der Eistruhe. Ich hatte mir einen Kaffee bestellt, mich an den Sonnenplatz gesetzt und war dazu gerade im Begriff weiterschreiben zu wollen, als der Busvorsteher an mich herantrat, zu fragten, ob ich den Bus um drei oder um vier Uhr nehmen wolle. Mir war's egal und so sagte ich:

„I'll take the next one."

Hätte ich gewusst, was dadurch auf mich zukommen würde, hätte ich mit Sicherheit gesagt:

„I take the bus at four!"

Hätte ich weiter gewusst, dass dieser Bus um vier der nächste sein würde, der direkt von hier abfuhr, also quasi direkt vor meiner Nase von der gegenüberliegenden Straßenseite, hätte ich ebenfalls gesagt, dass ich diesen Bus würde nehmen wollen.

Und hätte ich dazu noch gewusst, wo der für den Busvorsteher nächste Bus abfahren würde, hätte ich es erst recht gesagt.

Ich hätte in aller Ruhe meinen Kaffee trinken können und wäre ohne jede Aufregung, ohne jedes Herzklopfen und ohne jedes Gefühl des sich Doofvorkommens von hier abgereist, genau wie ich vor fast drei Wochen hier im Süd-Westen Kretas angekommen war.

„Síga síga, óchi stress" - und anners nix.

Mein Kaffee war gerade serviert. Ich war entspannt und gelassen und hatte auch nicht vor, diesen Zustand im Geringsten verändern zu wollen. Ich hatte alle Zeit der Welt. Mein Flieger ging erst morgen, und ein Zimmer würde sich auch noch zu späterer Stunde leicht in Heráklion finden lassen. Meine Unwissenheit ließ mich anders handeln. Ich hörte auf diesen hilfsbereiten Busstationsvorsteher, der sich aus mir unbekannten Gründen um meine Abreise sorgte.

„Hurry up, Madame!
The bus is only twelve minutes away!
It will not leave from here!"

„Na und!", hätte ich sagen müssen, „dann nehme ich eben den nächsten, der direkt von hier abfährt."

Zu diesem Zeitpunkt kannte ich mich aber nicht mehr recht aus. Meine Erinnerungen waren blass geworden - zu blass. Ich wusste nicht mehr, ob die Busse immer nur von hier oder dazu auch noch von einem anderen Platz abgefahren waren. Zudem hätte sich ja auch etwas geändert haben können. Ich dachte schon, dass sie immer nur vom Bus-Café abgefahren seien, wusste es aber nicht mehr zu hundert Prozent. Dadurch war ich ein wenig abhängig von dem, was man mir hier sagte. Der Busvorsteher schickte mich rechts hinter dem Lokal die Straße hinauf. Ich nahm an, dass der Bus demnach von der nächsten Querstraße an einem markierten Haltepunkt abfahren würde und dass ich ihn somit alsbald erblicken müsste.

Als ich die Querstraße mit meinem provisorisch aufgeschulterten Reiserucksack erreicht hatte, sah ich von einem Haltepunkt jedoch nichts. Dafür sah ich den Bus-Boss händefuchtelnd mit einem Moped auf mich zufahren. Er wies auf ein weißes Auto, an die hundert Meter von mir entfernt, und fuhr mit seinem Moped in diese Richtung. Dort sollte der Bus abfahren? Sonderbar - unlogisch irgendwie. Wenn es an dieser Straße eine weitere Haltestelle gäbe, wäre sie doch in der Nähe der Busstation anzusiedeln und nicht wer weiß wo auf freiem Felde. Normal fand ich das nicht. Ich fand es unüblich und für uns Reisende eher umständlich. Dennoch folgte ich seinem Wink und seinen Worten.

„Hurry up, Madame! Hurry up!"

Er fuhr vor. Ich schulterte meinen Rucksack richtig auf und lief flotten Schrittes auf das weiße Fahrzeug zu. Als ich es erreicht hatte, war der Busvorsteher wie vom Erdboden verschluckt, aus meinem Blickfeld verschwunden. Auch hier war nichts, was nach einem Bus oder einer Bushaltestelle aussah. „Wehe du verlässt den Pfad deines eigenen Wissens!" Zu spät. Ich folgte der Straße bis zu ihrem Ende, stieß auf eine doppelt so breite, die ich mir als Hauptverkehrsstraße zwischen hüben und drüben, also zwischen Chaniá und Réthimnon gut vorstellen konnte. Ich schaute nach einem Bushaltehinweis - wieder nix. Mein Gefühl wollte verzweifeln, mein gespeichertes Wissen riet mir davon ab. Ich sammelte mich. Ich schaute rechts. Ich schaute links. Betrachtete die auf der gegenüberliegenden Seite aufwärtsführende, von Eukalyptusbäumen gesäumte Brücke.

„Mennooooo!"

Ich versuchte mich zu orientieren. Den Kurvenraum verlassend, blickte ich zur Rechten auf eine nicht enden wollende, gerade Straße, zur Linken nach ein paar Schritten auf einen großflächigen Parkplatz mit Basketballkörben. Die Brücke ließ ich unbeachtet. Bis auf ein einsam abgestelltes Moped war der Parkplatz leer. Ich überlegte, ob es das des Busvorstehers sein könnte, konnte es aber nicht ausmachen. Ich näherte mich dem Fahrzeug. Schaute mich forschend um. Wo war dieser Mann abgeblieben? An der rückwärtigen Seite des Platzes standen Bäume und dicht gewachsene Büsche. Der junge Mann war nicht zu sehen. Alles menschenleer. Mir war etwas mulmig. Was sollte das alles? Was sollte diese Panikmache? Was war das für ein Moped? War es seins? War es meins? War es keins? Da kommt man durcheinander! War das hier jetzt gefährlich oder leichtsinnig, oder war es eine einzige große Touristinnen-Veräppelung? Ich wagte nicht, mich dem Gebüsch zu nähern, und so ging ich langsam, die Brücke passierend, die Hauptstraße bis zu dem von mir gekommenen Abzweig zurück.

In meinem Kopf war ich soweit, den Weg zur Busstation zurückgehen zu wollen, um dort auf den wirklich nächsten Bus nach Réthimnon zu warten. In Gefahr begeben wollte ich mich nicht! Ich fotografierte den potentiellen Tatort, hatte das Buschwerk aufgenommen, das Moped, die Eukalyptusbäume, die Brücke und dazu die Kreuzung in alle Richtungen. Für ein sicheres Gefühl und zur Beendigung dieses Spukes, hoffte ich auf das baldige Auftauchen eines griechischen Überlandbusses.

Als ich gerade begann, in mich hineinzulächeln und über diese kleine Torheit nachzudenken, vernahm ich erneut das laute Rufen des emsigen Busstationsvorstehers.

„Hurry up, Madame! Hurry up!
Don't take pictures!
The bus comes in only two minutes! Élla, élla!"

Wie bekloppt war das denn hier? Ich holte tief Luft. Wusste nicht, ob ich jetzt platzen wollte oder mich vor Lachen biegen? Ich tat nichts von beidem, dachte nur, dass sich so doch kein Mann aufführt, der etwas anderes im Sinn hat, als eine Touristin älteren Semesters in den nächstmöglichen Bus nach Heráklion zu verfrachten, und so folgte ich seinen Worten. Ich trat durch den schmalen Spalt zwischen dem Brückenpfeiler und den dicht hochgewachsenen Büschen und stand plötzlich, wer hätte das gedacht, direkt an der New Road zwischen Chaniá, Réthimnon und Heráklion.

„Ich glaube es nicht!"

Schimmel von den Augen. Nein! Schatten von den Augen oder Tomaten oder all das andere Grünzeug. Auf jeden Fall war mir plötzlich alles klar. Ich konnte wieder sehen. Meine Erinnerung war zurück.

Die New Road führt von Chaniá über Réthimnon weiter nach Heráklion. In diesem Moment war alles zurück. Ich erinnerte, dass ich vor Jahren an dieser Straße auf der Höhe von Kalíves in einen griechischen Überlandbus gestiegen war, der auf mein Handzeichen hin gehalten und mich direkt von dort über Vríses hinunter nach Chóra Sfakíon gefahren hatte. Es war Mitte der neunziger Jahre während einer sechswöchigen Kreta-Reise zurück zu mir selbst, als mein geliebter Ehemann sich in einer schwierigen Entscheidungsphase zwischen absoluter Freiheit und weiter Familie-leben-Wollen befunden hatte.

„The bus comes, Madame. Élla, élla!"

Der Bus kam. Ich sah ihn mit eigenen Augen, mit seinen dunklen Scheiben und seinen großen Außenspiegeln, die mich an riesige Ameisenfühler erinnern. Unter der Brücke stand rechts neben mir ein älterer Herr mit Hut vor einem der mit Plakatresten beklebten Brückenpfeiler. Auf dem Boden lagen plattgetretene Zigarettenschachteln, unterlegt und umgeben von Unmengen an ausgetretenen Zigarettenkippen. Eindeutige Hinweise auf diese stark frequentierte wilde Haltestelle an der New Road zwischen Chaniá, Réthimnon und Herákion. Mein aufgeregter Busvorsteher stand an der Straße und fuchtelte wieder mit den Händen. Der Bus verlangsamte seine Fahrt und hielt an. Die Klappe eines Bus-Stauraumes öffnete sich. Der ältere Herr verstaute seinen großen Karton darinnen. Mein freundlicher Helfer nahm mir meinen Reiserucksack ab und legte ihn ebenfalls dort hinein. Ich bedankte mich mit einem Lächeln. Er klopfte mir auf die Schultern. Wir verabschiedeten uns freundlich.

Rundumfürsorge für eine ältere Dame. Alles war gut, alles war tutti, auch wenn diese Angelegenheit bei all der Aufregung und einem eventuell schwachen Herzen der Madame ganz anders hätte ausgehen können.

Alles gut - alles wunderbar. Und wieder 'ne kleine Geschichte zum Erzählen. Trotzdem hätte ich in diesem Moment immer noch lieber den Bus um vier nehmen wollen. Bin ich nun mal keine Freundin allzu großen Stresses, schneller Bewegungen und überhöhter Geschwindigkeiten. Dennoch hat auch diese Geschichte ihr Gutes.

Ich kenne mich wieder aus! Ich weiß wieder um die Zusammenhänge des Weges zwischen den Flughäfen Heráklion und Chaniá und meinem Chóra Sfakíon. Ich kann wieder selbst entscheiden, wann und wo ich ein-, um- oder aussteigen möchte. Kann wieder auf die Uhr schauen und selbst abschätzen, wann und wo ich zu welcher Zeit sein sollte, damit ich nicht erneut unnötig durch Straßen hetzen muss, nicht mehr verstört um Busbahnhöfe herumlaufe, verpassten Bussen hinterhertrauere oder mit mir zu ringen habe, was und wieviel ich wohl bereit wäre, für eine unnötige Taxifahrt zu zahlen.

Als ich gerade in den Bus eingestiegen war, kam der zuständige Busbegleiter und fragte nach meinem Fahrschein. Ich fingerte den Knüddel-Beleg aus meinem Portemonnaie hervor und fragte auf Deutsch, ob dieser Fahrschein noch so in Ordnung sei. Ein fragender Blick.

„Is this little crazy paper ok for the way to Heráklion?"

Ich bekam ein freundliches Kopfnicken und begab mich zur hinteren Bank. Sie war gänzlich leer, und so setzte ich mich erleichtert, strahlend und glücklich auf den blickfreien mittleren Sitz. Vor meinem Fotoapparat das fast leere Bus-Innere mit den dunkelgrünen Rückenlehnen der Sitzplätze und ein paar darüber hinausragender Haarschopfe. Dahinter eine zufriedene Frau mit tiefem Lächeln, die der Altersfürsorge des freundlichen Busvorstehers gerade noch entkommen war und die zu diesem Zeitpunkt so überhaupt nicht wissen konnte, dass dieser abenteuerliche Weg zum Bus im Nachhinein sogar noch ein zweites Gutes für sie parat haben würde.

Nichts passiert ohne das Vorherige. Das Eine folgt immer aus dem Anderen. Und während es geschieht, wissen wir nie, ob es im Nachhinein gut oder schlecht war, wichtig oder unwichtig für das, was darauf folgen wird.

53.

Ich strahlte schon sehr. Ich grinste geradezu von einem Ohr zum anderen und war heilfroh, dass es nicht mehr gewesen war als eine Irrfahrt, ein Irrlauf durch die Straßen von Vríses. Mein Puls war wieder auf normal. Ich saß auf meinem Lieblingsplatz im Bus auf der letzten Bank, schaute aus dem Fenster, ließ die Landschaft an mir vorüberziehen und war einfach nur glücklich.

Augen zu, ein bisschen gedöst. Augen wieder auf, und schon blickte ich auf die Festungsanlage von Réthimnon.

Am Busbahnhof von Réthimnon gab es einen kleinen Halt. Menschen stiegen aus, andere wieder ein. Ich saß weiter ruhig und gelassen auf der Rückbank dieses griechischen Überlandbusses.

In Réthimnon waren etliche Leute zugestiegen. Der Bus hatte sich bis auf den letzten Platz gefüllt. Ich war auf den linken Fensterplatz hinübergerutscht. Neben und vor mir saßen nun meist junge Leute, Schüler aus höheren Klassen, die den Bus-Raum mit griechischem Jugendgeplapper füllten. Sie spielten sich Musikstücke vor, die aus ihren Handys herausklangen, und sangen sie teilweise mit. Plötzlich sang einer der Jungen auf Deutsch Vicki Leandros' Stück:

„Ich hab' die Liebe geseh'n, beim ersten Blick in deine Augen, auf einmal fing die Welt an sich zu dreh'n, wir schauten uns nur an und das Glück begann."

Und ich dachte so bei mir: „Ja, ich hab' sie auch geseh'n, die Liebe. Einige Male in meinem Leben und das letzte Mal wohl in den letzten Tagen in den Augen eines langen, griechischen Barbaren mit Zopf, Vollbart und aufrechtem, stolzem Gang."

Die Melodie lässt sich gut summen, und so summte ich sie noch eine ganze Zeit immer wieder vor mich hin, selbst als ich längst wieder zu Hause in meiner ostfriesischen Heimat war.

Die meisten der jungen Leute fuhren bis nach Heráklion mit. Ich fragte mich, ob sie diesen Weg wohl täglich zurücklegten oder ob sie es nur an Freitagen täten und die Woche über in Réthimnon blieben?

Heráklion, rot-weiß geringelte Schornsteine. Häuser, Häuser und Häuser, alle weiß, alles voll davon und alle auf einer Halbinsel erbaut, könnte man denken, wenn man aus dieser Richtung auf die Stadt zugefahren kommt. Es ist keine Halbinsel. Heráklion liegt ganz normal an der Küste Kretas. Eine flache Bucht hier, eine weite Bucht dort, mehr nicht. Der Bus fuhr die Uferpromenade entlang und bog nach rechts zum Busbahnhof ein. Vor uns der gute, alte, langgezogene Busbahnhof mit seinen grünen, etwas verwitterten Holzbänken. Wie vertraut er mir inzwischen war und wie sehr ich ihn doch mochte.

Ich kaufte mir als Zweites mein drittes Magnum dieses Urlaubes, hier bei meinem dritten Besuch am Busbahnhof von Heráklion. Als Drittes setzte ich mich damit an den Anfang der grünen Holzbänke in die Sonne, und als Erstes hatte ich mich gleich hinter der grauen Schwingtür neu zurechtgemacht.

Drei Mal ist Ostfriesenrecht, sagt man dort, wo ich herkomme, und so saß ich nun fein zufrieden und quietschvergnügt das dritte Mal am Busbahnhof von Heráklion.

Ich nahm meinen Reiseführer zur Hand, suchte auf dem Stadtplan Heráklions nach der Straße des Hotels Lena und fand sie nicht. Ich aß mein Eis weiter, schaute erneut und fand sie wieder nicht. Egal, irgendwann würden ja Paulo und seine Liebste mit dem Bus aus Chaniá hier am Busbahnhof ankommen, und so wollte ich einfach auf sie warten, um dann mit ihnen gemeinsam zu diesem Hotel zu gehen. Ich las in meinem Reiseführer über Heráklions Altstadt, hob bei jedem ankommenden Bus den Kopf, und hatte die beiden bis 18 Uhr dennoch nicht unter den Busankömmlingen bemerkt. Weil ich aber gerne vor dem Dunkelwerden ein Zimmer gefunden haben wollte, machte ich mich dann doch alleine auf den Weg. Etwas naiv oder einfach so zum Spaß oder weil ich es immer schon mal hatte tun wollen, betrat ich das Luxushotel, schräg gegenüber des Busbahnhofes.

Edle hohe Räume. Schwarzer Marmor. Zwei Treppen nebeneinander. Zwei Fahrstühle ebenso. Dezente Beleuchtung. Oh lá lá. Mir war klar, dass das nicht meine Welt war und dennoch stieg ich die Treppe bis zur ersten Etage hinauf. Ich schritt durch die hohe Glastür zum Empfang. Mit meinen fünfundfünfzig Jahren Lebenserfahrung konnte ich der jungen Frau am Empfang gerne mal die Frage nach ihrem günstigsten Zimmer stellen. Ich erhielt die freundliche Antwort von dreihundertzwanzig Euro, bedankte mich mit einem Lächeln und fragte dazu, ob sie mir in der Nähe ein günstigeres Hotel empfehlen könne. Freundlich nannte sie mir drei Häuser.

Ein kurzes Stück die Straße entlang, die steile Treppe hinauf, und schon stand ich an der Parallelstraße vor dem Eingang eines kleinen Mittelklassehotels. Ich kam nicht drumherum. Wollte ich den Zimmerpreis erfahren, musste ich dort hineingehen, um danach zu fragen. Ich erzählte ja schon, dass ich vom Grundsatz her keine Hotels mag. Doch was nützte es mir? Wollte ich für die letzte Nacht meines diesmaligen Kreta-Aufenthalts ein schönes Bett für einen guten Schlaf, brauchte es ein ordentliches Zimmer. In der Eingangshalle standen ein paar Leute. Ich sagte: „Kalispéra", ging zum Portier und erkundigte mich nach dem Übernachtungspreis für eine Person. Sechzig Euro wurden mir genannt.

„Hm", sagte ein Mann, der mit seiner blonden Frau neben mir stand, „mir sagte er gerade siebzig Euro."
„Ob das vielleicht der Preis für ein Doppelzimmer gewesen sein mag?"
„Oh ja", erwiderte er, „für ein Doppelzimmer!"
„Also fünfunddreißig Euro pro Person. Was meinen Sie, sollte ich dennoch 60 Euro für mich alleine ausgeben?"
„Ich würd's machen!", sagte er mit einem Lächeln und der Aussage, dass ich einen Teil des Zimmerpreises ja verduschen könne, und zwar so lange, bis sich ein gutes Preis-Leistungs-Gefühl bei mir eingestellt habe.

Ich gab dem Portier meinen Ausweis, legte ihm die 60 Euro gleich dazu und wartete auf meinen Zimmerschlüssel.

„You have birthday tomorrow", sagte er, als er mit Hilfe meines Ausweises die Zimmerbuchung vornahm.

„Yes, really. You're right.
Thank you for remembering me.
I forgot it for a time."

Für die letzte Nacht dieser so wunderbaren Reise war der Preis vollkommen in Ordnung für mich und in Verbindung mit meiner Geburtstagsnacht - noch einen Tick mehr.

Ich plauderte noch eine Weile mit dem kanadischen Ehepaar in einem guten Mix aus Englisch und Deutsch, bis ich mich auf mein Zimmer verabschiedete.

Er sprach ein fantastisches Deutsch, sie nur ein wenig. Er erzählte mir, dass er mit zwanzig von Deutschland nach Amerika ausgewandert sei und dass er dort nach dem amerikanischen Traum Karriere gemacht habe. Nachdem er seine zweite Frau vor ca. 20 Jahren auf einer Reise durch Kanada kennenlernte, sei er in ihr Heimatland übergesiedelt. Nun arbeite er nur noch zum Vergnügen als Berater unterschiedlichster Firmen, weltweit, immer in Begleitung seiner Liebsten, mit großem Anteil frei verfügbarer Reisezeit. Ich schätzte sie auf mein Alter, ihn auf vielleicht zehn Jahre mehr.

„Wie sind sie heute hierhergekommen?", fragte er mich.
„Mit dem Bus", antwortete ich.
„Und sie?"
„Mit dem Auto. Da hätten sie doch besser gleich
mit meiner Frau und mir mitfahren können!"
„Von woher sind sie heute denn gekommen?"
„Von Chóra Sfakíon. Wir saßen auf der Frühstücksterrasse des Hotels Xenia, als sie heute Morgen ihr Zimmer bezahlten und dann mit ihrem Rucksack von dannen zogen.
Ein schöner Anblick überhaupt!"
„Danke!"

Ich war erfreut und gleichzeitig über sein Erinnerungsvermögen erstaunt. Beide, Anton und Celin, ließen einen angenehmen Eindruck bei mir zurück.

54.

Zimmer Nr. 514 im fünften Stockwerk, dem nur noch das sechste mit dem Restaurant folgte. Das Zimmer war schon chic. Ein wenig klein vielleicht, doch für eine Person völlig ausreichend. Die Wände waren bis auf halber Höhe mit dunklem Holz vertäfelt. Es gab einen kleinen Schreibtisch, eine kleine Kommode, ein an die Wand gehängtes Nachtregal und ein wohl ein Meter zwanzig breites Bett mit einem rot schimmernden Bettüberwurf mit violetten schmalen Streifen. Der Balkon war ebenso groß wie das ganze Zimmer, durch eine doppelt breite Glasschiebetür zu erreichen. Von der gegenüberliegenden Dachterrasse schaute ein brauner Labrador durch die Gitterstäbe. Wir hielten Zwiesprache miteinander, während er auf seine Menschen wartete und ich auf dem Balkon meine letzte Angekommen-sein-Zigarette dieser dreiwöchigen Kreta-Reise rauchte.

Mein leicht eingestaubter Reiserucksack passte nicht recht zu diesem Zimmer und meine stark beanspruchten Wanderschuhe schon gar nicht. Ich stellte meine Sachen so ins Zimmer, dass sie die Gemütlichkeit nicht störten. Meinen Reiserucksack platzierte ich ans Fußende zwischen Bett und Kommode. Meine Toilettensachen und die Bauchtasche fanden neben dem Fernseher auf dem Schreibtisch ihren Platz, und mein Handy und der Fotoapparat, der inzwischen weit über tausend Fotos gespeichert hatte, kamen zum Aufladen in die vorhandenen Steckdosen. Als alles seinen Platz hatte, säuberte ich meine Wanderschuhe gründlich mit Leitungswasser und tupfte sie weitestgehend mit Papiertüchern trocken. Nachdem mein Reisehandtuch die Restfeuchte aufgenommen hatte, tränkte ich das Leder zum Schutz und für einen neuen satten Braunton mit Ballistol, einem gereinigten Waffenöl für alle

Fälle. Ich duschte, wusch mir die Haare, trocknete sie mit dem hoteleigenen Föhn, zog meine Abendbekleidung an und verließ mit frisch geladenem Fotoapparat das Zimmer.

Ich wagte einen Blick die Treppe hinauf in den Roofgarden des Hotels. An den Morgen wird hier das Frühstück serviert, am Abend ist es Restaurant für kleine, feine Speisen und Getränke. Allein ob dieses wunderbaren Dachgartens könnte ich eine erneute Übernachtung in diesem Haus erwägen. Die rundum liegenden Fenster bieten einen Blick auf die Festung von Heráklion. Links davon ist der geschützte Yachthafen mit seinen kleinen Booten und Segelschiffen zu sehen, rechts das Meer mit Heráklions Seehafen, an dem gerade am vordersten Pier ein großer rot-weißer Luxusliner mit dem Namen Supereast lag. Die Sonne war bereits untergegangen. Das Meer schien grau, der Himmel leicht violett gefärbt. Der anwesende Kellner begrüßte mich freundlich. Ich lächelte ihm mit einem Kopfnicken zu und begab mich dann mit dem Fahrstuhl hinunter in die Eingangshalle.

An der Rezeption fragte ich nach dem kürzesten Weg in die Altstadt und dem Preis fürs Frühstück. Ich erhielt die freundliche Antwort, dass ich immer nur der Straße links folgen müsse und dass das Frühstück im Zimmerpreis enthalten sei. Wie schön, so war die Altstadt nah und der reine Zimmerpreis um den Frühstücksanteil gesunken. Ich sagte dem Portier: „Kaliníchta" und folgte linker Hand der fast menschenleeren, kaum beleuchteten Straße bis zur Altstadt, wo sich Licht und Menschen überschlugen.

Wo viele Menschen sind, kann man gut anonym sein, einfach so zwischen allem dazwischen, nichts und niemandem verpflichtet, mit sich sein im Hier und Jetzt. Langsam schlenderte ich die Straße entlang, fotografierte ein wenig herum, schaute Häuser, Plätze und Menschen und sah plötzlich in zwei Gesichter, die mich wiedererkennend ansahen und anstrahlten. Auch bei mir war eine kleine Ahnung, und so lächelte ich zurück und fragte: „Wo war es?"

„Im Bus nach Heráklion", sagten beide wie aus einem Munde. „Du stiegst ein", fuhr sie fort, „zeigtest dem Kontrolleur deinen Fahrschein und fragtest, ob ‚this little crazy paper' für die Fahrt nach Heráklion noch ausreiche?"

Genau, da hatten wir uns kurz lächelnd in unsere Gesichter geschaut. Wir plauderten eine kleine Weile und verabschiedeten uns mit den Worten:

„Bis später vielleicht." - „Ja, vielleicht bis später!"

Ingeborg und Wolfgang aus Pforzheim gingen weiter, und ich widmete mich wieder meiner Schau- und Fotografierlust. In einem der alten Gemäuer war eine Fotoausstellung über die Zeit der kretischen Partisanenkriege. Beeindruckende Dokumente menschlicher Ungerechtigkeit, Vertreibung, Angst, Trauer, Wut und Ohnmacht - aber auch Stolz!

Um den alten venezianischen Morosini-Brunnen herum, im Herzen der Altstadt Heráklions, reiht sich eine Taverne an die nächste. Acht kreisrunde Becken umschließen das größere, runde Mittelstück des Brunnens, auf deren Tortenmitte vier Wasser speiende Löwen sitzen. Mit ihren Köpfen scheinen sie eine große Wasserschale zu balancieren, aus deren Mitte ein Springbrunnen in den nächtlichen Himmel spuckt. Das Wasser plätscherte. Die Tavernen-Plätze waren voll besetzt. Die Stadt brodelte, und es waren weiß Gott nicht nur Touristen, die diese Stadt so mit Leben erfüllten. Die kreisrunde Uhr gegenüber dem Brunnen zeigte kurz vor halb acht. Afterwork? Abendvergnügen? Einkaufsbegleitende Plaudereien? Touristische Lust an der Altstadt Herákions?

Olimasien, denk ich mal - alles zusammen, von allem etwas.

Ich betrat eine Gasse mit vielen kleinen, unterschiedlichen Verkaufsständen. Eigentlich ist da ein kleiner Laden neben dem nächsten. Durch ihre weit geöffneten Fronten wirken sie jedoch wie einzelne Abteilungen eines großen Ganzen. Fußgänger, sonst nichts. Viele Fußgänger, schauende und kaufende. Auch mir war danach etwas zu erwerben, zu finden.

Etwas Schönes - etwas Besonderes - etwas für mich!

Am letzten Abend meines fünfundfünfzigsten Lebensjahres wollte ich mir etwas gönnen. Mir war nach einem Andenken, einer Krone für mich und mein bisheriges Leben. Bald würde ich diese besondere Zahlenkombination verlassen, die der Fünfundfünfzigjährigen aus dem Jahre neunzehnhundertfünfundfünfzig. Ich wünschte etwas zu besitzen, etwas, was mich begleiten würde, was mich an den guten Ausgang dieses Lebensjahres erinnern sollte, genauso wie an meine wiedergefundene Mitte und an mein wiedergefundenes Glück - das mir bitte nie und nie wieder verloren gehen sollte.

Nullachtfuffzehn hätte es da nicht getan. Es sollte ein Oh-wie-Schön oder ein Oh-wie-Toll sein, ein Etwas, das absolut zu mir passte und keiner Überlegung bedurfte.

Ich schaute viel. Ich schaute lange an einem Silberschmuckstand, der einige Vielleichts beherbergte, aber nichts, was so richtig zu mir passte und meins werden wollte. Es überlegte in mir, wem ich wohl etwas mitbringen könnte, doch irgendwie war an diesem Abend keine andere Person an der Reihe, keine - außer mir!

Eiscreme - Backwaren - Olivenöle - Nuss an Nuss in großen eckigen Gläsern oder Kunststoffbehältern - Mandeln mit getrockneten Feigen - Schokoladen und Spirituosen - Kräuter - Schwämme - ein kleines Speiselokal mit weißen Tischen und Stühlen - Silberschmuck - Gürtel - Taschen - Schuhe - bunte Kleider - Käse und Honig - eine Kaffeerösterei - Fleisch - ein Kaffeeverkaufsladen mit Männern in schwarzen Hosen und gelben T-Shirts zwischen schönen Holzregalen.

Ich setzte mich eine Weile auf den Rand einer Mauer und schaute all dem Treiben zu. Menschen kehrten ein und kamen mit Tüten wieder heraus. Überall rege Geschäftigkeit. Eine schmale Verbindungsstraße führte mich in eine ruhigere Parallelstraße. Hier waren nicht die Geschäfte des täglichen Bedarfs. Hier gab es fantasievolle Brillen, Kosmetika, Kleinode, bunt und viel. Aromatica, eine Parfümerie vom Feinsten und eine kleine Silberschmiede.

55.

Ich konnte bisher wirklich immer nur schwer Geld für mich ausgeben, und so richtig verschwenderisch werde ich wohl niemals werden. Geizig und knauserig aber schon gar nicht und dem Erbsenzählertum angehören - niemals. Seit meiner Spontanheilung hatte sich jedoch etwas maßgeblich verändert. Meine Wertigkeit für mich selbst war enorm gestiegen. Ich war mir alles wert, und das hatte mich so wunderbar befreit.

Ich stand jetzt vor dem Schaufenster dieser kleinen Silberschmiede. Schaute auf die Ringe - auf den einen Ring und dachte, ja und oh, wie schön und richtig und gut und ich. Wenn er meiner Hand stehen sollte und wenn ich ihn bezahlen könnte, würde ich ihn mir jetzt auf der Stelle kaufen.

Alles, was in diesem kleinen Schaufenster ausgestellt war, fand mein Gefallen. Da war nichts kitschig, da war nichts süß, niedlich oder langweilig. Ringe und Broschen aus mattiertem Silber, angenehm schlicht, in gediegenem Design. Ich betrat den kleinen Laden, sagte: „Hallo" oder „Kalispéra" und fragte nach dem einen Ring in der Auslage, der all das ausdrückte, was er ausdrücken sollte, um an meinem Finger richtig zu sein. Er war für meinen Mittelfinger etwas zu klein und für meinen Ringfinger ungeeignet. In größer war er heute nicht fertig. Die ältere der beiden Ladenfrauen holte einige Rohlinge hervor, fand die passende Größe und meinte, dass ich den Ring in drei Tagen abholen könne.

„Oh, thank you,
but tomorrow morning my flight starts to Germany.
I'll look a little more, maybe I'll find something else."

Sie trug einen solchen Ring an ihrem linken Mittelfinger. Sie reichte ihn mir zum Probieren, und auch wenn ihre Finger wohl um einen Zentimeter kürzer waren als meine, passte er mir dort ebenfalls. Verkaufen wollte sie ihn mir dennoch nicht. War er doch das erste Stück dieses Modells, das sie entworfen hatte, das Urstück sozusagen, und das gibt man nun mal nicht aus den Händen. Ich schaute weiter. Fragte noch nach diesem und jenem Ring, doch irgendwie waren sie alle nicht so richtig richtig. Bis - ja, bis ich den Ring bemerkte, den ich seit diesem Tage an meinem linken Ringfinger trage. Ich probierte ihn. Ich trug ihn eine Weile, um ihn zu fühlen und zu betrachten. Schaute weiter. Plauderte mit den beiden Griechinnen und erzählte ihnen meine Geschichte vom letzten Tag meines fünfundfünfzigsten Lebensjahres und dass ich für diesen besonderen Tag ein besonders Stück für mich zu finden wünschte. Er sollte es sein. Der Preis war weniger schlimm als gedacht. Neunundfünfzig Euro. Ich war positiv überrascht.

„I'd like to give you this ring a little cheaper, fifty three euros."
„Thank you. But I like to give you fifty five. Fifty five euros for a ring for a woman born in nineteen fifty five on the last day of her fifty fifths year of age. That's it!"

Sie lächelte und strich mir über den rechten Arm.

„A nice idea."

Ich zahlte den Ring.

Die jüngere der beiden Frauen polierte ihn noch einmal über. Ich steckte ihn mir an meinen linken Ringfinger und sagte:

„And now I marry myself."

Plötzlich waren da Tränen in ihrer beider Augen.
Ich lächelte sie an, nahm sie in die Arme und sagte:

„It's a good day, a good time
and a good place to do this.
You are the witnesses of my marriage.
Heráklion, October 6th, 2011."

„You are a wonderful woman."
„Yes, sometimes I am."

Lachend und glücklich verließ ich diesen kleinen Laden, das Standesamt meiner zweiten Eheschließung. Dieses Mal wusste ich genau, auf wen ich mich eingelassen hatte. Vor dem Laden stand eine silberne Porsche, ein Motorroller par excellence. Nein, mit Micháli hatte das Ganze hier nun wirklich nichts zu tun. Mit ihm nicht, mit keinem anderen Mann und mit keinem anderen Menschen.

Meine Hochzeitsfotos schoss ich in einer mich widerspiegelnden Fensterscheibe eines Brautsalons. Es war schon herrlich, dass hier alles einfach so vor Ort war. Im Kellergeschoss ein romantischer Blumenladen, in der Etage darüber dieser Brautsalon, vor dem Standesamt die kleine Porsche und in der Silberschmiede der passende Ring und meine beiden Trauzeuginnen.

Die Braut war rundherum mit sich im Einklang.

Mit einem kleinen Blumensträußchen fotografierte ich den Ring an meiner Hand über einem grünen Eukalyptuszweig. Kitschig? - Nein, kein bisschen. Es war das pure, reale Leben. Mein Leben! Glück ist ein großes Gefühl. Zufriedenheit auch und eins mit sich selbst zu sein - unbeschreiblich. Der Himmel hatte mir alles gegeben. Alles, was es für ein neues, gutes Leben braucht.

Mir begegneten zwei mal zwei doppelflügelige Holztüren. Ein Zeichen für meine in mir vereinte neue Paarigkeit? Die Form aller vier Türen war identisch. Sie waren hoch und schmal und erinnerten mich sehr an die Innentüren in meinem Familienhaus zu Hause. Hoch und schmal war schon immer meine liebste Form. Die unteren Drittel bestanden aus einer geschlossenen Holzkassette, die oberen Teile aus sechs einzelnen Glasscheiben, jeweils zwei nebeneinander. Den Abschluss einer jeden Tür bildete ein feststehender, sternenförmig geteilter Fensterbogen. Die ersten beiden Türen waren weiß, einem Brautpaar gleich. Das zweite Paar identisch, in hellem Grün, etwas gezeichnet vom Alltag einer Ehe. Die Farbschicht wies einige Kratzer auf, die Glasscheiben waren beklebt, mit allerlei Informationen auf bedrucktem Papier.

Ich hörte meinen leeren Magen. Zu einer anständigen Hochzeit gehört ein gutes Essen, ein Glas Wein, Torte und Musik, und wenn es sich um eine griechische Hochzeit handelte, sicher auch der eine oder andere Raki.

Die Nacht war mild. Von überall her kam Stimmengewirr an meine Ohren. Menschen jeden Alters saßen in den Lokalen oder wandelten durch die Straßen. Ich mitten drin mit schlenderndem Gang. Während mein Ring und meine linke Hand sich gut aneinander gewöhnten, steckte ich meine Brautblumen linksseitig in mein Dekolleté. Es waren weiße Windengewächse inmitten ihres natürlichen Grüns. Meine Haare lockten sich im rechten Maße. Meine Lippen hatte ich vor dem Hochzeitsfoto neu gemalt. Meine Augen achteten auf Menschen und ihre Gesichter und auf unbesetzte Plätze vor den Tavernen.

In diesem Menschenmeer war das nicht so einfach. Je mehr Menschen sich an einem Ort befinden, umso eher verschwinden sie in ihrer großen Masse. Musik! Schöne griechische Klänge, gespielt auf Lyra, Laute und Balalaika. Drei Musikanten saßen im Eingangsbereich einer Taverne. Ich hörte sie, bevor ich sie sehen konnte. Die davorstehenden Tische und Stühle schienen besetzt, zumindest war kein einziger Tisch gänzlich frei. Ich blieb stehen. Lauschte der Musik und überlegte, ob ich mich irgendwo dazusetzen sollte. Meine Hochzeitsgesellschaft war dagegen. Als ich gerade im Begriff war weiterzugehen, sah und erkannte ich Ingeborg und Wolfgang aus dem Bus von Vríses nach Heráklion. Sie saßen mit dem Rücken zu mir. Hier war also der Ort unseres Wiedersehens.

Ich legte beiden eine Hand auf ihre Schultern
und freute mich über ihre Worte:

„He, da bist du ja! Das ist aber schön, setz dich!"
„Ich glaube, ich hatte euch gerade herbeigesehnt."
„Ja, und wir dachten immer wieder,
irgendwann muss sie doch hier vorbeikommen."

Ich scheine Männern wie Frauen gleichermaßen willkommen. Vielleicht spüren die Frauen, dass ich niemals auf die Idee käme, einem Mann in ihrer Begleitung schöne Augen zu machen. Ich bin da absolut selbstverständlich im Umgang mit Männern und Frauen. Herzlich, offen, fröhlich und tiefsinnig, solange ich keinen allgemeinen Smalltalk zelebrieren muss oder mich mit Themen auseinanderzusetzen habe, zu denen mir einfach der Zugang fehlt.

Wir hatten uns viel zu erzählen. Wir begannen mit der Szene im Bus, mit dem „little crazy paper", kamen über unser Hiersein auf Kreta auf das Leben im Allgemeinen und Speziellen und wussten nach ca. zwei Stunden eine Menge über unser dreier

Leben. Für Ingeborg und Wolfgang war es ihr erster gemeinsamer Urlaub und ihr erster Aufenthalt auf Kreta. Sie kannten sich zu diesem Zeitpunkt drei Jahre, hatten sich über ihre Arbeit kennengelernt und einen guten Weg gefunden, ihre Liebe zu leben. Gleichzeitig tolerierten und akzeptierten sie ihre Familienbande aus vorherigen Beziehungen und konnten sie getrennt voneinander genießen. Als Paar gingen sie gemeinsam durchs Leben, als Eltern getrennte Wege.

Weise ist jener, der dazu in der Lage ist, vorheriges Leben zu bejahen und ohne Eifersüchteleien die verbleibenden Familienbande zu leben beziehungsweise anzuerkennen.

Natürlich erzählte ich auch von meiner erneuten Eheschließung, vom letzten Tag meines fünfundfünfzigsten Lebensjahres, von meiner Liebelei mit Micháli und meiner kleinen, so wunderbaren Reise mit Ludwig. Ich erzähle von meinen traurigen Jahren und dass ich mich wie von Zauberinnenhand kurz vor Beginn meiner Reise davon befreit fühlte und im Leben zurück sei.

„Glückwunsch in mehrfacher Form also?"
„Ja, danke, das kann man so sagen."

Die Müdigkeit wollte in Wolfgangs Augen hinein. Es war leidlich spät genug. Doch Ingeborg war wachsam, liebevoll und aufmerksam zugleich und meinte, dass wir diese letzte Viertelstunde doch wohl auch noch über die Bühne bringen könnten. Es war Viertel vor Mitternacht, Viertel vor Tageswechsel und Viertel vor sechsundfünfzig.

Wolfgang verschwand ins Innere der Taverne und kam mit drei doppelten Raki wieder heraus. Den ersten Schluck nahmen wir auf meine Zauberzahl fünfundfünfzig, den zweiten auf Ingeborgs und Wolfgangs späte und so schöne Liebe, den dritten auf meine Vermählung with Elisabeth the Katz herself und den vierten um Punkt zwölf, der Band zuprostend, als sie mir auf Wolfgangs Geheiß hin ein griechisches Happy Birthday aufspielte.

„Danke Ingeborg! Danke Wolfgang!
Danke für Eure Geburtstagsumarmung.
Danke für all unsere Gedanken und Worte
und danke für das griechische Happy Birthday
der drei Folkloresänger in dieser so lauen
kretischen Herbst-Sommer-Nacht."

Wir gingen gemeinsam die Straße hinunter. Das junge Glück hatte sein Zimmer im Hotel Lena, dem Haus, in dem ich eigentlich auch hatte übernachten wollen. Es lag nur zwei Straßen weiter als das meine und kostete 50 Euro pro Paar und Nacht, ohne Frühstück. „Na", dachte ich, „da hab' ich's dann doch auch wahrlich gut getroffen!"

„Kalinichta, Ingeborg und Wolfgang."
„Kalinichta, Elisabeth,
and have a good wedding-birthday-night."
„You too, thank you, you two!"

Ich lachte und ging, jetzt allerdings etwas flotter, die dunkle, leere Straße Richtung Wasser und Busbahnhof zu meinem Hotel hinunter.

Der Portier-Dienst hatte gewechselt. Madame Portier hatte Nachtdienst. Sie händigte mir meinen Türöffner aus und wünschte mir eine gute Nacht:

„Kalinichta, Madame."

Bevor ich zu Bett ging, nahm ich meine zweite Dusche. Danach ordnete ich meine Sachen. Ich mag es, gut organisiert zu sein, gut vorbereitet, und so legte ich jetzt, mitten in der Nacht, meine Anziehsachen für den morgigen Tag zurecht. Packte alles, was ich nicht mehr brauchen würde, in meinen Reiserucksack und den Rest übersichtlich auf den kleinen Schreibtisch unterhalb des Spiegels. Das Handy und mein Fotoapparat kamen erneut an ihre Ladegeräte. Sollte ich morgen unerwartet verspätet aufwachen, könnte ich quasi aus dem Bett springen, ohne großes Überlegen in meine Anziehsachen schlüpfen, alles schnappen und geschwind die Stätte verlassen, ohne etwas vergessen zu müssen oder in unnötigen Stress zu geraten.

„Síga, síga, óchi Stress", war weiterhin meine Devise.

Mit einem zufriedenen Lächeln setzte ich mich mit meiner Guten-Nacht-Zigarette auf den überdimensional großzügigen Balkon. „Mein Hund" lief leise schnaubend auf der Dachterrasse des Nachbarhauses umher. Um kurz nach eins lag ich in meinem Bett, und es brauchte an diesem 7. Oktober 2011 genau sieben startende Flugzeuge über dem nächtlichen Himmel Heráklions, bis ich ins Traumland eintauchen konnte.

Ohne Nachtflugverbot sind Bewohner flughafennaher Städte ganz schön gebeutelt.

56.

Der Frühstücksraum war bis auf zwei Tische voll besetzt. Ich genoss von allem, was mich anlächelte, ohne gegen meine Essregeln zu verstoßen. Als Erstes Joghurt mit Früchten. Die Pfirsiche aus der Dose erstaunten mich ein wenig, dennoch mochte ich sie wohl genießen. Dazu einen ersten Kaffee. Als Zweites wählte ich Rührei mit Speck, ein paar gedünstete Tomaten und die zweite Tasse Kaffee. Während der Essenspause brachte ich meine Reisenotizen auf den Stand. Ich schaute aus den Fenstern über die weite Bucht und genoss meine Vorfreude auf das bald folgen wollende Süße. Zum Dessert wählte ich ein Croissant, ein süß gefülltes kleines Kuchengebäck und zwei mit Puderzucker bestreute, gebutterte, leicht geröstete Miniweißbrotscheiben. Ein wahrlich königliches Frühstück für meine Elisabeth von Kreta und Ostfriesland am Morgen ihres sechsundfünfzigsten Geburtstages. Ich aß langsam - ich genoss - ich schwelgte zu meinem dritten Kaffee in unterschiedlich süßer Intensität.

Die Tische leerten sich. Mein Flug ging gegen 16 Uhr, und so konnte ich mein gemächliches Tempo ohne jeden Anflug von Hektik beibehalten. Drei Tische von mir entfernt saß der nette Deutsch-Kanadier hinter seinem Laptop, wohl auch bei seiner letzten Tasse Kaffee. Als er sich zum Gehen von seinem Platz erhob, lächelten wir uns wiedererkennend zu. Er kam zu mir an den Tisch, fragte ob er sich setzten dürfe und sagte:

„Na, Geburtstagskind, gut hineingekommen?"

Ich erzählte ein wenig vom gestrigen Abend. Zeigte auf meinen neuen Ring und schon waren wir wieder in eine nette Plauderei verwickelt. Warum denn eine solch bezaubernde Frau wie ich alleine reise, wollte er wissen und ich sagte:

„Vielleicht, weil sie ohne Partner lebt, weil sie so mit sich allein unterwegs die wunderbarsten Begegnungen hat oder weil sie diese Art des Reisens einfach zu und zu gerne mag?"

„Und?", fragte er.

„Es ist alles drei der Fall. Ich lebe alleine, ich mag Gespräche wie das unsrige jetzt, und ich liebe diese Art zu reisen sehr."

Wir schwärmten noch einmal vom herrlichen Blick auf die Festung, das Meer und den Hafen. Erzählten ein paar Eckpunkte aus unseren Leben und konnten uns danach ein wenig besser einschätzen. Wir hörten das Tuten einer Schiffssirene - eines Nebelhorns, worauf er sagte, dass er sich nun ein wenig sputen müsse, da er und seine Frau den Dampfer vorne am ersten Pier nach Piräus nicht verpassen sollten. Wir verabschiedeten uns auf Augenhöhe, und schon war er entschwunden.

Nun war ich die Einzige in diesem verglasten Roofgarden. Ein paar Fotos bei Tageslicht ließen mich den Hafen, das Meer und die Festung in einem ganz anderen Licht festhalten, als es am Abend zuvor der Fall gewesen war. Normalerweise war Roofgarden die Bezeichnung für eine hohe offene Dachterrasse, doch hier auf Kreta nannte man vieles so, wenn es nur ganz oben und zum Verweilen geeignet war.

Ich sagte: „Adío und jachára", tschüss und auf Wiedersehen und begab mich ein letztes Mal auf mein Zimmer. Meine Zähne wollten noch einmal geputzt, mein Gesicht erneut eingecremt, meine Nase gepudert und meine Lippen neu gemalt werden. Ich band mir die Bauchtasche um die Taille, steckte meinen kleinen Rucksack mit in den großen hinein, schulterte selbigen auf und fuhr mit dem Fahrstuhl hinunter ins Erdgeschoss. Ich fand's schon toll, dass ich altes Mädchen ohne jedes Zipperlein so selbstverständlich und mit dem Rucksack unterwegs sein konnte. Mir tat nichts weh, mein Herz sprang vor Freude und meine Gefühle und Lebensgeister drangen und schwangen anscheinend entsprechend nach außen.

Der Portier vom gestrigen Abend war wieder an seinem Platz. Wir begrüßten uns freundlich mit „Kaliméra" und einem Lächeln. Ich legte ihm meinen Zimmerschlüssel, die Plastikkarte für Zimmer 514 auf den Tresen. Er schob mir fast gleichzeitig eine Visitenkarte zurück. Ich sah etwas handschriftlich Notiertes und erkannte, dass es etwas Nettes sein musste, irgendetwas mit Geburtstag. Ich tätschelte leicht seine Hand, steckte die Karte vorne in meine Bauchtasche hinein und bedankte mich mit: „Efcharistó polý!" Niedlich, dieser kleine Grieche. Ein Handzeichen als Abschiedsgruß durch die große Hotelscheibe, und schon war ich an der Treppe, die mich zurück zur Parallelstraße Richtung Busbahnhof hinunterführen würde.

Da standen sie wieder, die petrolfarbenen, griechischen Überlandreisebusse. Mein Gang führte mich ohne Umschweife zum Fahrkartenschalter.

„One ticket to the airport, please. Which number is the bus?"
„The bus does not leave from here!", bekam ich zur Antwort.
„Go to the street around the corner." - „Thank you."

Klar - wieso sollte der Bus zum Airport plötzlich den Busbahnhof passieren, streifen, kreuzen oder anfahren? Auf meiner Herfahrt vor drei Wochen war ich doch auch auf freier Strecke quasi ausgesetzt worden, so konnte ich doch davon ausgehen, dass sich die Rückfahrt ebenso, nur in umgekehrter Reihenfolge, gestalten würde.

Zum Händewaschen ging ich noch einmal hinter die graue Schwingtür. Darauf folgte ein letztes Sitzen auf der grünen Holzbank mit dem Rauchen einer Abschieds-Zigarette. Ich verließ den Vorplatz vom Busbahnhof, lief an der hohen Mauer entlang, bog nach rechts in Richtung Hauptstraße, bis ich an der Ecke wieder das hohe verspiegelte Haus sah. Ich wiederholte die Prozedur des Fotografierens und stellte freudig fest, dass mir die Elisabeth vom heutigen Tag eindeutig besser gefiel. Heute wusste sie, wo sie stand, wo sie hier und jetzt war und wo sie sich in ihrem Leben befand.

Ja, ich stand wirklich mittendrin, mitten in meiner Mitte, gut und fest, mit dem Gefühl, dass ich jetzt all das tun könnte, was ich tun wollte, so ich es denn selber wirklich wollen würde.

Schräg gegenüber des verspiegelten Hauses sah ich die Bushaltestelle direkt vor einer großen Tankstelle. Ich schaute auf das Abfahrtzeitenschild, las das Wort Airport und setzte mich auf die Bank des Wartehäuschens. In den ersten Bus, auf dessen Display das Wort Airport zu lesen war, stieg ich ein. Ich zeigte dem Fahrer mein Busticket und lief entspannt auf die hintere Sitzreihe zu. In der Mitte des Busses, auf halber Höhe, sah ich erneut in die lachenden Gesichter von Ingeborg und Wolfgang. Wir gaben unserer Freude Ausdruck, und so setzte ich mich seitlich auf die Bank vor ihnen.

Ihr Flug ging heute um 13:20 Uhr nach Stuttgart. Paulo flog um 16:30 Uhr nach Hannover, seine Liebste etwas früher nach Freiburg. Lucs Flug vom 5. Oktober nach Paris war wegen des Fluglotsenstreiks gestrichen worden. Ludwig war am 3. Oktober zurück nach Graz geflogen, Andreas-Josef und Stefanie vor 10 Tagen nach Hamburg und Eberhard und Holger nach Dortmund. Inge und Manfred waren auch längst wieder zu

Hause. Christion würde erst am 13. Oktober zurück nach Luxemburg fliegen, und mein Flug nach Hannover startete heute, am 7. Oktober, um 15:45 Uhr.

Wir alle hatten unsere Zeit hier genossen. Wir hatten alle unsere Begegnungen mit mehr oder weniger intensiven Gefühlen und Gesprächen, und wir wussten allesamt, dass wir wiederkehren würden.

Tilman und Nina würden auf unserer Heimatinsel bleiben, genau wie die alte Griechin Chrisoula, Chicken George und Crazy Janni. Theo und seine Brüder mit ihren Familien würden das Small-Paradise behüten, Georgos und Vanna das Xenia und ihre kleine Animal-Farm und Micháli die gesamte Bucht von Chóra Sfakíon. Er würde in seiner Taxibootzentrale mit der Außenwelt kommunizieren, weiter seine Biere trinken, seine selbst gedrehten Zigaretten rauchen und vielleicht für einige Zeit zu einem seiner Mädels aufs Festland ins andere Europa reisen. Vielleicht würde er aber auch einfach den Winter hier vergehen lassen oder wie alle anderen renovierend, reparierend und verschönernd tätig sein. Sie weißen Zimmer, streichen Türen und Fensterrahmen, bauen neu, an oder um, prüfen ihre Boote und ihr anderes Hab und Gut, sind fleißig oder auch nicht und genießen die touristenfreie Zeit, bis die Einsamkeit ihnen vielleicht zu mächtig oder das Geld zu knapp wird und sie sich einfach wieder auf die Einnahmen und den Trubel der kommenden Saison freuen müssen.

Mein erstes Ziel am Flughafen war wie immer der Schalter zum Einchecken mit der Abgabe meines Reisegepäcks. Irgendwie vermittelt es mir jedes Mal ein Gefühl von Freiheit. Dabei besteht der Unterschied von davor und danach nur darin, dass ich danach nicht mehr auf meinen Reiserucksack zu achten habe.

Ich kaufte mir den griechischen Kleinen Prinzen. Auch dieses Mal hatte ich den Wunsch und das große Verlangen, mich zu Hause mit der griechischen Sprache auseinandersetzen zu wollen. Irgendwie und irgendwann müsste sie doch einmal in meinen Kopf hineingehen wollen. Ich besorgte mir einen Coffee-to-go, setzte mich damit auf eine der vielen Bänke vor das Flughafengebäude und genoss ein letztes Mal die wärmenden Strahlen der kretischen Sonne. Ich werde wiederkommen, ganz bestimmt und ganz bald!

Kreta war so, wie ich es all die Jahre in meinem Innern gespeichert hatte. Die Insel selbst, aber mehr noch mein Lebensgefühl von großer Ruhe, Freude und Leichtigkeit. Zuhause sein, einfach nur da, das Leben zu genießen.

Auf einem Magnetschild in meinem Laden heißt es:

Freitag, der dreizehnte - es gibt Tage,
da muss man einfach durch - manchmal dauert es Jahre.

Bei mir waren es genau elf. Elf Jahre ohne kaum aufkommen wollende positive Gefühle. Glück hatte es nur noch in meiner Erinnerung gegeben oder in kurzen Momenten, die nie lange anhielten. Nun war mein Winterschlaf vorüber, und ich empfand es als großes Geschenk, einfach so unbeschwert und leicht wieder auf Erden sein zu können. Je intensiver und glücklicher sich mein Leben nach dieser langen Trauerzeit anfühlt, umso mehr verschwinden die negativen Gedanken und Erinnerungen daran. Sie bleiben dort, wo sie hingehören - in der Vergangenheit.

Alles Schwere scheint dahin.

Meine Wunden sind verheilt, mein Haus ist bezahlt, meine Kinder sind erwachsen, selbständig und gut zufrieden und meine fanatischen Wünsche nach Unerfüllbarem - wie vom Winde verweht. Meinen paradiesischen Laden empfinde ich nach wie vor als großes Geschenk, mein Kreta-Reisen als bereichernd und inspirierend und mein Schreiben als endlich aufgefundenes Puzzlestück zur Vervollkommnung meines Seins zu einem runden Ganzen.

Eine SMS:
Dank di bin i jetzt nid am Abwasch.
Hoff, du kannscht gut loslasse, in alln Belangen,
und dass du reich besonnwarmt zu hause ankommscht!
Herzbußerl Nina

Eine Zweite:
Bin gerade bei Tilman und Nina.
Wir vermissen dich, „altes Mädel".
Christion

Eine Dritte:
OOLO OY OOOOOO OL OK?
OYS YOU LOVO OOSS OOOY ... OIOOOLI
(HELO MY MBEMBI AL OK?
MYS YOU LOVE KISS MANY ... MICHÀLI)

Eine Vierte:
Lisbeth! Was hast du wohl ohne mich wieder
angestellt. Hoffe du hattest einen wunderschönen
letzten Kreta-Abend. Bist schon im Flieger?
Wir rufen uns nächste Woche zusammen.
Bin ja doch ein wenig neugierig.
Dickes Busserl :-x Ludwig

Eine Fünfte:
Wann fliegst du ab? Soll ich dich abholen?
Dieter

Die Sechste:
Glückwunsch Geburtstagskind!
Kommst du überhaupt wieder?
Oder hast du einen Inselladen,
einen Inselwanderclub oder einen
Inselmann gefunden?
Gruß Neli

Als ich nach der Beantwortung aller Fragen mein altes Handy zurück in meine Bauchtasche bugsiert hatte, war da die kleine Visitenkarte des Portiers vom heutigen Morgen. Ich zog sie heraus und las nun das handschriftlich Vermerkte richtig. „Bitte schreib mir, Geburtstagskind!" „Hm ...", dachte ich, „schreib mir, Geburtstagskind?" Ich hatte gar nicht bemerkt, dass er deutsch gesprochen hatte. Ich steckte die Karte mit einem Lächeln in meine Tasche zurück. Hatte ich Signale ausgesandt, ohne sie bemerkt zu haben? Hatte der griechische Portier sich etwa in mich verguckt, oder was war seine Intention für diesen Satz auf seiner Visitenkarte? Was sollte ich ihm schreiben, wir hatten doch überhaupt keine Ansatzpunkte? Und ..., wie heißt er eigentlich?

Anton Schlegel stand auf der Karte. Ein seltsamer Name für einen griechischen Portier. „Bitte schreib mir, Geburtstagskind!" Mailadresse unterstrichen. Anton Schlegel - Artdirektor - Kanada! Nixda Portier. Anton Schlegel! Der Herr vom Frühstückstisch! Wie nett, ob ich ihm nun schreiben würde oder auch nicht.

Es war Zeit, mich vom Flughafen Nikos Kazantzakis zu verabschieden. Zeit, mich zum Gate acht zu begeben. Zeit, die Boarding-Card vorzuzeigen. Zeit, die Treppe zum Flugzeug hinaufzusteigen. Zeit, mein Handy wieder abzuschalten und Zeit, Kreta Adieu zu sagen. Oben von der Gangway aus konnte ich noch einmal einen Blick aufs Meer und auf den entfernt liegenden Hafen von Heráklion werfen. Just in diesem Moment bog das Kreuzfahrtschiff Supereast mit einem großen Schlenker aufs offene Meer. Mr. und Mrs. Schlegel aus Kanada waren nun auf dem Seeweg nach Piräus unterwegs, und mich würde dieser blecherne Vogel, so das Leben es wollte, bald heile und gesund nach Hause fliegen.

„Bitte schreib mir, Geburtstagskind!"

Warrum nicht!

Ende

Facebook
Buchbegleitende Seite unter Elisabeth Katz
mit dem Cover ihres Warrum nicht! als Titelfoto.

Platz für Notizen

Geziena:
Sooo schön, dass ich zum Schluss ein bisschen weinen musste und zwischendurch auch ein bisschen mehr.

Mehr Platz für Notizen

Birgit:
Ich bin der Lisbeth mit dem Finger auf der Landkarte gefolgt und fühlte mich allezeit mit ihr auf Reisen. Schade, dass das Buch zu Ende ist - ich hätte noch die ganze Nacht weiterlesen können. Fahr bloß wieder hin, und schreib weiter, ich hab so Lust auf mehr!

Noch mehr Platz für Notizen

Silke:
Hier steckt alles drin! Lebensgeschichte, Familiensaga, Liebesgeschichte, Urlaubsbericht und dazwischen weise Worte und Erfahrungen einer lebensfrohen Frau. Das Buch macht Lust auf Meer und es macht Hunger aufs Leben! Es macht Lust auf Kreta und auf Menschen, und es beschreibt, wie man sie kennenlernen kann. Es macht Mut, eigene Wege zu gehen; es ist ehrlich, denn es beschönigt nichts. Das Ende ist glücklich und offen, denn das Leben geht weiter. Alles in allem ein absolut empfehlenswertes Buch!

Und jetzt freu ich mich auf Post:
elisabeth.katz@hotmail.com

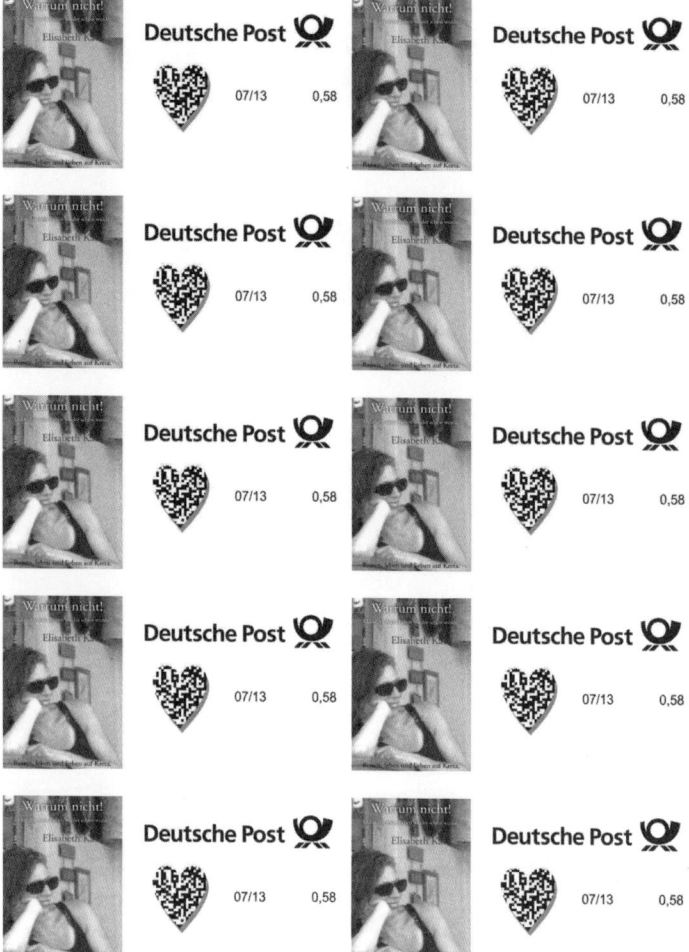

Herzlichst Elisabeth Katz.

Mail meiner Probeleserin Edith:

Liebe Elisabeth,

komme gerade von meiner einwöchigen Reise aus Vale zurück und bin noch ganz beseelt von deinem Buch.

Danke, dass du mich hast Probe lesen lassen. Wunderbares kleines Prunkstück, Lilli Katz! Gratuliere, da ist dir was Schönes gelungen!

Dein Bericht über eine innere und äußere Reise weist eine wunderbare Stimmigkeit auf. Die Wechsel von äußerer Reisebeschreibung, persönlich emotionalen Bewegtheiten sowie die Anknüpfungen an biographische Begebenheiten aus der Vergangenheit sorgen durch die ganze Erzählung für Spannung, aber auch für Leichtigkeit.

Zunächst konnte ich mir unter dem Titel **Warrum nicht!** *nur wenig vorstellen. Doch nach den ersten Seiten klärtest du mich als Leserin darüber auf, was es mit diesem, mit doppeltem* **rr** *geschriebenen Titel auf sich hat. Ich höre ihn geradezu in meinen Ohren klingen.*

Danach stand er immer wieder Pate für dein neues befreites Denken und Handeln, um schließlich in genialer Weise einen weiteren Bezug im Schlusspunkt zu finden.

Gelungen, gelungen, einfach super gelungen, Elisabeth!

Wie gut kann ich die Melancholie gewisser Momente, dann aber auch das Befreiende, das du so wunderbar beschreibst, nachvollziehen, ja aus eigener Erfahrung nachempfinden und bestätigen!

Gewisse Passagen haben mich tief berührt, andere haben mich durch ihre Weisheit beeindruckt, und wiederum andere haben mich zum Lachen gebracht. Was hast du auch für einen unschlagbaren Humor!

Ich denke, dass dein Buch von Interesse sein wird.

Unsere Jahrgänge werden sich besonders angesprochen fühlen, da deiner Erzählung das Thema Selbstfindung zugrunde liegt, das zentrale Thema der sogenannten Wechseljahre. Aber auch andere Menschen, die ihre Päckchen zu tragen haben oder hatten und in ihrem Leben mit nichts Großem mehr rechnen, werden nach dem Lesen dieser Lektüre sagen können: „He, he, da geht noch was!"

Elisabeth, dein Buch macht Mut!

An keiner Stelle driftest du ab ins Schwerfällige. Dafür sorgst du mit deiner Erzählkraft. Eine Erzählkraft, die schalkhaften Humor, Ironie, Tiefsinn und Weisheiten beinhaltet.

In den Zwischenräumen lässt du eine Offenheit walten, die es dem Leser ermöglicht, eigene Gedanken und Gefühle aufkommen zu lassen bzw. zu Ende zu denken oder zu fühlen, was du nicht explizit ausführst. Genial!

Ich danke dir für diese schöne Geschichte und dafür, dass ich dich auf deiner Reise begleiten durfte. Bisher kenne ich Kreta nur vom Frühjahr und von der anderen Seite, der oberen sozusagen, an der die beiden Flughäfen Chaniá und Heráklion liegen.

Ich denke, ich sollte bald mal nach Chóra Sfakíon reisen.

Alles Liebe Edith.

**Man darf im Leben
nicht zu früh nach Kreta reisen,
sonst sieht man nichts anderes mehr
von der Welt.**

Ludwig

Kreta-Karte:
Reise mit Ludwig - von Chóra Sfakíon bis Mírtos.

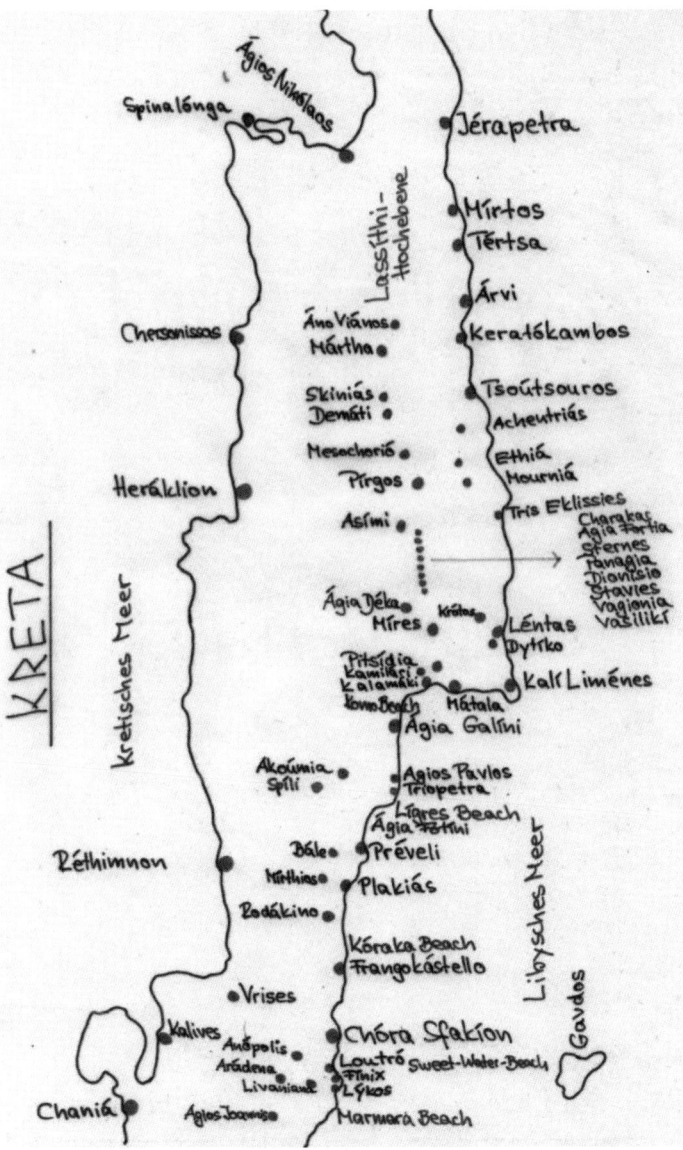

Ein fast autobiografischer Roman

Warrum nicht!
Oder: Als mein Leben wieder schön wurde.

von

Elisabeth Katz

Verlag Olga Behrends

Schönes Bücher + Café

Was ist das?

Tja, ein Laden,
der mehr ist als das.
Hier kann man verweilen,
einfach nur einen Kaffee trinken,
die schönsten Geschenke entdecken,
sein Geschirr so zusammenstellen,
oder lassen, dass alles passt.
Ob gelb, rot, blau, grün oder braun,
oder in allen Farben dazwischen.
In uni oder gemustert,
geblümt, getupft, gestreift,
alles ist möglich, alles ist da.
Gläser dazu? Aber gerne! Besteck auch?
Sets, Tischwäsche, Kissen,
Servietten, Kerzen
und sonst noch was?
Gar ein farblich passendes Buch?
Auch das ist möglich!
Natürlich mit gutem Inhalt,
...was sonst!!!
Nach Sonn- und Alltagsgeschirr
wird nicht mehr unterschieden.
Alles ist schön,
alles passt zusammen und
alles ist immer wieder anders,
bringt Freude und tut gut,
...wirklich!!!

Wir freuen
uns auf Sie.
Die Zwei aus dem Hause

Olga Behrends
Wiesmoor - Am Rathaus 3
Tel. 04944-414

Ein Laden voller schöner Dinge.

Schönes, Bücher + Café

Olga Behrends
Wiesmoor - Am Rathaus 3
Tel. 04944 / 414

Es hat sich viel getan
im kleinen Laden am Rande
der Stadt,
einiges ist wie immer,
anderes verändert oder neu.

Wie immer gibt es
Hochwertiges und Schönes
für Küche und Tisch,
Dekoratives und Wohltuendes
für Auge, Herz und Gemüt.

Seit einiger Zeit dazu
Wärmendes!

Schals, Mützen, Leggings, Stulpen
und Dreiecktücher aus
Dänemark, Italien und Irland
- farbenfroh und schmückend.
Jacken, Kleider, Röcke und Pullover
in unifarbenem Feinstrick
dazu Taschen von Volker Lang.

Und..., Lust bekommen?

Warrum nicht !

Oder: Als mein Leben wieder schön wurde von Elisabeth Katz.

Autorenportrait

Elisabeth Katz lebt als selbständige Geschäftsfrau in Ostfriesland. Sie liebt diesen - ihren Laden - seit ihrem vierten Lebensjahr und hält ihn schon immer für ihr persönliches Paradies. Nach dem recht frühen Tod ihrer Eltern übernimmt sie das Geschäft und gestaltet es im Laufe der Zeit mit ihrem Mann nach ihren Vorstellungen. Als ihre beiden Kinder erwachsen sind und in die Welt hinausziehen, tut ihr Ehemann und Familienvater es ihnen gleich. Frei nach dem Motto, das Haus und die Katze behalte ich, lebt sie nun seit vielen Jahren in eigener Regie - unterhält ihre Kunden - schreibt Geschichten und Bücher und verbringt seit geraumer Zeit zwei Monate im Jahr auf Kreta, der Insel ihres Heimatgefühls. Drei Standbeine fürs Glück, wer soll dabei bitte noch umfallen?

Kontaktadresse: elisabeth.katz@hotmail.com